Heribert Kalchreuter

Zurück in die Wildnis

Heribert Kalchreuter

Zurück
in die Wildnis

Jagdliche Abenteuer in Alaska, Afrika und Asien

Mit 106 Abbildungen, davon 46 farbig auf 24 Tafeln,
und zwei Karten

Paul Parey · Hamburg und Berlin

Bildnachweis

Farbfotos 2–15: V. Slwooko/A. Haviland, Gambell, Alaska
Farbfotos 31, 32 und 37: Wildlife College, Moshi, Tansania
Farbfotos 39, 40, 43, 44 und 45: C. Lötscher, Alaska
Farbfotos 4, 42 und 46: V. Slwooko, Gambell, Alaska
Alle anderen Farbfotos sowie sämtliche Schwarzweißfotos stammen vom Autor

CIP-Titelaufnahme der Deutschen Bibliothek

Kalchreuter, Heribert:
Zurück in die Wildnis : jagdliche Abenteuer in Alaska, Afrika
und Asien / Heribert Kalchreuter. – Hamburg ; Berlin : Parey,
1990
ISBN 3-490-40011-9

© 1990 Verlag Paul Parey, Hamburg und Berlin. *Anschriften*: Spitalerstraße 12, D-2000 Hamburg 1; Lindenstraße 44–47, D-1000 Berlin 61. Printed in Germany
Satz und Druck: Wilhelm Carstens OHG, D-3043 Schneverdingen
Lithographie: carl kruse druckformdienst, 2000 Norderstedt
Buchbinderei: Hunke & Schröder, D-5860 Iserlohn
Umschlaggestaltung: Evelyn Fischer, D-2000 Hamburg, unter Verwendung eines Fotos, das den Autor zeigt, von Heini Springer, Anchorage, Alaska

ISBN 3-490-40011-9

Inhalt

Der Ausstieg

Alaska – das ist unendliche Weite arktischer Wildnis, das ist unvorstellbare Einsamkeit.

Glasklare Seen in schwermütiger Tundra soweit das Auge reicht, himmelhohe Bergmassive und reißende Flüsse, schroffe Felswände und hellblaue Gletscher über blaugrünen Fjorden oder undurchdringlich dichte Regenwälder – das ist die Landschaft Alaskas.

Das ist die Heimat der gewaltigsten Elche, der größten Bären und Lebensraum unzähliger Wasservögel. Das Trompeten ziehender Kraniche im Herbst verkündet mörderische Kälte in nicht endender Winternacht, im Frühjahr dagegen bedeutet es Sonne rund um die Uhr, Tageshelle um Mitternacht. Es kündet von der Rückkehr des Lebens in die Tundra, vom melodischen Ruf der Seetaucher, vom Meckern der Bekassinen, aber auch von Myriaden von Stechmücken.

Alaska – das ist das Land, wo auch heute noch Menschen vom Erjagten leben, den Tücken des Eismeeres trotzen. Wo Jagen noch Lebensinhalt bedeutet, aber auch Lebensgefahr.

Alaska – das verheißt Abenteuer in menschenferner Wildnis, Lagerfeuer, Jäger und Trapper, Indianer und Eskimos, Leben vom Land, Wildwestromantik in rauchiger Spelunke aus der Goldrauschzeit.

Ich bin ausgestiegen. Ausgestiegen aus einer sicheren Staatsstellung in die Freiheit der arktischen Wildnis. Unvorstellbar für Kollegen, Mitarbeiter, Vorgesetzte, Bekannte und Freunde: »Was ist, wenn Sie krank werden?« oder »Denk doch daran, daß du älter wirst, was dann?« oder: »Wie kann man nur so eine gesicherte Existenz aufgeben?« Argumente, bezeichnend für die Mentalität hochzivilisierter Gesellschaften, aber auch für deren unterschwellige Ängste.

Doch der Hang zum ursprünglichen Leben war immer stärker geworden. Eigentlich war es nur dem damaligen Bundesminister für Ernährung, Landwirtschaft und Forsten, Josef Ertl, und seinem Staatssekretär Hans-Jürgen Rohr gelungen, mich in die Zivilisation zurückzuholen.

Mit einem Argument, dem ich mich nicht verschließen konnte. Bei der Novellierung der Jagdzeitenverordnung von 1977 waren biologische Aspekte bzw. relevante Forschungsergebnisse kaum berücksichtigt worden, was hinterher viel politischen Ärger von verschiedenen Seiten verursachte. Nun sollte das Bundesernährungsministerium in wildbiologischen und jagdökologischen Fragen beraten werden. Man entschied sich dabei für den Autor des damals in erster Auflage erschienenen Buches ›Die Sache mit der Jagd‹. Auswirkungen also, die ich mir beim Schreiben in arktischer Tundra und afrikanischer Steppe nie hätte träumen lassen ...

Die Flammen des kleinen Holzfeuers werden kürzer, in der Glut brutzelt das in Folie gepackte Stück Herz eines Walroßbullen. Brennholz ist knapp hier in der Tundra; um so bedeutsamer werden nun die Reste einer verfallenen Goldgräberhütte.

Mit dem Mahl kann ich mir Zeit lassen, die Junisonne wärmt den Balg, und der Rauch vertreibt die Moskitos. Und vor allem, es gibt keinen Termin mehr. Keine Sitzung, die um 14 Uhr beginnt, keine ›eilige Dienstsache‹, die heute noch raus muß, keine Vorbereitungen für eine Kongreßreise. Ich lebe so ungezwungen wie meine Nachbarn dort drüben auf dem Tundratümpel. Gestern sind sie aus dem Winterquartier zurückgekommen, die beiden Eisenten. Wie sie bin ich wieder dem Rhythmus der Natur unterworfen, lebe wieder vom Erjagten.

Gelegentlich schweifen die Gedanken noch zurück. Fast zehn Jahre lang war ich im dienstlichen Auftrag zwar auch mit dem Thema Natur befaßt. Aber halt nur mit dem, was eine viel zu dicht besiedelte Industrienation davon übrig ließ, mit der Verwaltung des verbliebenen Stückchens Restnatur. Wobei der größte Teil der Dienstzeit allerdings draufging für die Findung von Kompromissen zwischen den sich um diese Restnatur Streitenden: den Jägern, Fischern, Forstleuten und Landwirten auf der einen Seite, die noch Gelegenheit haben, die Natur zu nutzen, und dann denen, die dies strikt ablehnen, entweder aus Überzeugung oder, wohl häufiger, weil sie selbst die Natur nicht mehr nutzen können, weil sie in Ballungszentren leben müssen und Natur und Wildtiere allenfalls noch in Grzimeks und Sielmanns Fernsehsendungen erleben. Zu wenig Natur für zu viele Menschen. Da sind Neidgefühle gegenüber den ›Nutzern‹ nur zu verständlich. Nur ändern sie eben nichts an der desolaten Situation – und deshalb bin ich wieder ausgestiegen.

Die Tundra bei Nome. Nur noch wenige Relikte zeugen von der Hektik des Goldrausches um die Jahrhundertwende

Die ehemalige Eskimosiedlung auf King Island

Das Herz des Walrosses

Die Glut des Feuers verglimmt in grauer Asche, das Herz müßte durch sein. Vor zwei Tagen hatte es noch geschlagen. Es war ein unglaubliches Erlebnis. Ich war mit Eskimos unterwegs, die noch ganz und gar von der Jagd leben, mit ›subsistence hunters‹ also, deren Tätigkeit man wohl am treffendsten als ›Nahrungsjagd‹ bezeichnen könnte. Solche gibt es noch in entlegenen Dörfern an den Küsten Alaskas, so auch in Gambell am westlichsten Ende der St. Lorenz-Insel in der Beringsee.

Infolge des zeitigen Frühjahrs war Eile geboten. Mit dem Treibeis verschwinden auch die Walrosse. Sie folgen den abschmelzenden Schollen nach Norden ins Eismeer und sind dann unerreichbar. Ein kleines Passagierflugzeug bringt mich vom frühlingshaften Nome in den Winter der St. Lorenz-Insel. Dichtes Packeis bedeckt hier noch die Beringsee, und meterhohe Schneemassen zeugen von den Winterstürmen in dieser Wetterküche zwischen Eismeer und Pazifik. Ein Eskimo schaufelt sich einen Tunnel durch den gefrorenen Schnee zur hinteren Tür seiner Hütte – am 31. Mai.

Draußen heult der Boreas, der kalte Nordwind, um das felsige Kap Gambell, pfeift in den Ritzen der kleinen Hütten. Wir müssen warten. Aber Zeit spielt bei diesen Naturvölkern keine Rolle, für mich auch nicht mehr. Slwooko hat im westlichen Alaska einen fast legendären Ruf als Jäger. Endlich lerne ich ihn selbst kennen. Im Kreise seiner Familie essen wir von seinem jüngst erbeuteten Walroß die dicke, gekochte Speckschwarte, das dunkle Fleisch, Herz und Leber. Nur letztere schmeckt mir nicht. Meine Aversion gegen den Genuß dieses Organs stammt wohl aus der Forststudenten- und -referendarzeit, während der Rehlebern einen zu großen Teil der manchmal kärglichen Nahrung ausmachten.

Interessiert lausche ich ihrem ›Yupik‹, der Sprache der Eskimos dieser Region, mit den vielen tonlosen Kehllauten. Doch alle sprechen auch Englisch, die Verständigung ist kein Problem. Außer der Tierwelt interessiert mich die Frage, wie sie die endlosen Winter verbringen. Winter mit heulenden Schneestürmen, Temperaturen bis −40°C und 23 Stunden Dunkelheit in den Tagen um die Wintersonnenwende – für die Eskimos offenbar eine Selbstverständlichkeit, über die sie wenig Worte verlieren. Die scheinen da hart im Nehmen zu sein. Für den durch jeglichen Zivilisationskomfort verwöhnten ›Weißen Mann‹ unvorstellbar ist jedoch, wie diese Menschen solche Winter bis vor wenigen Jahrzehnten überhaupt überleben konnten: In Erdlöchern hausend oder, noch unbegreiflicher, in luftiger Höhe der winzigen Insel King Island in der Beringsee. Wie Schwalbennester hängen noch heute die aus Treibholz errichteten Hütten in den Felsen. Ohne moderne Isoliermittel und fast ohne Heizung. Wohl verbrannten sie Waltran in ihren aus Speckstein geschnitzten Lampen, doch die trübe Flamme reichte allenfalls aus, die klammen Finger aufzutauen und wenigstens etwas Licht in den Polarwinter zu bringen.

Der Bedarf an fettreicher Nahrung war natürlich hoch in dieser Umwelt, die viele Menschenleben forderte, wenn die Jagdbeute zu dürftig ausfiel; wenn es bei zu stürmischem Wetter nicht gelang, genügend Walrosse zu erbeuten, oder wenn der bereits harpunierte Wal noch unter das Packeis entkam – und damit viele Tonnen lebenswichtiger Nahrung. Jagdliche Mißerfolge konnten Hungertod bedeuten, unter Umständen für einen großen Teil der Sippschaft. Noch bis in dieses Jahrhundert regulierte die Jagdbeute die Dichte der Menschen an den Eismeerküsten! Sie waren ähnlichen Naturgesetzen unterworfen wie Jäger aus dem Tierreich mit engem Nahrungsspektrum, deren Überleben und damit Bestandsdichte im wesentlichen vom Beuteangebot gesteuert wird. Die Schleiereule etwa durch das Mäusevorkommen oder der kanadische Luchs durch die Schneehasen. – So philosophiert der in warmer Stube bei vielfältigem Nahrungsangebot arbeitende Wildbiologe über das Dasein seiner arktischen Mitmenschen, deren Lebensweise bis vor kurzem noch der seiner altsteinzeitlichen Vorfahren entsprach.

Den Eskimos geht es heute wesentlich besser. Dank der Kontakte zur Außenwelt haben sie meist genug zu essen, wohnen in wärmeisolierten, zentralbeheizten und elektrisch beleuchteten Häusern, viele haben moderne Küchengeräte, und selbst in entlegenen Dörfern gibt es Fernsehapparate. Doch mit dem Segen der Zivilisation kam deren Fluch. Zu rasch vollzog sich der Wechsel vom harten zum süßen Leben. Denn der ›Weiße Mann‹, in später Reue über das, was er den Ureinwohnern dieses Kontinents jahrhundertelang angetan hatte, versucht sich heute in einer Art Wiedergutmachung. Indianer und Eskimos, die nicht arbeiten können oder wollen, erhalten namhafte staatliche Unterstützung, darunter auch die monatliche ›food stamp‹, eine Art Nahrungsmittelmarke im Wert von 600 Dollar. Jeder, wie gesagt, auch der, der nicht arbeiten *will*. Und wer will unter solchen Umständen noch arbeiten?

Für viele hatte diese staatliche Förderung des Müßiggangs katastrophale Folgen. Nicht nur, daß die in jahrtausendelangem Kampf gegen die arktische Wildnis entwickelten Kräfte plötzlich brachlagen und sich in Aggressionen entluden. Das weit größere Problem war der Alkohol, dem dieses Naturvolk schutzlos ausgeliefert war. Schutzlos, weil sich eben in der kurzen Zeit keinerlei Immunität gegen totale Abhängigkeit

Müßiggang ist aller Laster Anfang – Opfer des Alkohols

Doch viele Eskimos leben auch heute noch vom Jagen und Fischen
(im Bild Ellen Lane)

entwickeln konnte, wie bei den Europäern im Laufe von Jahrtausenden. Zudem verlieren diese Naturvölker schon bei mittleren Alkoholquanten sowohl jegliche Kontrolle über ihr Tun als auch das Erinnerungsvermögen an ihre Taten.

Die rapide zunehmende Zahl von Totschlagdelikten mit teilweise unglaublichen Methoden führte dazu, daß nun doch mehrere Dörfer ›trokkengelegt‹ wurden, eine Maßnahme, die noch vor einigen Jahren als nicht durchsetzbar galt. Jeglicher Alkoholkonsum wurde verboten, und zwar auf Betreiben der Eskimos selbst. In den verbliebenen Ortschaften ohne Verbot sammelten sich natürlich die Alkoholiker – Männer und Frauen gleichermaßen – ausgemergelt oder aufgedunsen mit krankhaft geröteter Gesichtshaut, schmuddelig gekleidet und meist aggressiv, wanken sie von Bar zu Bar. Dort finden sie ihresgleichen, dort fühlen sie sich daheim. Ein immer größerer Teil der staatlichen Unterstützung wird an der Theke umgesetzt ...

Doch es gibt auch andere, die sich dem Fluch der Zivilisation entziehen konnten. Slwooko ist einer davon. Stolz lehnt er die staatliche Fürsorge ab, er ist kein Sozialfall. Er will sich seinen Lebensunterhalt selbst erarbeiten, und zwar wie seine Vorfahren ausschließlich durch die Jagd. Jede andere Tätigkeit ist ihm zuwider. So auch die Schreibtischtätigkeit, die er als Bürgermeister seines 500 Seelen zählenden Dorfes zu erledigen hatte. Nach einem Jahr bereits hatte er dieses Amt wieder niedergelegt, die Jagd hatte zu sehr darunter gelitten.

Gambell ist inzwischen auch ›trocken‹. Doch schon vorher hatten die meisten Einwohner anderes zu tun, als im Alkohol zu verkommen. Slwooko lädt sich seine Patronen selbst oder schnitzt Tierfiguren aus dem Elfenbein der erlegten Walrosse. Deren Erlös bringt ihm Bargeld zum Kauf von Waffen, Geschossen und Pulver sowie Treibstoff für sein Motorboot. Seine zierliche Frau Wanda ist Lehrerin an der Dorfschule, außerdem unterweist sie andere Frauen in ›Handarbeit‹. Dazu zählt vor allem das Spalten der dicken Walroßhaut mit dem Oulu, dem rundlichen Wiegemesser der Eskimofrauen. Denn wie eh und je werden die Holzrippen der großen Waljagdboote mit der Haut des Walrosses bespannt, jedes andere Material wäre zu schwer. Zur Jagd auf die sehr geräuschempfindlichen Wale kann kein Boot mit Motor verwendet werden, da bleiben nur Segel und Ruderkraft als Antrieb.

Vor Jahren war es Slwooko gelungen, einen fast zwanzig Meter langen Grönlandwal erfolgreich zu harpunieren. Unter Slwookos Anleitung gelang auch die Bergung des Wals. Seitdem leitet er diese Aktionen, aber auch sonst hört man auf seinen Rat. Jagdliches Können genießt in dieser Gesellschaft auch heute noch höchste Wertschätzung.

Immer noch pfeift der Sturm um die Hütte. Die ganze Familie schläft. Es wurde ja schon seit Wochen nicht mehr dunkel, und so pflegt man erst zu Bett zu gehen, wenn die Sonne gegen zwei Uhr früh hinter den Kapfelsen verschwindet. So nütze ich die frühen Morgenstunden, als kein Mensch sonst unterwegs ist, um die Grabstätten der Eskimos zu besuchen.

Hier, wo der Boden über den weitaus größten Teil des Jahres bis zur Oberfläche gefroren ist, können sie ihre Toten nicht auf übliche Weise bestatten. In einfachen Holzsärgen werden sie auf dem Fels beigesetzt, zusammen mit ihren Gerätschaften, zu denen vor allem der Hundeschlitten gehört, ihr früher einziges Transportmittel, um Schnee und Eis zu überqueren. Hier ruhen sie im Angesicht der schneebedeckten Berge Sibiriens im Westen. Von dort irgendwo stammten sie, von dort waren ihre Vorfahren vor Tausenden von Jahren aufgebrochen, hatten die Insel und schließlich die ganze nordamerikanische Eismeerküste und Grönland besiedelt.

Man vermutet heute, daß dies während der Eiszeiten geschah, als viel Wasser in den Gletschern gebunden, der Meeresspiegel daher wesentlich tiefer und die Beringsee möglicherweise ganz trocken lag.

Ein Eisfuchs huscht über die Felsen. Auch er trieb sich im Friedhof herum, wenngleich mit anderem Ziel als ich. Diese Tiere scheinen hier die Rolle der Geier tropischer Länder zu übernehmen. Einige Särge waren aufgebissen, und beim Abstieg finde ich eine menschliche Schädeldecke und einen Oberarmknochen im zerklüfteten Gestein.

Die zur Winterszeit Verschiedenen wurden draußen auf dem Meereis bestattet, hatte ich erfahren. Sie gingen dann im Frühjahr rasch den Weg alles Irdischen. Zu Zeiten gravierender Nahrungsknappheit fuhr man ältere Menschen, die zu schwach waren, um zum Jagderfolg der Sippe noch beitragen zu können, ebenfalls hinaus aufs Eis. Die grimmige Kälte setzte ihrem Jägerdasein ein schnelles Ende. In ruhiger Selbstverständlichkeit nahmen sie Abschied vom Leben. Manche hätten, höre ich, gar darum gebeten, der Gemeinschaft nicht zur Last zu fallen. Welch ein Unterschied zur Auffassung von Leben und Tod in heutigen hochzivilisierten Gesellschaften ...

Der Eisfuchs hat jetzt, Ende Mai, seinen prächtigen schneeweißen Winterbalg bereits verloren und wirkt unansehnlich im Haarwechsel. Es ist an sich nicht mehr kalt, −2 °C, und dennoch friere ich in meiner konventionellen Winterkleidung erbärmlich. Der ›Chill-Faktor‹ des ständigen Sturms senkt die physiologisch wirksame Temperatur auf −15 °C. So angezogen könne ich unmöglich hinaus aufs Eismeer, bestätigt denn auch Slwooko meine Erkenntnis nach dem nur kurzen Spaziergang. »Du bist hier nicht auf Hawaii«, witzelt er, während ich mich am Ölofen aufwärme.

Meine ›zweite Heimat‹ in der Tundra

Wonnemonat Mai auf der St. Lorenz-Insel – Slwookos Behausung

Dichtes Packeis
bedeckt noch die
Beringsee

Der Friedhof in den
Felsen

Sind wir noch in
Amerika oder schon
in Rußland?

1 Slwooko (rechts) überlebte und berichtet von seiner Odyssee

2 Verloren in der Wüste aus Meer, Eis, Nebel und Sturm

3 Frierend verbringen sie die hellen Nächte auf Eisschollen

4 Tagsüber versuchen sie mit Hilfe selbstgebastelter Segel heimzufinden

Doch wir müssen immer noch warten. Die dunkelblaue See zwischen den Eisbergen zeigt viel Weiß, den Eskimos ein Zeichen für zu hohen Seegang. In jahrtausendelangem Umgang mit ihrem Lebenselement haben sie dessen Tücken kennengelernt, haben ein Gefühl für die Gefahr entwickelt. Noch ist es zu gefährlich, denn im Falle eines Motorschadens wäre es unmöglich, gegen so starken Wind zurückzurudern. Wir würden nach Süden in den Pazifik abdriften – »good bye for ever«, meint Slwooko trocken. Und dazu fühlen wir uns beide noch zu jung. Dennoch hat das Eismeer immer wieder Menschenleben gefordert. Heute sind die Jäger mit kleinen Sprechfunkgeräten ausgerüstet, und mancher konnte durch seinen Hilferuf vom herbeieilenden Boot vom Tod in den eisigen Wogen gerettet werden.

Schließlich hält es die Eskimos nicht länger, und wir riskieren eine Jagd auf Meerenten, wobei wir nahe der Küste bleiben können. Dort ziehen diese Vögel schon seit Tagen zu Tausenden nach Norden. Doch außer den hierfür erforderlichen Schrotflinten nehmen die Eskimos auch großkalibrige Büchsen ins Boot. »You never know« (»Man kann nie wissen«), meint der erfahrene Jäger. Dann zieht er mir Hose und Jacke, gefüttert mit Eiderentendaunen über, und sofort hat die Friererei ein Ende. Noch nie hatte ich so warme Kleider getragen.

Nun geht's los. Slwooko und seine beiden Söhne, der 18jährige Joe und Quinn, dreizehn, erweisen sich als gut eingearbeitetes Team, bestens vertraut mit Seegang und Treibeis. Weniger angetan bin ich von ihrer Art der Entenjagd. Sie schießen nicht schlecht, aber meist viel zu weit. Der Anteil krankgeschossener Vögel ist hoch. Doch diesbezügliche Skrupel scheinen sie nicht zu kennen. Sie schöpfen aus dem Vollen. Hunderttausende von ziehenden Eis-, Eider-, Prachteider-, Plüschkopf- und Scheckenten in der Beringsee – und nur ein Häuflein von Eskimos, die davon leben. Das bedingt wohl diesen großzügigen Umgang mit der Natur. An Nachhaltigkeit brauchen diese Nahrungsjäger noch keine Gedanken zu verschwenden. Ihr Jagderfolg hängt in erster Linie ab vom Wetter, nicht vom Angebot an Beutetieren, denn die gibt es in Massen. Auch ein Mitgefühl mit der Kreatur hat dieses rauhe Jägervolk nicht entwickelt. Nur so sind ihre manchmal unsinnig weiten Schüsse zu verstehen. Es geht ihnen einzig und allein um die Chance, die Ente zu bekommen, also um die Hoffnung, daß wenigstens ein Schrotkorn Hirn, Rückgrat oder Flügelknochen treffen würde. Alles andere ist zweitrangig.

An diesem Tag haben sie es wohl ausschließlich auf Eiderenten abgesehen; sie erbeuten vor allem die ihren sibirischen Brutgebieten zustrebenden Scheckenten. Die viel häufigeren Eisenten bleiben unbehelligt.

17

Erstaunlich, mit welcher Sicherheit sie die einzelnen Arten auch auf weitere Entfernung ohne Fernglas unterscheiden können. Von Kind an ständig mit ihrem Wild befaßt, kennen sie selbst unauffällige, aber typische Eigenheiten in Färbung, Form oder Schwingenschlag. Joe entdeckt in weiter Ferne einen Trupp Kaisergänse, der in langem Keil aus dem südlichen Winterquartier zurückkehrt. In rasender Fahrt geht es dorthin, wo sich die Gänse gerade zur Rast auf dem Schnee der Küste niederlassen wollen. Die Vorderschäfte der Repetierflinten rasseln, es kracht acht, neun Mal aus dem fahrenden Boot, und vier Gänse klatschen ins Wasser. Kaisergänse sind besonders delikat, strahlt der kleine Quinn und hilft, die Beute ins Boot zu bergen.

Wasserwildjagd im Frühjahr, so kurz vor und gar während der Brutzeit? Ein seit Jahrzehnten in Fachkreisen kontrovers diskutiertes Thema. Sowohl in Nordamerika als auch in Eurasien haben Eingeborene und auch andere Ortsansässige ihre uralten Rechte gegen die Argumente der Biologen durchgesetzt. Sie wollen Enten und Gänse jagen, wenn sie da sind, unabhängig von der Jahreszeit. Drüben, in Rußland, kommen dazu noch politische Aspekte. Sollen nur die Kapitalisten Wasserwild ernten, und dazu vor allem das, was überwiegend in sozialistischen Ländern erbrütet wurde? Und wir sollen leer ausgehen, nur weil die Masse unserer Wasservögel schon kurz nach der Brutzeit über den ›Eisernen Vorhang‹ in westliche Länder verschwindet?

Mich interessieren mehr die Auswirkungen dieser Jagd auf die Populationen, und da sind doch noch einige Fragen offen, so logisch die Argumentation vieler Kollegen auch klingen mag. Sie vertreten die Auffassung, die ›dichteabhängige Sterblichkeit‹ der Vögel sei jeweils Ende Dezember beendet und die Brutpopulation einreguliert. Und nur während dieser Phase könne Jagd andere, natürliche Todesfaktoren vorwegnehmen, hätte also keinen nennenswerten Einfluß auf den Gesamtbestand. Bejagung nach Mittwinter oder gar im Frühjahr erhöhe dagegen die Sterblichkeit und entbehre daher jeglicher biologischen Grundlage.

Tatsache ist jedoch, daß das natürliche Sterben in Vogelpopulationen keineswegs Mitte des Winters beendet ist. Zweifel an dieser These waren mir schon vor über 25 Jahren gekommen, als ich während einer Exkursion durch Nordisland immer wieder eingegangene Vögel verschiedener Arten fand, und zwar im Juni, vor und während der Brutzeit. Diese Erlebnisse haften insofern besonders im Gedächtnis, als diese überraschende Fleischquelle einen wesentlichen Teil meiner damals kärglichen Nahrung bildete. Später zeigte die Sichtung wissenschaftlicher Literatur, wie vehement der Tod gerade im Frühjahr nochmals zuschlägt, und zwar ebenfalls durch Ursachen, die überwiegend von der Bestandsdichte der

Vögel abhängen, nämlich Nahrungsmangel, Streß oder parasitäre Erkrankungen. Ist dies der Grund, warum sich der in weiten Teilen der Sowjetunion und den nördlichen Regionen der Neuen Welt im Frühjahr getätigte jagdliche Aderlaß nicht erkennbar auf die Bestandsentwicklung der Wasservögel auswirkt? Daß die meisten Gänse- und in Europa auch Entenarten dennoch eher positiven Trend zeigen?

Interessante Fragen, denen ich während meines nächsten Aufenthalts in Fairbanks in der Universitätsbibliothek nachgehen werde. Anregungen hierzu bekam ich bereits am Vorabend beim Anblick der ermatteten Spießenten an der eisumsäumten Lagune vor den Felsen der Insel. Sie litten offensichtlich unter der noch winterlichen Umwelt ihres Brutbiotops. Den Eskimos sind Schwimmenten um diese Zeit zu mager. Vor zwei Wochen habe vier von ihnen ein Eisbär erwischt, so schwach waren sie, berichtet Slwooko beiläufig.

Überraschend läßt der Sturm nach, erstmals seit einer Woche. Die weißen Kappen auf den Wogen verschwinden, und die drei Eskimos beraten in unverständlichem Yupik. Das Resultat wird mir verdolmetscht: Wir wollen hinaus aufs Eismeer, auf Walroß jagen! Endlich. Aber wird es diesmal klappen? In früheren Jahren war ich schon zweimal mit dabei, doch beiden Unternehmungen war kein Erfolg beschert. Dann wieder war es ein blonder Engel, der mir vor der Abreise nach Alaska das Versprechen abrang, mich nicht auf solch zweifelhaftes Abenteuer einzulassen. Doch all das liegt nun weit zurück, niemand warnt mich mehr vor dem Unternehmen.

Wir tuckern durch kristallklares, blaugrünes Wasser, zwischen gleißend weißen Eisbergen immer weiter nach Westen, Richtung Sibirien. Ich kann mich nicht satt sehen an den bizarren Formen im Treib- und Packeis. Flache Schollen von Meereis, dann wieder haushohe Klötze, bestehend aus gefrorenen Schneewächten, die wohl in Küstennähe abgebrochen und ins Meer gestürzt waren. Manche reichen tief in die klaren Fluten. Sie erinnern mich an das tragische Ende der Titanic. Andere Eisberge waren durch mehrfach aufeinandergeschichtete Schollen von Meereis entstanden. Sie lassen ahnen, welche Kräfte im Packeis wirksam werden, ausgelöst durch das ewige Wechselspiel von Sturm und Meeresströmung.

Schon Stunden dauert die Fahrt. Sind wir noch in Amerika oder schon in Rußland? Haben wir die politische Grenze und damit die Internationale Datenlinie schon passiert? Ist heute noch Montag oder bereits Dienstag? Niemanden interessiert das hier. Wir leben so frei wie die Eskimos seit eh und je. Nur etwas sicherer als damals. Heute ist ein Kompaß an Bord des knapp sechs Meter langen Aluminiumboots für den Fall eines plötzlich einsetzenden Eisnebels, der jede Orientierung unmöglich macht. Allerdings kann er nur dann helfen, wenn bereits beim Hinausfahren, trotz guten Wetters, immer wieder die Richtung gepeilt wird. Manches Leben konnte heutzutage auch gerettet werden durch ein kleines ›walkie-talkie‹, ein Sprechfunkgerät, das immerhin über einige Meilen hinweg Hilferufe ins Dorf oder zu anderen Booten senden kann. Früher kam es häufiger vor, daß ein Boot nicht mehr zurückkam. Früher, betont Slwooko. Keiner scheint das bevorstehende Schicksal zu erahnen...

An Gefahren pflegt man ja während der Jagd selbst nicht zu denken. Schon gar nicht bei dem herrlichen Sonnenschein. Sowohl die Berge Sibiriens als auch das heimatliche Kap Gambell sind noch am Horizont zu erkennen. Der Kompaß bleibt in der Tasche. Immer wieder erklimmen Slwooko und Joe hochragende Eisberge, um nach Walrossen Ausschau zu halten. So groß diese Tiere sind, so schwierig sind sie in der Eiswüste mit dem kleinflächigen Wechsel von Licht und Schatten, von hellem und dunklem Eis zu erkennen.

Plötzlich kommt Leben in die beiden. Joe hat in weiter Ferne einen bräunlichen Fleck entdeckt, sein Vater bestätigt seine Vermutung: eine kleine Walroßherde, auf dem Eis liegend. Selbst durch das zehnfache Fernglas habe ich Mühe, das bräunliche Gebilde zu identifizieren. Dann geht's los. Zurück ins Boot, Richtung Norden. Slwooko steuert durch schmale Wasserrinnen, Joe sitzt im Bug und warnt vor tiefliegenden Eisbergen. Knarrend schiebt sich das Boot über kleine Eisbrocken. Das Eis ist in ständiger Bewegung. Unverständlich, wie Slwooko die Richtung halten will. Und dann sind wir eingeschlossen.

Sofort raus, auf die andriftende Scholle, das Boot herausziehen! Es gelingt, bevor sich das Eis knirschend schließt. Es gelingt, dank der routinierten Zusammenarbeit der drei Eskimos. Nur ich bin ihnen zu langsam, hier im ungewohnten Element. Verstehe nicht, was Slwooko in kehligem Yupik befiehlt, kenne das Eis zu wenig, kann noch nicht ›good ice‹ (festes Eis) von ›rotten ice‹ (brüchigem Eis) unterscheiden. Durch letzteres durchzubrechen und im wahrlich eiskalten Wasser abzusacken – – – keine Zeit, sich solches auszumalen. Wir sind in Eile, müssen dort sein, bevor andere Eskimos die Herde entdeckt haben. Bei dem guten Wetter sind sicher noch mehr Boote unterwegs, werde ich aufgeklärt, während wir das Boot in einen sich langsam öffnenden Graben schieben. Jetzt rasch hineinspringen! Weiter geht's, wir müssen Umwege fahren, müssen immer wieder einmal zurück, das Packeis wird dichter. Wieder raus aus dem Boot, rauf aufs Eis, schieben über schwankende Eisschollen. Sie ge-

Wo sind die Walrosse?

Auf einer Eisscholle ruhen die
braunen Kolosse – jetzt nur keine
Fehler machen! – Unten: Kaum
zwanzig Meter trennen die Jäger von
der ersehnten Beute

ben nach, sofort rein. Weiter! Ob die überhaupt noch wissen, wo die Herde ist? Ich habe jede Orientierung verloren.

Joe gibt ein Handzeichen nach rechts, und das Motorengeräusch erstirbt sofort. Tatsächlich, zwischen den treibenden Eisbergen eine Scholle mit den braunen Kolossen. Die Jäger werden nun ruhiger, sie sind die ersten hier, brauchen keine Konkurrenz mehr zu fürchten. Jetzt nur keine Fehler machen. Sind es vier oder fünf? Kühe oder Bullen? Sie schlafen dicht aneinander gedrängt auf der kleinen schwankenden Unterlage. Ein junger Bulle mit erst halblangen Stoßzähnen muß offensichtlich Wache schieben – ein unglaublicher, kegelförmiger Fleischberg von wohl einer Tonne Gewicht. Langsam, mit gedrosseltem Motor und möglichst wenig Geräusch umschlagen wir die Walrosse, sie dürfen keinen Wind von uns bekommen. Ihr Gesichtssinn und Gehör sind dagegen nicht sonderlich gut.

Gedeckt durch den nächst schwimmenden Eisberg gleitet das Boot näher. Schon kann ich die Glotzaugen des ›Wachhabenden‹ erkennen. Für einen Moment erheben sich auch die anderen, und wir ducken uns auf Slwookos zischenden Befehl ins Boot. Ein weiterer jüngerer Bulle mit einem abgebrochenen Zahn war dabei, ferner ein alter mit dicken, aber abgenutzten und ein starker mit langen Stoßzähnen. Nun dösen sie wieder in der Abendsonne, und wir erklettern vorsichtig den benachbarten Eisberg. Kaum zwanzig Meter trennen uns noch von der Beute. Drei Büchsen sind auf sie gerichtet, doch noch verdeckt der Wächter die beiden schlafenden älteren Bullen, denen es gilt. Langsam dreht sich die Scholle in der Strömung, gibt zunächst Schnauzbart, dann das Auge des starken Bullen frei. Dann geht alles in Sekundenschnelle. Im ersten Schuß fällt der Starke. Rotbrauner Tumult, weitere Schüsse, Schweißfontäne, zwei Meter hoch, wabernde Fleischmassen stürzen sich in die Flut, tauchen nochmals kurz auf, weitere Schüsse, tiefrotes Meerwasser, Ende.

Die Spannung löst sich in den Gesichtern der Jäger. Es ist geschafft. Der braune Koloß liegt reglos auf der Scholle. Das Geschoß der .375 H&H war hinter dem Auge eingedrungen und hatte den Hirnschädel zertrümmert. Der andere alte Bulle war verloren. Selbst starke Büchsenpatronen können das tonnenschwere Wild nur bei Schüssen in Kopf oder Rückgrat auf den Platz bannen. Joe hatte zu tief geschossen und wohl nur Herz oder Schlagader erwischt. Einmal im Wasser, hätte das Walroß nur noch vom Boot aus mit der Harpune und daran befestigter Boje geborgen werden können, aber wir saßen ja noch auf dem Eisberg, als sich alles in Sekunden abspielte.

Die Eskimos scheint das überhaupt nicht zu berühren, sie konzentrieren sich ganz auf den erlegten Bullen auf der Scholle. Diese hatte offensichtlich schon längere Zeit als Liegeplatz gedient, wovon breiige Fladen schwarzer Losung zeugen. Die Eskimos ziehen das Boot aufs Eis und machen sich an die Arbeit. Der Kopf mit den Stoßzähnen ist das Wichtigste.

Elfenbein bringt ihnen Bargeld, das heutige Nahrungsjäger dringend brauchen zum Kauf von Waffen, Booten, Motoren und Treibstoff, ganz abgesehen von einem gewissen Wohnungskomfort, den inzwischen auch Naturvölker nicht mehr missen wollen. Daher ist nach dem ›Marine Mammals Act‹ von 1972 nur den Eskimos die Jagd auf Meeressäuger noch gestattet, nur sie dürfen mit Elfenbein handeln. Entweder mit dem Rohmaterial unter sich oder mit selbstgeschnitzten Kunstgegenständen, die im Touristengeschäft sehr gefragt sind. Meist schnitzen sie Tiere ihrer arktischen Heimat, Eisbären, Walrosse, Papageientaucher und Lummen, oder sie gravieren Jagdszenen auf den Stoßzahn.

Mit vereinten Kräften gelingt es, den Fleischberg auf die Seite zu wälzen. Mich interessiert die Anatomie des fast vier Meter langen, mir bislang unbekannten Wildes: die dicke, schwielige Haut mit der spärlichen Behaarung und die zu breiten Schwimmflossen umgewandelten ›Läufe‹. Früher wurde wohl so ziemlich alles vom Walroß verwertet. Heute überwiegt der Wert des Elfenbeins bei weitem. So kommt es, daß die Eskimos bemüht sind, an günstigen Tagen mehrere Walrosse zu erbeuten, auch wenn sie dann einen großen Teil des Wildbrets nicht mehr bergen können. Es steht ihnen ja heute noch andere Nahrung zur Verfügung, sie sind in dieser Hinsicht nicht mehr so abhängig von ihrer Hauptwildart.

Slwooko schärft eine breite Speckseite aus dem Rücken, ein Stück vom Brustkorb, das Herz, die Leber und mehrere Stücke schwarzroten Wildbrets. Joe macht sich an der gewaltigen ›Brunftrute‹ zu schaffen und operiert schließlich einen über halbmeterlangen Penisknochen heraus. Es bedarf nicht viel Phantasie, in diesem ›Oosik‹ ein Sinnbild für Manneskraft zu sehen, weshalb er als Maskottchen sehr begehrt ist. Auch den Magen nehmen sie mit; mit dessen zäher Haut werden die Trommeln bespannt, mit denen an Festtagen zum Tanz aufgespielt wird. Der Magen ist fast leer, der Bulle muß schon längere Zeit auf der Scholle gelegen haben. Manchmal ist der Magen prall gefüllt mit Muscheln, die die Eskimos dann nochmals verzehren. Muscheln bilden die Hauptnahrung dieser großen Tiere. Mit dem borstigen Schnauzbart und den Stoßzähnen werden sie vom Meeresboden losgerissen und eingesogen. Die Backenzähne des Bullen sind bis auf das Zahnfleisch abgeschliffen.

Die Stoßzähne haben mehrfache Bedeutung: Die Walrosse hieven sich damit aus dem Wasser aufs Eis, und den Bullen dienen sie als Waffen bei ihren Rivalitätskämpfen. Aber auch anderen Tieren können sie gefähr-

Das tonnenschwere Walroß hat für die Eskimos auch heute noch zentrale Bedeutung

Trotz höheren Lebensstandards ist sein Fleisch wichtiges Grundnahrungsmittel

Kaisergänse gelten als Delikatesse

lich werden; im Wasser meidet selbst der Eisbär die wehrhaften Kolosse, denen er an Land eher überlegen ist. Selbst die Eskimos haben Respekt vor nahe am Boot auftauchenden Bullen; wenn es denen gelingt, die Zähne über die Bordwand zu schlagen, werden sie das Boot mit ihrem Gewicht unweigerlich zum Kentern bringen.

Das Walroß ist zerwirkt, der Rest wird mit Hau-Ruck über den Eisrand gewälzt. Wie ein Fels sackt er ab in die blaugrüne Tiefe. Das Tier geht wieder ein in den Kreislauf des Lebens, sein langsam verwesender Kadaver bietet unzähligen kleineren Meerestieren Nahrung: Fischen, Krabben, Garneelen und Muscheln. So jedenfalls sehen die Biologen des ›Fish & Wildlife Service‹ das, was mir zunächst als Verschwendung erschien. Pragmatisch sehen sie auch den relativ hohen Anteil verlorener Meeressäuger: Von vier beschossenen bzw. erlegten Walrossen kann im Schnitt nur eines geborgen werden, so die Statistik. Bei Robben liegt die Erbeutungsrate noch ungünstiger, nämlich bei einem Sechstel der getöteten. Auf diesen Erfahrungswerten basieren die zum ›Management‹ dieser Arten erforderlichen Kalkulationen.

Um Mitternacht erreichen wir im Schein der tiefstehenden Sonne Gambell und finden schließlich zwischen den seit heute morgen angedrifteten Eismassen eine Passage zum Strand. Über das kleine Funkgerät hat Slwooko bereits vom mageren Ergebnis der anderen Jäger erfahren. Die meisten hatten keinen Anblick. Ein Team war im Wind angepürscht, und die Herde rettete sich vorzeitig bzw. rechtzeitig ins Wasser. Nur ein Boot hatte eine Walroßkuh mit Kalb angelandet.

Am Horizont taucht auf motorgetriebenem Dreirad ein weibliches Wesen auf. Slwookos Miene verfinstert sich. Es ist die vom ›Fish & Wildlife Service‹ angestellte Biologin, die die Strecke der heimkehrenden Boote zu registrieren hat. Diesmal haben wir nur einen Bullen, berichtet er mürrisch der charmanten Fragestellerin. Sie scheint von der Praxis wenig Ahnung zu haben, und so diktiert er ihr die Namen der im Boot liegenden Vögel: neun Scheckenten, zwei Eiderenten, ein Eissturmvogel. Zufrieden fährt sie ins Dorf zurück. Die Spannung zwischen den beiden bemerkend, hatte ich mich nicht an dem Gespräch beteiligt.

Er mag sie nicht, erläutert er, weil sie jedes Jahr vor Beginn der Jagd denselben Unsinn erzähle, wie übrigens auch manche ihrer Kollegen: die Walroßpopulation nehme beängstigend ab, und sie sollten daher weniger erlegen.

»Doch jedes Jahr sehen wir eine Menge Walrosse und können entsprechend viele erbeuten. Unser Jagderfolg hängt allein ab von der Witterung.« Seine Angaben decken sich weitgehend mit dem, was ich später von Walroßexperten der Regierung und der Universität Fairbanks erfuhr. Danach schätzt man die Beringsee-Population derzeit auf eine Viertelmillion, wovon jährlich ein nur schwer einzuschätzender, aber wohl geringer Teil von den Eskimos >geerntet< wird.

Das war noch in der ersten Hälfte dieses Jahrhunderts ganz anders. Vor allem die Russen hatten die Walroßbestände auf ähnliche Weise dezimiert wie die der Wale, der Pelzrobben oder der Seeotter. Der Wert des Elfenbeins und auch der Häute machte groß angelegte Aktionen rentabel. Sie setzten seetüchtige Schiffe ein, die unabhängig waren von der Witterung. Kühe wurden, da auch Elfenbeinträger, in gleichem Maße gezehntet wie Bullen. Die Herden schrumpften folglich gewaltig – und damit die Nahrungsbasis der Eskimos. Denn die waren damals abhängig von diesem, ihrem bedeutendsten Jagdwild. Nicht nur, daß es noch kaum anderweitige Nahrung für sie selbst gab, auch ihre Schlittenhunde mußten gefüttert werden. Die Bevölkerung von Gambell schrumpfte damals auf die Hälfte der heutigen, und auch entlang der Festlandküste war Schmalhans Küchenmeister.

Um die Not zu lindern, veranlaßte die Regierung, Rentiere von Asien herüberzuholen. Doch die Eskimos sind Jäger, keine Hirten. Die Betreuung und nachhaltige Nutzung der halbdomestizierten Tiere verstanden sie nicht. Das änderte sich auch nicht grundlegend, als man Rentierexperten, selbst von Lappland, in die Neue Welt nachholte. In den meisten Ansiedlungsgebieten verschwanden die Rentiere dennoch, in anderen verursachten sie eine Zeitlang ökologische Probleme durch Übervermehrung.

Das Problem der Eskimos und ihrer ursprünglichen Beutetiere löste sich Mitte unseres Jahrhunderts auf ganz andere Weise. Zuerst stellten die Amerikaner, dann die Russen die kommerzielle Ausbeutung der Walrosse ein. Diese vermehrten sich daraufhin beträchtlich. Gleichzeitig sank der Bedarf der Eskimos. Einerseits durch Ersatznahrung, zum andern durch die Tatsache, daß sie ihre hundegezogenen Schlitten – über Jahrtausende ihr einziges Verkehrsmittel – zunehmend durch motorbetriebene >Snowmobiles< ersetzten. Sie brauchen zwar das Walroß immer noch, aber eigentlich mehr den Erlös für sein Elfenbein – etwa 50 Dollar pro Kilo – zum Kauf von Benzin; dagegen kaum noch zur Ernährung ihrer Schlittenhunde.

Das nachlassende Interesse, wie auch die im Vergleich zu den genannten ökonomisch orientierten Ausbeutungsbetrieben eher primitiven Jagdmethoden der Eskimos bedingten nur noch geringe Eingriffe in die Walroßbestände. Sie verhinderten nicht, daß diese weiter anwuchsen, schließlich die >Biotopkapazität< überschritten und ihre Nahrungsbasis ruinierten. Die Folgen zeigten sich bald: Zunächst ging die Zahl der Kälber zurück, dann die Konstitution auch der älteren Tiere. Ihre in diesem kalten Element lebensnotwendige Speckschicht wurde dünner, und sie wurden zunehmend von Hakenwürmern befallen, Parasiten, die in ihren Eingeweiden leben. Parasiten sind in der Regel Weiser für zu hohe Populationsdichten. Vom Schalenwild in einigen deutschen Revieren war mir das bekannt, aber auch vom Fuchs, der nun von der Räude befallen wird, nachdem man den bisherigen Dichteregulator, die Tollwut, durch Impfaktionen beseitigt hatte.

Und noch etwas erinnerte mich an meine frühere Tätigkeit in der Heimat. Sollte diese Biologin etwa ihr persönliches Steckenpferd geritten haben? Ging es ihr lediglich um den Schutz der Walrosse vor menschlicher Verfolgung? Unter Verheimlichung all dieser Fakten, die ihr doch zumindest aus der Literatur hätten bekannt sein müssen? Auch deutsche Biologen hatten gelegentlich Thesen verbreitet, die sich ebensowenig mit der Wirklichkeit decken. Daß Räuber grundsätzlich keinen Einfluß auf ihre Beutetiere bzw. auf den Niederwildbesatz hätten oder Enten und Gänse generell durch Bejagung bedroht seien, das nimmt ihnen kein Kenner der Materie mehr ab, das schafft nur Mißtrauen gegenüber dem Berufsstand an sich. Klagen über mangelnde Zusammenarbeit mit den Jägern sollten dann eigentlich nicht mehr verwundern.

Ähnlich hier. Die Jäger machen gelegentlich falsche Angaben. Eine ungewöhnlich erfolgreiche Jagd hatte Slwooko absichtlich erst in den frühen Morgenstunden beendet, da war mit keiner Kontrolle zu rechnen. Doch ein neidischer Kollege muß ihn verpfiffen haben. Eine spätere Inspektion ergab dann eine wesentlich höhere Strecke, als er angegeben hatte.

»Warum hattest du sie angelogen?« frage ich.

»Ich kenne diese Typen, die bauschen unsere Angaben ohnehin auf, polemisieren dann in den großen Städten, wo die Leute nichts von der Materie verstehen und folglich die Jagd verbieten wollen. Aber ich brauche die Walrosse, ich brauche den Erlös, um meine Familie durchzubringen, mein ältester Sohn soll nächstes Jahr ans College – that's it.« Von den vielen Jagdtagen ohne oder mit nur geringem Erfolg redete man nachher kaum, und die Ausnahme würde als Regelfall hingestellt, meint er weiter.

Dennoch erinnert mich das Denken und Handeln dieser ursprünglichen Jäger, denen das Wort Hege fremd ist, die vielmehr aus dem Vollen schöpfen, an das Verhalten einiger Jäger aus dem Tierreich: an den in den Hühnerstall eingedrungenen Marder, an den Habicht im Taubenschlag oder in der Fasanerie. Auch sie töten von dem momentanen Überangebot, was sie erwischen können, unabhängig von der späteren Verwertbar-

Walroßknochen am Ortsrand von Gambell – ›Müllhalde‹ von Generationen von Nahrungsjägern

Lager zur Bejagung der Walrosse während ihrer Wanderungen im Frühjahr

keit. Daß die Walroßpopulation dennoch derzeit durch die Jagd kaum beeinträchtigt wird, ist wohl der Weite des Eismeers zu verdanken und der Ungunst des Wetters, das mehr als alle anderen Faktoren den jagdlichen Eingriff in Grenzen hält. Und schließlich scheint es nur wenige so erfolgreiche Walroßjäger zu geben, wie Slwooko einer ist.

Doch auch er könnte sich eine noch sinnvollere Nutzung der Walrosse denken, was sich mit den Vorstellungen des Walroßexperten Bob Nelson in Nome weitgehend deckt. Es bedürfte lediglich einer Änderung des ›Marine Mammals Act‹, um die Jagd auf diese interessante Wildart auch für Weiße zu ermöglichen. Waren die Eskimos früher gegen solche ›Freizeitjagd‹ in ihrer angestammten Wildbahn, so sehen sie das heute anders. Die Führung eines amerikanischen oder europäischen Jagdtouristen auf ein Walroß würde ihnen viel, viel mehr Geld bringen als der Erlös für dessen Elfenbein. Und Geld brauchen sie einfach, um den erreichten Lebensstandard zu erhalten.

Auch für die Walrosse wäre diese Art der Bejagung günstiger. Der Freizeitjäger würde in der Regel nur ein Tier erlegen wollen, möglichst einen älteren Bullen. Dessen Stoßzähne, nun Trophäen genannt, läßt er sich viel kosten. Viel mehr, als die Eskimos für das Elfenbein einer großen Zahl getöteter Walrosse erlösen könnten. Sie müßten also wesentlich weniger erbeuten bzw. erlegen lassen, um ihren Lebensunterhalt zu bestreiten. Sie bekämen Haut und Fleisch, die dann wieder zu einem größeren Anteil verwertet würden, der Freizeitjäger seine Trophäe – und allen wäre gedient.

»Ihr Biologen solltet euch für vernünftige gesetzliche Regelungen einsetzen! Das wäre wesentlich gescheiter, als uns immer nur zu kritisieren.« Recht hat er, der wilde Jäger des Eismeers.

Zu Hause angekommen, macht sich der kleine Quinn sogleich daran, den schweren Walroßschädel auszukochen und zu säubern, eine Arbeit, die ihn bis in den Morgen in Anspruch nimmt. Nach diesem 24-Stunden-Tag sinkt er endlich in die Kissen.

Slwooko und ich halten nicht so lange durch, leeren aber noch ein Fläschchen russischen Brombeergeists. Ein baltischer Kollege hatte es mir während eines Ornithologen-Kongresses in Riga letzten Herbst geschenkt. Lange hatte ich auf einen passenden Anlaß gewartet, die Flasche zu köpfen. Der ist nun gekommen, und ich habe dazu auch den richtigen Partner.

»Willst du nicht nochmal mit? Übermorgen fahren wir wieder hinaus, noch weiter nach Nordwesten.« Dankend lehne ich ab, denn ich habe ja nun eine erfolgreiche Jagd erlebt. Zunächst reicht's, und zufrieden fliege ich aufs Festland zurück.

Verschollen

Ob ich Slwooko je wiedersehen werde? Während ich diese Eindrücke niederschreibe, in Heini Springers gemütlicher Hütte bei Nome, reißt mich eine Meldung des lokalen Rundfunks aus den Gedanken: Zwei Boote mit Walroßjägern aus Gambell sind schon seit Donnerstag vermißt. Donnerstag, da wollte doch Slwooko wieder hinaus, nachdem wir am Dienstag zurückgekommen waren. Jetzt werden Namen genannt; die Insassen des ersten Bootes kenne ich nicht, aber dann, tatsächlich: Slwooko, seine beiden Söhne und der Lehrer von Gambell. Eiskalt läuft es mir über den Rücken; denn statt des Lehrers wäre ich am Donnerstag mit hinausgefahren, hätte es nicht am Dienstag bereits geklappt. Und jetzt ist Samstag. Wegen Sturm und Eisnebel könne man noch nicht nach ihnen suchen, schließt die kurze Meldung.

Nach mehreren Versuchen gelingt es mir, über Satellit seine Frau Wanda anzurufen.

»Ja, das ist richtig, die sind noch nicht zurück, werden schon noch kommen.«–Die hat ja Nerven.

Der Sonntag vergeht, von den beiden Booten fehlt weiter jede Spur.

Montag. Der Bericht in den Nachrichten wird nun ausführlicher. Die Küstenwacht des Grenzschutzes beteiligt sich an der Suche, doch das Objekt ist wahrscheinlich zu klein, um sich auf den Radarschirmen abzuzeichnen. Nun setzen sie ihre großen, langsam fliegenden Suchflugzeuge ein, die mittels Computersteuerung systematisch das Packeis nördlich und westlich der Insel absuchen. Doch Nebel und Sturm behindern das Unternehmen. Nichts. Zu aller Überraschung helfen von der anderen Seite der Beringsee die Russen bei der Suche und senden Boote aus – bei aller Tragik ein erfreuliches Zeichen von ›Glasnost‹ und ›Perestroika‹. Doch auch sie suchen vergebens. Ob die Gesuchten überhaupt noch leben? Sollte ein Walroßbulle das Boot gekentert und so Hunderte seiner Artgenossen gerächt haben? Aber das andere Boot ist ja auch vermißt, und die beiden waren unabhängig voneinander losgefahren. Wahrscheinlicher ist eine witterungsbedingte Katastrophe.

Irgendwie fühle ich mich verpflichtet, die arme Wanda anzurufen. Doch die fragt seelenruhig nach meinem Ergehen. Das ist doch nicht zu fassen. »Ach so, Slwooko. Nein, der ist noch nicht zurück«, meint sie in einer Gelassenheit, als habe der sich nur im Wirtshaus verspätet. »Da brauchst du dir nichts zu denken, Slwooko kennt das Eismeer – don't worry.«

Don't worry! Mach dir keine Sorgen! Um Mißverständnissen vorzubeugen, ist anzumerken, daß ich während der kurzen Zeit im Hause

Slwooko keinerlei Zeichen eines Ehekrachs beobachtet hatte. Die Familie erschien mir im Gegenteil als ein überaus harmonisch und effektiv zusammenarbeitendes Team. Nein, diese Äußerungen verrieten vielmehr die für Weiße unvorstellbare Gelassenheit gegenüber Schicksalsschlägen, die wohl allen Asiaten eigen, bei den in unwirtlicher Umgebung lebenden Eskimos aber besonders ausgeprägt ist.

Ähnlich beeindruckt war damals Freund Heini von der stoischen Ruhe der alten Esther, seiner späteren Schwiegermutter. Ihren Mann und alle drei Söhne hatte sie verloren, und das alles im Laufe nur eines Winters. Durch Krankheit, Jagdunfälle und eine Messerstecherei. Solche Mentalität erleichtert es diesem Naturvolk sicherlich, der in der Kirche des Eskimodorfs Kotzebue als Gebetstext formulierten Lebensweisheit zu entsprechen:

»Herr gib mir Kraft, das abwendbare Schicksal zu ändern,
die Gelassenheit, das unabwendbare zu ertragen, und die
Weisheit, beides voneinander unterscheiden zu können.«

Wanda weiß, daß sie nichts ändern kann, was immer auch passiert sein mag, also bleibt ihr nichts übrig, als in aller Ruhe abzuwarten.

Dienstag. Aller Einsatz weiter vergebens. Am Nachmittag mußte die Suche wegen Sturm, Regen und Nebel abgebrochen werden. Interessant die Radiomeldung, daß die derzeit in Gambell weilenden ›bird watchers‹ die Suchaktion finanziell unterstützen wollen; auf Anhieb sind 500 Dollar zusammengekommen, weitere Spenden folgen. Vogelschützer helfen bei der Rettung von Jägern? Eigentlich undenkbar, kennt man die in überzivilisierten Ländern zum Dogma erhobenen Konflikte zwischen beiden Gruppierungen.

Bei den besagten Ornithologen handelt es sich übrigens keineswegs um Alaskaner oder gar Eskimos, sondern um weither aus den Staaten angereiste Naturfreunde aller Altersklassen und Berufe, die hier den Frühjahrszug der Meeresenten, Wat- und Singvögel beobachten wollen. Gambell erinnert in dieser Hinsicht an unsere Insel Helgoland in der Nordsee. Die Hilfsaktionen der Vogelfreunde für die Jäger sind wohl am ehesten durch die Sympathie für deren ursprüngliches Dasein zu erklären. Die wenigen Menschen hier leben noch vom Erjagten, sie gelten noch als Teil der Natur, wie Wolf oder Eisbär. Generell wird ja der Nahrungsjäger, trotz mancher aus der Sicht des Tierschutzes sehr fragwürdiger Jagdpraktiken, von der nicht jagenden Bevölkerung viel eher toleriert als der hegende und pfleglich jagende Freizeitjäger der zivilisierten Gesellschaft. Nostalgie, eine romantische Sehnsucht nach längst entschwundenem ursprünglichen Leben mag dabei eine Rolle spielen.

Den mäßigenden Einfluß selbst kürzerer Aufenthalte in dieser Natur-
landschaft konnte ich immer wieder an einigen der zahllosen Ornithologen und Naturfreunde beobachten, die als Gäste Heinrich Springers
dieses Land kennenlernen durften. Selbst Ornithologe und Jäger – vor
30 Jahren hierher ausgewandert – versteht er es, mit bayerischem Humor
von ideologischen Grundsatzdebatten abzulenken und die Zusammenhänge von Leben und Tod zu veranschaulichen. Gar mancher seiner Gäste hat selbst gelegentlich zur Flinte gegriffen – und war damit auf den
Spuren der Altmeister auch der deutschen Vogelkunde gewandelt, für
die praktische Erfahrung mit ihren Studienobjekten noch eine Selbstverständlichkeit war.

Die Nachrichten am Mittwoch melden wieder keinen Sucherfolg. Die
Russen haben inzwischen Hubschrauber eingesetzt; sie sichten eine
Menge Walrosse auf dem Treibeis – aber keine Spur von den Jägern. Dennoch vermutet man in der Bevölkerung eher, daß diese noch leben, auf
irgendeiner Eisscholle liegen und bei schlechter Sicht kein Lebenszeichen geben können, weil die Batterie des Sprechfunkgeräts leer ist. Die
Grenzen der Technik zeigen sich in der Unendlichkeit des Eismeers.

Spekulationen kursieren, wie das passieren konnte. Die wahrschein-
lichste ist die, daß Slwooko beim Hinausfahren eben nicht ständig mit
dem Kompaß die Richtung registrierte, wie er es mir vor unserer Fahrt
zwar erklärte, aber dann doch unterließ, wohl wegen des klaren Wetters.
Hatte die Fahrt am Donnerstag ähnlich begonnen? Waren sie dann aber
vom Eisnebel überrascht worden und hatten jegliche Orientierung verloren? Mich friert in der beheizten Hütte bei dem Gedanken, fast eine
Woche lang in dem kleinen offenen Boot oder auf einer Eisscholle liegen
zu müssen. Zitternd vor Kälte in der durch Nässe allmählich ihrer Schutz-
wirkung entwerteten Daunenkleidung. Unerträglich die Vorstellung,
sieben Tage und sechs Nächte in den zunehmend naßkalten Gummistiefeln zu stecken. Keine Möglichkeit zum Ausziehen, geschweige denn
zum Trocknen zu haben! Entsetzlich der Gedanke, Slwooko hätte mich
auch zu diesem Abenteuer überredet...

Weniger erbärmlich stelle ich mir die Nahrungssituation vor. Sicherlich sind die wenigen Lebensmittel, die Eskimos mitzunehmen pflegen,
längst verbraucht. Aber vielleicht hatten sie schon ein Walroß erbeutet;
wenn nicht, dann gelingt es ihnen vielleicht, vorbeifliegende Enten, Mö-
wen oder Eissturmvögel zu schießen. Diese roh zu verzehren, dürfte den
Eskimos keine Schwierigkeiten machen; auch ich hatte schon manche
kritische Situation mit Hilfe rohen Fleisches überbrücken können, ohne
irgendwelche Probleme. Die Trinkwasserfrage löst sich wohl durch den
Regen, der sich am Boden des Boots ansammelt. Andernfalls würde es

5 Quinn verteilt die täglich kleineren Fleischrationen

6 Wie lange soll das so weitergehen? Auch Slwooko ist ratlos
7 Noch haben sie die Energie, einmal täglich die Füße zu lüften und so der Fäulnis vorzubeugen

kritisch, es sei denn, sie gerieten auch draußen im Meer noch an Süßwassereis.

Es ist nicht so einfach, sich die psychische Verfassung der Vermißten vorzustellen. Ich kenne Eskimos schon über 20 Jahre, aber doch zu wenig, um ihr Verhalten in Extremsituationen beurteilen zu können. Durchdrehen, etwa sinnlos das letzte Benzin verfahren, ohne konkretes Ziel, wie bei Weißen zu befürchten wäre, werden sie wohl nicht. Ob sie aber immer noch die innere Ruhe und Schicksalsergebenheit bewahren, wie Frau bzw. Mutter Wanda? Auch der kleine, erst 13 Jahre alte Quinn, der das alles mitmachen muß? Ob sie überhaupt noch leben? Niemand erinnert sich, daß jemals so lange vermißte Jäger lebend wiedergefunden wurden.

Neun Uhr abends, das Telefon klingelt. Wanda! Nicht zu glauben. Was gibt's? Die Rettung? – Nein. In gewohnter Sachlichkeit fragt sie, ob ich Slwooko Leuchtraketen hinterlassen hätte? Nein, warum? Die Russen hätten während ihrer Suchaktion in weiter Ferne so etwas gesehen, aber dann im aufkommenden Nebel die Richtung verloren. Ein Lebenszeichen? Keiner im Dorf weiß von eventuellen Leuchtraketen in Slwookos Boot, so war ich ihre letzte Hoffnung. Ich muß sie enttäuschen. Sie trägt es mit Gleichmut.

Trotz des miserablen Wetters gelingt es mir, eine Eisente zu erlegen, das Mittagsmahl für den morgigen Tag. Herrlich, der warme Schlafsack. Der Sturm rüttelt an der Hütte, Regen prasselt gegen die Scheiben. Mit Grausen denke ich an die Situation der Jäger auf der Eisscholle . . .

Donnerstag. Man könne die Suche unmöglich fortsetzen, bei einer Sichtweite von weniger als 200 Metern. Einer der Piloten glaubt, Gewehrschüsse gehört zu haben, doch das wurde in späteren Nachrichten nicht mehr bestätigt. Welche Enttäuschung für die halb erfrorenen und verhungerten Vermißten, wenn sie das Suchflugzeug über dem Eisnebel hörten und nun vielleicht einen Teil ihrer noch dringend benötigten Munition verschossen hatten – vergeblich.

Abends klart es plötzlich auf. Während ich durch die im Frühling erwachende Tundra nach Nome marschiere, um im ›Board and Trade Saloon‹, der ältesten aus der Goldgräberzeit stammenden Bar, einzukehren, tut sich drüben am Flugplatz was. Das große, auffallend weiß und rot gezeichnete Flugzeug der Küstenwache startet in Richtung St. Lorenz-Insel. Die viermotorige Propellermaschine ist zu langsamem, niedrigem Flug befähigt und mit Radar ausgerüstet. Wenig später folgen ihr zwei Hubschrauber mit Schwimmkörpern zum Landen auf dem Wasser. So hoffnungsvoll dieser Anblick, so enttäuschend ist das Ergebnis der Aktion. Über dem Eis sind die Sichtverhältnisse immer noch miserabel.

Daran ändert sich auch am Freitag nichts. Ein Spezialschiff verläßt Juneau, die Hauptstadt Alaskas. Die Russen haben drei Schiffe ausgesandt, damit noch deutlichere Zeichen der neuen Beziehung zum ehemaligen Erbfeind setzend.

Einer überlebte

Immer weitere Kreise der Bevölkerung nehmen Anteil am Schicksal der Verschollenen. Ihre Freunde können es einfach nicht fassen, daß es sie nicht mehr geben soll. Andererseits fällt es immer schwerer, uns vorzustellen, wie sie bei ihrer Ausrüstung dem lebensfeindlichen Element des Eismeers noch trotzen könnten. Um so gespannter lauschen wir nun der Story von Kiddy, einer Eskimofrau aus Nome. Zusammen mit Jim Lane und seiner Frau Ellen hatten wir Forellen gefischt im glasklaren Eldorado-River und lagern nun um ein prasselndes Feuer zur Mittagsrast. »Ich kannte einen, der hat überlebt«, unterbricht sie unsere Meditationen über Slwookos Schicksal, »und niemand hatte mehr daran geglaubt.«

Nun muß sie erzählen, die unglaubliche Geschichte von Gregory Ayac, der in seinen letzten Lebensjahren in ihrer Nachbarschaft in Nome gewohnt hatte. Mit seinen verkrüppelten Füßen war er zu keiner anstrengenden Jagd mehr fähig. So saßen sie im Winter stundenlang auf der gefrorenen Beringsee, um durch Löcher im Eis die großen Königskrabben zu fangen und hatten Zeit zum Plaudern. Wenngleich der gläubige Katholik ungern über das sprach, was er selbst als ›ordeal‹, als Prüfung Gottes betrachtete.

Er lebte damals, im Jahre 1949, noch in jener aus Treibholz in die Steilwand gebauten Ansiedlung auf King Island. Es war Anfang Januar, und so ragte die kleine Insel mitten in der Beringsee jetzt aus der Unendlichkeit von geschlossenem Packeis. Es ist bitter kalt, doch der 26jährige Ayac muß hinaus aufs Eis, muß die kurze Dämmerung nutzen, um Nahrung zu beschaffen für seine verwitwete Mutter und die drei Schwestern. Es gelingt ihm, eine Robbe zu erbeuten.

Auf dem Heimweg trifft er auf die Freunde Lawrence und Raphael, die der Fährte eines Eisbären folgen. Er schließt sich an. Die Fährte ist frisch, es könnte klappen. Beflügelt von dieser Hoffnung überspringen sie eine lange, aber zunächst noch schmale Spalte im Eis. Doch drüben wird's immer schwieriger. Die Strömung hat das Eis gebrochen. Sie springen von Scholle zu Scholle. Als sich die Bärenfährte verliert, ist es bereits zu spät für die drei nun hastig heimwärts strebenden Jäger: Die schmale Spalte wurde inzwischen zum breiten unüberwindlichen Kanal. Sie star-

34

ren in die eisigen Fluten, es gibt kein Zurück! Das riesige Eisfeld, auf dem sie stehen, driftet nach Norden ab. Immer weiter weg von ihrer heimatlichen Insel, die schließlich die Polarnacht verschluckt... Niemand dort hatte ihre Hilferufe und Notschüsse gehört. Lediglich ausgerüstet für einen nachmittäglichen Pürschgang, stapfen sie durch die Nacht. Langsam, um wenig Energie zu verbrauchen, aber doch den Schlaf zu vertreiben. Tiefschlaf bei dieser Kälte und ohne Windschutz wäre tödlich, das wissen auch diese noch jungen Jäger. Erst gegen Morgen sinken sie in kurzen Halbschlaf. Ayac in Gedanken an die Gebete mit ihrem hochverehrten Missionar Father Tom. Am Morgen hatte er ihm noch bei der Messe geholfen.

Ihre Lage wird immer aussichtsloser. Der Südwestwind verstärkt die Meeresströmung, immer rascher treiben sie nach Norden ab. Eisnebel und Schneesturm machen jegliche Suchaktionen mit den damals noch primitiveren Mitteln zunichte. Die drei wissen das. Sie quälen sich von Eisscholle zu Eisscholle, die kurzen Tage und die langen Nächte. Weiß wie Geister nach dem grimmigen Hauch des Schneesturms.

Die Pelzkleidung wird von innen feucht, und auch die langen Mukluks, an sich wasserfeste Pelzstiefel, verlieren allmählich den Schutz gegen die Kälte. Zudem zehrt der Hunger an ihrer Widerstandskraft. Nur einmal, am dritten Tag, konnte Ayac noch eine Robbe erlegen. Beim hastigen Abhäuten zieht sich Raphael die ersten Erfrierungen an den Händen zu. Gierig verschlingen die beiden etwas rohes Fleisch. Doch Lawrence, von Magenkrämpfen geschüttelt, kann nicht mehr essen. Auch ein Fuß ist ihm bereits erfroren.

Am nächsten Morgen erhebt sich der Kamerad nicht mehr aus dem Schnee. Er kann nicht mehr, gibt auf. Er drängt die Freunde, keine Zeit mehr seinetwillen zu vergeuden, sondern möglichst rasch solideres Packeis zu erreichen. Er will für sie beten und hier auf den Tod warten...

Ayac und Raphael kämpfen allein weiter gegen Hunger, Müdigkeit und Erfrierungen. Sie kämpfen, ohne Hoffnung, der eisigen Hölle zu entkommen. Es wird noch kälter, nach Ayacs Schätzung unter −30°C. Damit steigt die Gefahr, kurz einzunicken, doch immer größer wird das Verlangen danach. Sie müssen laufen, auch wenn das auf den gefühlos gewordenen Füßen immer schwieriger wird. Dazu kommt die Tücke des Eises. Gräben, die ohne Vorwarnung plötzlich aufreißen, dann wieder meterhohe Barrieren aus Packeis, und schließlich Schneeverwehungen über noch nicht tragfähigem ›Jungeis‹. Mehrfach bricht Ayac, der vorausgeht, durch. Er hat aber noch die Kraft, sich auf solides Eis zu ziehen und die Nässe mit Schnee abzutrocknen, bevor sie durch die Pelzkleidung dringt.

King Island,
die Heimat von
Gregory Ayac

Sturm und
Meeresströmung
zerbrachen die Eis-
decke und schufen
unüberwindliche
Gräben

Nach elf Tagen
erreichte Ayac die
Küste bei Shishmaref

Am sechsten Tag klart es endlich auf. Und damit erlischt auch der letzte Funken Hoffnung, nämlich eventuell durch ihre Drift nach Norden in die Nähe der beiden ebenfalls bewohnten Diomeden-Inseln zu kommen. Die kleinere gehört zu den USA, die größere liegt jenseits des ›Eisernen Vorhangs‹, in der UdSSR. Doch nichts sehen sie als unendliche Eiswüste. Sie sind vorbeigedriftet an den rettenden Inseln, befinden sich bereits nördlich der Meerenge der Beringstraße. Vor ihnen nur noch Eis, Tausende von Kilometern, bis zum Nordpol...

Später hebt sich dann im Südwesten ganz schwach die Steilküste Sibiriens ab, und schließlich entdecken sie, noch weiter entfernt, im Südosten einen Berg, der wohl nur auf dem Festland Alaskas stehen kann. So begierig die beiden auch waren, endlich wieder einmal festen Boden unter die Füße zu bekommen, sie wenden sich doch nicht in Richtung des näher gelegenen Sibirien und damit in ein, wie sie befürchten, höchst fragwürdiges Schicksal. Erst im Sommer zuvor hatten Eskimos der Kleinen Diomeden-Insel versucht, zur fünf Kilometer entfernten großen Insel zu rudern, um ihre Verwandten zu besuchen, dabei den ›Eisernen Vorhang‹ mißachtend. 52 Tage lang waren sie dafür von den russischen Wachhabenden eingesperrt worden!

Trotz ihrer erbärmlichen Situation wenden sie sich daher Alaska zu, obwohl das Eis in die entgegengesetzte Richtung driftet, weg von Alaska, weiter nach Norden. Sie stolpern auf schwankenden Eisschollen, fallen, raffen sich auf, werden immer schwächer. Die täglichen Rationen vom Rest der Robbe werden kleiner und kleiner. Trinkwasser liefert ihnen nur der Schnee, der im Beutel aus Robbenfell unter der Parka langsam auftaut.

Dreimal sahen sie Flugzeuge, die möglicherweise nach ihnen suchten, aber sie waren immer nur weit entfernt, allenfalls geeignet, kurze Hoffnungsschimmer in den Verschollenen keimen und wieder ersterben zu lassen.

Mit jedem Tag lassen die Kräfte nach. Raphael kann sich kaum mehr aufrecht halten. Aber sie kommen dem Festland näher. Dieser Berg, das muß Cape Wales sein, das westlichste Ende Nordamerikas. An dessen Fuß liegt eine Eskimosiedlung. »Dann gibt's endlich Essen und Wärme«, versucht Ayac seinen Kameraden aufzurichten.

Doch der kann nicht mehr. Seine Finger sind erfroren. Der Schmerz wird unerträglich. Er bittet Ayac, ihm die Finger abzunehmen. Einige waren hart wie Eis und brachen ab, erinnerte sich Ayac, und es floß kein Blut.

Sie sind nun nahe dem kompakten Eis der Küste – doch die ist unerreichbar. Mindestens 50 Meter offenen Wassers trennen sie von der Rettung, am Abend des zehnten Tages in der Eiswüste. Sie haben nichts mehr zu essen. Nach einigen Stunden Halbschlaf im Schutz aufgeschichteter Eisschollen müssen sie sich bewegen. Doch Raphael kommt nicht mehr hoch. Es nützt auch nichts mehr, als Ayac auf die nun doch mögliche Passage zum Festland hinweist, nachdem sich wie durch ein Wunder über Nacht der Kanal geschlossen hat. Raphael will sterben. Er fühlt, seine Uhr ist abgelaufen. Weinend bittet er Ayac, sich nicht mehr um ihn zu kümmern. Er will beten für Ayacs Rettung...

Das Feuer ist längst heruntergebrannt, die Sandwich-Mahlzeit beendet. Wir haben erst wenige Fische, doch niemand denkt jetzt daran, das Boot zu besteigen. Kiddy soll weitererzählen, was sie aus erster Hand über die unvorstellbaren Leiden der verschollenen Jäger erfahren hat.

Mühsam quält sich der einzig noch Überlebende über das lebensfeindliche Packeis. Ayac weiß sein Geschick in höheren Händen; was immer für ihn bestimmt ist, ob er überleben wird oder auch sterben, es ist gut so. Er wird gehen, so lange er kann, und er ist dankbar, daß er noch lebt.

Am Abend dieses elften Tages erreicht er endlich wieder Land. Trokkene Gräser und gefrorene Flechten finden sich unter dem Schnee, in den er sich zu kurzer Rast einwühlt. Erstmalig empfindet er so etwas wie Siegesgefühl. Wird er doch überleben? Doch als gegen Mittag endlich das Dunkel der Polarnacht weicht, liegt der hohe Berg, der ihm tagelang den Weg wies, in weiter Ferne. Immer deutlicher muß er seinen Irrtum erkennen: das sind nicht die steil über das Meer ragenden Höhen von Cape Wales; er befindet sich in einer ihm völlig unbekannten, vielleicht auch unbewohnten Gegend.

Unentschlossen, wohin er sich nun wenden soll, klammert sich der Enttäuschte weiterhin an jenen unbekannten Berg, hatte der ihm doch tagelang einen Schimmer von Hoffnung erhalten. Ausgezehrt von Hunger und Kälte humpelt Ayac über die schneebedeckte Tundra. Bricht durch gefrorenen Schnee, rafft sich wieder auf, bewegt sich auf erfrorenen Füßen weiter, seiner vermeintlichen Rettung entgegen. Dann bricht ein Blizzard los, der schlimmste Schneesturm im Alaska des Winters 1948/49. Ayac kann ihn nur überleben, indem er sich einschneien läßt wie ein Schneehuhn.

Um diese Zeit, erläutert Kiddy, hatte man alle Suchaktionen einstellen müssen. Kein Flugzeug konnte mehr starten wegen des Blizzards und der darauf folgenden barbarischen Kälte. Man gab auch auf, weil unter solchen Umständen nach zwölf Tagen keiner der Vermißten mehr am Leben sein konnte, bei dieser dürftigen Ausrüstung.

Aber Ayac lebt noch. Zu den körperlichen Qualen kommt das Bewußt-sein, daß er sich vollkommen verirrt hat, keinerlei Aussicht auf Rettung besteht. Hat er gar in den langen Nächten die Richtung total verloren? Ist er etwa gar nicht in Alaska, sondern in Sibirien? Lange braucht er, um sich aus dem festgewehten Schnee zu wühlen. Was tun? Schließlich kämpft er sich auf seiner gestrigen, noch ganz schwach sichtbaren Fährte in Richtung Küste zurück. Sein linkes Bein zieht er nach, das Knöchelgelenk ist bereits erstarrt. Aber er bewegt sich, Meter um Meter, um nicht gänzlich zu erfrieren, und erreicht wieder die Küstenregion. Da ragt plötzlich etwas aus der weißen, unberührten Wild-nis, das dort nicht hingehört. Ayac greift zu, tatsächlich, da steckt eine Schaufel im Schnee! Er hat keinerlei Vorstellung, wie die dort hingekom-men sein mag. Aber immerhin muß es hier doch Menschen geben.

Er bewegt sich nun der Küste entlang, weiter, stundenlang und gegen bitterkalten Sturm. Schließlich kommt er nur noch auf Händen und Knien voran. Er ist am Rande der totalen Erschöpfung. Die Versuchung wird immer stärker, sich hinzulegen und nie mehr aufzuwachen . . .

Sind ihm jetzt die Augäpfel eingefroren und gaukeln ihm phantasti-sche Visionen vor? Schemenhafte Umrisse einer Hütte? Nein, sie ist Wirklichkeit, erkennt er beim Näherkriechen im Dämmern der schon wieder einbrechenden Nacht. Fassungslos richtet er sich am Gebälk aus Treibholz auf, dann gelingt es ihm, die Tür zu öffnen. Zum ersten Mal seit zwei Wochen hat er ein Dach über dem Kopf, endlich kann sich der völlig Erschöpfte dem Schlaf hingeben, ohne Gefahr des Erfrierens.

Beim Erwachen entdeckt Ayac zu seiner maßlosen Erleichterung Schriftstücke in Englisch an den Wänden. Er ist also doch in Alaska und nicht in Sibirien! Dann sucht er nach Nahrungsmitteln, findet aber nichts als altes, verrottetes Robbenfleisch und ranziges Fett, das selbst sein völ-lig ausgehungerter Magen nicht behält. Streichhölzer entdeckt er und kann damit schließlich kleinere Treibholzstücke entzünden. Wenigstens dem Kältetod ist er fürs erste entronnen.

Erstmals zieht er die Mukluks aus und betrachtet seine Füße. Sie sind brandig, schwarz und gefühllos, werden stellenweise bald in Fäulnis übergehen. Er kann nichts dagegen tun und zieht die Mukluks wieder an. Wie bei allen Problemen der letzten Wochen bleibt ihm nur das Gebet.

Schon am zweiten Tag muß Ayac erkennen, daß er hier nicht bleiben kann. Die unsägliche Freude über die überraschende Entdeckung der Hütte weicht der bitteren Erkenntnis, daß er hier ebenfalls dem Hunger- und Kältetod zum Opfer fallen würde, nur etwas langsamer als draußen in Schnee und Eis. Er muß sich weiter der Küste entlang tasten, in der überaus vagen Hoffnung, irgendwo einmal auf Menschen zu treffen.

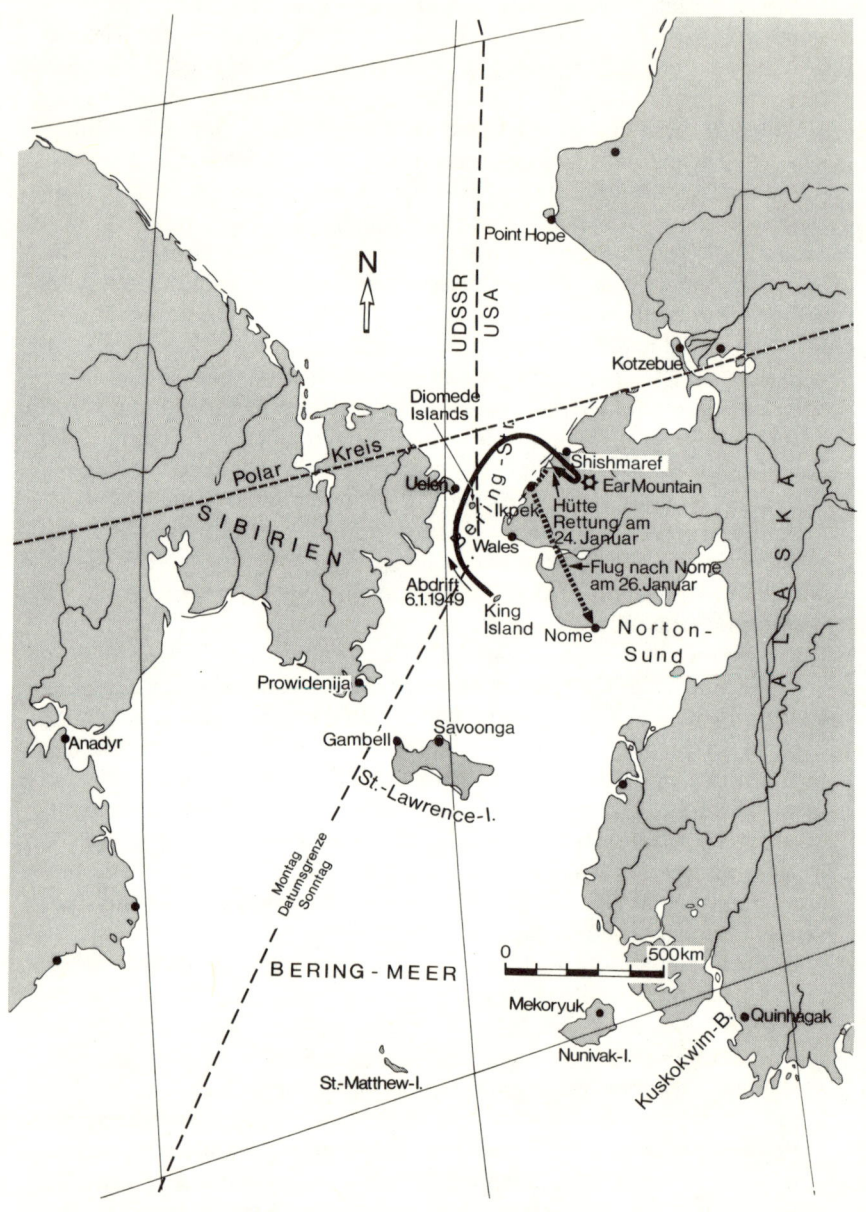

Ayacs Irrweg über das Eis der Beringsee

»Ja, aber woher kam dann die Schaufel im Schnee?« unterbricht Jim Lane nun den Bericht über den endlosen Überlebenskampf.

»Richtig«, erinnert sich Kiddy, »an jenem Tag, als sich Ayac auf jenen unbekannten Berg zu kämpfte und seinen Irrtum erkennend in tiefe Hoffnungslosigkeit versank, an jenem Tag sollte sich sein Schicksal wenden.«

Ein Eskimo aus Shishmaref ist mit seinem Hundeschlittengespann unterwegs nach Wales. Nach einigen Stunden Fahrt entlang der Küste kreuzt er eine verwehte, aber noch sichtbare Fährte, die nicht von einem Eisbären stammte. Nein, das war ein Mensch! Mit Schneereifen an den Füßen, und zwar kleineren, als sie die Küstenbewohner tragen. Sollte da etwa noch einer der verschollenen King Islander am Leben sein?

Die Spur führt weg von der Küste in Richtung Ear Mountain. Deutlich zeigt sie den Kampf eines völlig erschöpften Menschen gegen den barbarischen arktischen Winter. Bei beginnender Nacht muß der Eskimo die Suche abbrechen und nach Shishmaref zurück. Er ist nicht ausgerüstet, die Nacht in der Wildnis zu verbringen, hat auch kein Futter für seine Hunde mit. Unten an der Küste steckt er seine Schaufel in den Schnee, um anderntags die Suche fortsetzen zu können.

Seine Hunde führen ihn sicher zurück durch den beginnenden Blizzard. Der Eskimo erzählt dem Händler von Shishmaref, einem Weißen, von seiner Entdeckung. Obwohl der sich nicht im geringsten vorzustellen vermag, daß ein Mensch ohne Obdach diese Nacht überleben könnte, geht er doch hinüber zur Radiostation, um die Meldung an den Stützpunkt der US-Armee in Nome durchzugeben.

Doch der Blizzard tobt weiter. An jenem 20. Januar kann kein Flugzeug starten, und auch während der folgenden drei Tage ist es unmöglich, die Suche wieder aufzunehmen.

Die Radiomeldung aus Shishmaref war auch in anderen Eskimosiedlungen empfangen worden. Auch Olanna, ein Jäger der kleinen Küstensiedlung Ikpek nordöstlich von Wales hatte sie gehört, und sie läßt ihm keine Ruhe. Als nach drei Tagen die Witterung es endlich zuläßt, begibt er sich mit seinem Hundeschlitten hinüber nach Ear Mountain, wo der Kollege von Shishmaref hatte abbrechen müssen. Schließlich entdeckt er in dem vom Sturm blankgefegten Einerlei von Weiß noch die Einbruchstellen des immer wieder gestürzten Verirrten. Er folgt der Fährte zurück zur Küste, dann links ab. Dort hinten kennt er eine Blockhütte, dort will er jetzt suchen . . .

Immer wieder hatte Ayac seinen Ausbruch aus der Hütte verschieben müssen. Er ist viel zu schwach, um gegen den tobenden Blizzard angehen zu können. Er muß hier weiter ausharren, ohne Nahrung, ohne Wärme, ohne Licht. Wie lange noch wird er den Wettlauf gegen den Tod durchhalten können?

Am vierten Tag läßt endlich das Heulen im Balkenwerk der Hütte nach. Ayac sucht seine Jagdausrüstung zusammen, die er während des ganzen Marsches durch die Eiswüste stets mit sich geschleppt hatte, und will aufbrechen. Da sieht er plötzlich einen großen Hund vor der Hütte. Oder ist es ein Wolf, angelockt durch den Geruch faulenden Fleisches an seinen Füßen? Jetzt betritt Olanna die Hütte.

»You King Island Boy?«

»Yes«, das ist alles was Ayac antworten kann. Zu überraschend kommt die Rettung. Nach 18 Tagen.

Die Huskies traben Richtung Ikpek, Ayac kann die erschöpften Glieder auf dem Schlitten ausstrecken, in warme Karibufelle gehüllt, muß sich nicht mehr durch Schnee und Eis kämpfen. Er hat gesiegt gegen den Tod, der ihn so lange im Würgegriff hatte.

Olannas Bruder eilt sogleich nach Wales los, um Hilfe zu organisieren und die unfaßbare Nachricht per Radio verbreiten zu lassen. Sie dringt auch hinüber nach King Island. Nach der Meldung wird der Text eines kurzen Briefes ausgestrahlt, den Ayac nach seiner Ankunft in Ikpek mit halb erfrorenen Fingern geschrieben hat. Er ist an Father Tom und seine Angehörigen auf der Insel gerichtet. Die kurze Schilderung seines Schicksals und die Rettung schließt mit der Bitte um Verzeihung für die schlechte Schrift ...

Ein kleines Buschflugzeug startet von Wales und kann schließlich auf dem Eis vor Ikpek landen, um den körperlich erschöpften, aber seelisch ungebrochenen Überlebenden medizinischer Behandlung zuzuführen. Vor dem Abflug schenkt er seine Jagdausrüstung, das größte Geschenk, das diese ursprünglichen Jäger machen können, seinem Retter Olanna. Nur sein Gewehr nimmt er mit.

Zunächst geht's ins Hospital nach Nome, danach nach Kotzebue, wo die abgestorbenen Partien seiner Füße amputiert werden ...

Längst sitzen wir wieder im Boot, das ohne Motorkraft den Eldorado hinabtreibt, Richtung Safety-Lagune. Die andern werfen ihre Blinker aus und haben jetzt am Spätnachmittag mehr Erfolg als heute morgen.

Mir ist jetzt nicht zum Fischen zumute. Zu viele Fragen hat Kiddys Bericht aufgeworfen. Doch sie weiß auch nicht mehr als das, was Ayac ihr erzählte. Damals standen auch die ihn behandelnden Ärzte vor mehreren Rätseln. Zwar ist bekannt, daß Eskimos körperliche Qualen wie Schmerz, Hunger und Kälte besser ertragen können als Weiße. Ihr weit weniger ausgeprägtes Zeit- oder Termindenken läßt sie auch längere entbehrungsreiche Perioden besser überstehen, ohne Ungeduld oder Panikreaktionen. Und doch grenzt Gregory Ayacs Überleben an ein Wunder. Floß besonderes Blut in seinen Adern, das weniger leicht gefror als das seiner Kameraden?

Wie konnte er über zwei Wochen lang täglich von 24 Stunden 20 durchmarschieren, fast und schließlich ganz ohne Nahrung, auf immer heftiger schmerzenden Füßen? Wohl an die 400 Kilometer muß er auf diese Weise auf dem Eis driftend und zu Land zurückgelegt haben, rekonstruierte man die Odyssee auf Grund seiner Angaben; in einer lebensfeindlichen Umwelt, der andere und viel besser genährte und ausgerüstete Vermißte binnen kürzester Zeit erlegen waren. Ayac, der beide Kameraden sterben sah und nicht einmal auf die Idee kam, seinem völlig ausweglosen Dasein ein Ende zu setzen.

Man untersuchte Ayacs physische Konstitution und fand nichts Besonderes. Jahre später wurde eine Lungenoperation notwendig, um eine Tuberkulose – wohl Spätfolge seiner Strapazen – zu kurieren. Auch die überstand Ayac problemlos.

Wie alle King Islander wurde er später nach Nome umgesiedelt, in Kiddys Nachbarschaft. Er war schlecht zu Fuß, aber seine Hände heilten ganz aus und gestatteten ihm einen Lebensunterhalt als Elfenbeinschnitzer, denn seine Figuren waren sehr gefragt. Auch die Armee heuerte den Meister im Durchhalten gelegentlich an, zur Ausbildung von Pionieren im ›survival training‹. In dieser Hinsicht genoß er begreiflicherweise einen fast legendären Ruf.

Doch nie machte er etwas daraus. Erst Jahre später hat er auch einem Journalisten, Ed Fortier, von seinem ›ordeal‹ berichtet, der darüber eine Broschüre mit dem Titel ›One survived‹ verfaßte, erzählt Kiddy. Sie ist längst vergriffen, aber von der Bücherei in Nome kann ich noch ein Exemplar ausleihen. Die Schilderung deckt sich erstaunlich mit Kiddys Bericht. Sie enthält auch den Wortlaut jenes Briefes, den Ayac nach seiner Rettung an Father Tom schrieb.

28 Jahre lebte Gregory Ayac noch in Nome. Im Alter von 54 Jahren wurde er – Ironie des Schicksals – von einem betrunkenen Landsmann totgefahren. Erst jetzt, am 2. September 1977, war seine Lebensuhr abgelaufen.

Die Sonne steht tief, als ich um Mitternacht aufbreche. Der Weg von Nome durch die Tundra zu meiner Behausung führt vorbei am Friedhof. Lange suche ich nach dem kleinen weißen Holzkreuz, von dem Kiddy erzählte. Ich finde es nicht mehr. Ayac ist nach Jahren denselben Weg gegangen wie seine Kameraden Lawrence und Raphael, die nie gefunden wurden.

›Good-bye for ever‹

Dieser Bericht vom unglaublich langen Durchhalten eines Menschen im Eis weckt Hoffnungen, daß auch die vermißten Walroßjäger noch am Leben sein könnten, nach immerhin schon zehn Tagen. Im sonntäglichen Gottesdienst schließt sie der Methodistenprediger in seine Fürbitte ein und informiert die Gemeinde über den neuesten Stand der Suchaktion. Man habe von einem Hubschrauber aus im Schnee auf einer Eisscholle menschliche Fußspuren entdeckt. Dabei war es allerdings geblieben. Alle Technik scheiterte an den Naturgewalten, an Sturm, Eisnebel und vor allem der Tatsache, daß das Eis ständig driftet und daher kaum systematisch abgesucht werden kann.

Und dennoch war die Suche intensiviert worden, denn morgen ist Montag, der 13. Juni 1988. Morgen soll erstmalig nach über 40 Jahren der durch die Beringsee verlaufende ›Eiserne Vorhang‹ zwischen USA und UdSSR etwas gelüftet werden. Seit kurzem gibt es zwar schon so eine Art Patenschaft zwischen den Ortschaften Nome auf dieser und Prowideniya auf der sibirischen Seite – bislang nur auf dem Papier.

Aber morgen soll ein ›Freundschaftsflug‹ den noch lebenden verwandten und bekannten Eskimos auf beiden Seiten der Beringsee die Möglichkeit zum Wiedersehen geben, erstmalig nach Jahrzehnten. So war's geplant. Doch nach Präsident Reagans erfolgreichem Gipfeltreffen mit dem sowjetischen Machthaber Gorbatschow in Moskau bekam dieser Flug plötzlich politische Bedeutung, weit über Alaska hinaus. Über eine Woche lang stritt man sich um die 82 Sitzplätze im kleinen Jet der ›Alaska Airlines‹, um die sich nun auch Vertreter der politischen Prominenz in Washington bewarben.

In dieser Situation des Neubeginns der Beziehungen sollte das Auffinden der verschollenen Walroßjäger als erstes sichtbares Zeichen amerikanisch-sowjetischer Zusammenarbeit präsentiert werden; die Sache, das heißt, die Suche war zum Politikum geworden.

Doch auch diese Aktionen waren vergeblich, die Vermißten blieben verschwunden. Der Gouverneur von Alaska war vor dem Freundschaftsflug eigens nach Gambell gereist, hatte weitere Unterstützung zugesagt. In einer Rundfunkansprache machten er und einer der Dorfältesten von Gambell den Hörern Mut. Slwooko sei ein so guter Jäger, er könne sicherlich sich und seine Buben am Leben erhalten, wahrscheinlich kampierten sie auf einer großen Eisscholle. Auch Wanda, die ich abends wieder anrufe, ist gefaßt. Sie freut sich, daß ich meine Kameraden noch nicht vergessen habe.

In diesem politisch günstigen Klima gelingt es den Amerikanern sogar, ihre Suche per Flugzeug und Hubschrauber auf russisches Gebiet auszudehnen. Gorbatschow hatte hierfür persönlich grünes Licht gegeben. Bis vor kurzem noch eine unvorstellbare Situation: amerikanische Armee, selbstverständlich ohne Waffen an Bord, bewegt sich suchend in sowjetischem Territorium! – Ein ungeahnter Beitrag der Walroßjäger zur Völkerverständigung …

Das politische Ereignis ist vorüber, die Euphorie der nüchternen Überlegung gewichen. Nach einer weiteren Woche erfahren die Alaskaner über Presse, Rundfunk und Fernsehen, die Suche sei nun aufgegeben worden. Über eine Million Dollar haben allein die Bemühungen der Küstenwache auf amerikanischer Seite verschlungen. Bei den minimalen Aussichten, die Verschollenen nach so langer Zeit noch lebend zu finden, hält man weitere Investitionen für unvertretbar. Lediglich die Nationalgarde von Alaska sucht noch weiter, in erster Linie auf Betreiben von Heini Springer. Er ist seit zwei Jahren politischer Repräsentant dieses Distrikts ›Nordwestliches Alaska‹ im Landesparlament und außerdem mit der betroffenen Familie befreundet.

Doch auch Springers Hoffnungen waren mit jedem weiteren Tag geschwunden, wie die anderer Kenner der Materie. Als nach Wochen das Wetter endlich großflächig aufklarte, schwand der letzte Funken Hoffnung: Die ganze Beringsee nördlich von Gambell ist inzwischen eisfrei. Die Schollen sind geschmolzen oder nach Norden abgedriftet. Und ohne Eis und damit Trinkwasser kann niemand tagelang im Salzwasser aushalten. Die Küstenlinien Alaskas und Sibiriens sowie sämtlicher Inseln waren minutiös nach den eventuell gestrandeten Vermißten abgesucht worden – ohne Erfolg.

Waren sie in ihren Nußschalen von Booten Opfer der stürmischen See geworden? Oder waren sie auf oder zwischen den größeren Eisgebilden nach Norden gedriftet in den immer enger werdenden Trichter um die Diomeden-Inseln? Krachend und berstend schieben sich dort Schollen und Eisberge übereinander. Waren die Gesuchten dabei umgekommen? Die Eskimos kennen und fürchten diese Situation. Es ist ihnen unerklärlich, wie gerade einem ihrer erfahrensten Jäger solches widerfahren konnte – good-bye for ever.

Abend für Abend steigt Wanda hinauf in die Felsen über Gambell und sucht mit dem Fernglas die weite Beringsee ab. Sie kann das Unglaubliche einfach nicht fassen.

Mit anderen Augen sehe ich jetzt den Walroßbullen, dessen massiger Schädel auf dem Hüttendach im Licht der intensiven arktischen Sonne bleicht. Hätten wir ihn nicht bekommen, so müßte ich jetzt das Schicksal der Kameraden teilen. Aber ich war wohl noch nicht an der Reihe …

Forschungsobjekt Wasserwild

Die Brutzeit hat begonnen, und so müssen wir jetzt den größten Teil unserer Zeit dem Studium der Wasservögel widmen. Deretwegen hauptsächlich bin ich hier. Bietet doch diese küstennahe arktische Landschaft gute Gelegenheit, die Breitschnäbel in vom Menschen fast unbeeinflußten Lebensräumen kennenzulernen.

Enten gibt es in Massen in diesem Frühjahr. In den weiten Feuchtgebietsflächen um die Safety-Lagune, Zentrum unserer jährlichen Bestandsschätzungen bei Nome, wimmelt es von Spießenten, und ich habe noch nie so viele Löffelenten in Alaska gesehen. Letztes Jahr, 1987, war es ganz anders. Wenig Spießenten und keine einzige Löffelente konnten wir ermitteln. Damals brüteten die Breitschnäbel viel weiter südöstlich, in ihrem Hauptbrutgebiet, der Prärie. Ihre Tümpel und Flachgewässer hatten gute Wasserstände.

Was ist die Ursache der diesjährigen Entenschwemme im Norden? Um klarer zu sehen, setze ich mich telefonisch mit ›Ducks Unlimited‹ auch kurz DU genannt, in Chicago in Verbindung. Diese private Vereinigung, inzwischen wohl zur größten und leistungsfähigsten Naturschutzorganisation der Welt avanciert, ist zuständig für Fragen des Wasserwildes in Nordamerika. Mike Berger ist am Apparat. Den Referenten für internationale Angelegenheiten von DU kenne ich bereits von Besprechungen hinsichtlich der Gründung einer europäischen Schwesterorganisation, der inzwischen etablierten ›Euroducks International‹.

Mike bestätigt meine Vermutung. Die Prärie ist in diesem Frühjahr trocken wie schon lange nicht mehr. Im April gab es Staubstürme wie in den 30er Jahren, als extreme Trockenheit nicht nur das Wasserwild, sondern auch die Farmer an den Rand des Ruins brachten. Das Herz der Prärie, nämlich die Provinzen Saskatchewan und Manitoba auf der kanadischen und Nord- und Süddakota auf der US-Seite, ist am stärksten betroffen. Fast die Hälfte der für die Brut so wichtigen Flachseen war schon ausgetrocknet, als die Enten aus dem Winterquartier zurückkamen. Dann wurde es keineswegs besser, im Gegenteil. Zum Wassermangel kam die Hitze bis fast 40°C. Der Pegel der Tümpel fiel rapide, immer mehr trockneten aus. Der ersehnte Regen kam und kam nicht.

Von den 175 Stockenten-Weibchen, die die Biologen des Instituts für Prärieforschung in Jamestown, Dakota, mit Sendern versehen hatten, brachten ganze fünf eine Brut hoch. Doch die Hälfte der angekommenen Enten hatte sich gar nicht im Brüten versucht, sondern verschwand schleunigst wieder, darunter fast alle Spießenten.

»Was meinst du, wo die sind?« lasse ich Mike raten. Doch der wußte bereits Bescheid: »Alle unsere Spießenten sind in Alaska.«

»Und wohl die meisten eurer Löffelenten auch«, ergänze ich. Die Beringung der Enten, die auf diesem Kontinent seit Jahrzehnten vorangetrieben wurde wie wohl nirgends sonst auf der Welt, verriet den Biologen, wie flexibel diese Vögel im Frühjahr sein können, wie rasch sie Ausweichbrutplätze anzunehmen bereit sind. Auch wenn sie dazu, wie im genannten Fall, Tausende von Kilometern fliegen müssen.

Doch viele ziehen sogar noch weiter, über Alaska hinaus. Russische Jäger erlegten Enten, die amerikanische Ringe trugen. Wieviele es waren, weiß natürlich niemand, aber schon über 200 waren gemeldet worden. Zunächst an die sowjetischen Beringungszentralen, dann weiter an die amerikanische in Maryland. Die weitaus meisten dieser im Frühjahr in Ostsibirien erlegten amerikanischen Gäste waren Spießenten. Auch in der Alten Welt legt diese schlanke, schnittige Ente mit den langen Schwingen ja mit die längsten Zugstrecken aller Wasservögel zurück. Manche brüten in Westsibirien und überwintern in Westafrika. Infolge dieses internationalen, ja geradezu interkontinentalen Charakters wurde die Spießente zum Symbol, zur Emblemfigur von ›Euroducks International‹ erkoren.

Ich konnte früher nicht recht verstehen, wie diese Vögel offenbar ziemlich regelmäßig und zielgerichtet – die vielen Ringfundmeldungen machen es deutlich – in den genannten Situationen die Beringsee überfliegen, um ihre Brut auf dem anderen Kontinent zu versuchen. Heute ist es mir etwas klarer, nachdem ich ihren Spuren im kleinen Flugzeug bzw. im Walroßboot doch ziemlich weit gefolgt war. Während des Rückflugs von Gambell herrschte klare Sicht, und so konnte ich in dieser Höhe für kurze Zeit sowohl die sibirischen Berge als auch das Festland von Alaska sehen. Die scharfäugigen Vögel könnten ihr Ziel also selbst durch Sichtorientierung finden. Notfalls haben sie in der auf halber Strecke gelegenen St. Lorenz-Insel auch einen Rastplatz, etwa bei witterungsbedingtem Zugstau. Manchmal brüten sie auch hier, hatte mir Slwooko erzählt.

»Don't shoot all our birds!« fleht Mike Berger im Wissen um die hier im Norden tolerierte Nahrungsjagd auf Wasservögel auch während deren Fortpflanzungszeit. Er hofft, daß die Enten zurückkommen und im nächsten Jahr bei normalisierten Wasserverhältnissen wieder erfolgreich in der Prärie brüten können. Die Hoffnung auf ergiebige Entenjagd in diesem Herbst haben sie in den Staaten ohnehin aufgegeben. Sowohl die Jagdzeit als auch die Tageshöchststrecke pro Jäger wird erheblich reduziert werden müssen, meint Berger. Denn auch wenn die der lebensfeindlichen Prärie entflohenen Enten hier in der Arktis noch brüten sollten, so ist ihr Bruterfolg jedenfalls viel geringer als im Süden. Die Seen und Tümpel im Norden sind überwiegend aus tauendem Eis in moorigen Böden entstanden, sie sind daher sauer und folglich ärmer an tierischen Mikroorganismen, die Wasservögel während der Brut- und Aufwuchszeit der Jungen so nötig brauchen.

Die ungünstigeren nahrungsökologischen Verhältnisse wirken sich auch auf das Verhalten der Vögel aus. Trotz des in diesem Jahr ausnehmend zeitigen Frühlings sind jetzt, also um Mitte Juni, noch viele Gründelenten als Paare auf den Gewässern zu sehen. Ein Zeichen, daß sie keinen Brutversuch machten, denn sonst säßen die Weibchen um diese Zeit längst brütend auf den Eiern oder führten schon Junge. Erst am 13. Juni war eine führende Spießente zu beobachten, allerdings mit nur vier etwa sechs Tage alten Jungen. In nahrungsreichen Feuchtgebieten der Prärie sind die Jungenschofe in diesem Lebensalter doppelt so groß oder noch größer.

Von Löffelenten konnten wir während der ganzen Beobachtungszeit nur drei erfolgreiche Bruten feststellen. Eine davon auf dem Weiher gleich hinter meiner Behausung; sie war entsprechend gut über zehn Tage zu kontrollieren. Bis auf zwei Meter konnte ich mich den pummeligen Entenküken schwimmend nähern – die nach einigen Sonnentagen etwas angestiegenen Wassertemperaturen gestatteten wenigstens kurze Aufenthalte im arktischen Gewässer – und so persönlichen Kontakt zu den Studienobjekten herstellen. Während dieser Beobachtungszeit verschwanden drei der acht Küken aus nicht erkennbaren Gründen.

Ich unterbreche die Feldstudien und fliege nach Fairbanks zur Universität von Alaska. Diese nördlichste Universität der Welt hat eine sehr umfassende Bibliothek, was den naturwissenschaftlichen Sektor betrifft, deshalb hatte ich sie schon in früheren Jahren konsultiert. 1980 zum Beispiel, als in Mitteleuropa die überraschende Zunahme des Habichts zu immer häufigeren Klagen führte und das Bundesernährungsministerium daher auf Entscheidungshilfen drängte. Da ich mich mit dieser zuvor seltenen, örtlich gar verschwundenen Greifvogelart bislang kaum befaßt hatte, mußte ich damals Tage in der Universitätsbibliothek verbringen, um das Versäumte nachzuholen, um – wie der wohl weltweit beste Kenner dieser Art, Robert Kenward, sich auszudrücken pflegt – ›den Habicht zu verstehen‹. Dazu sollte nicht nur die hier mögliche Sichtung umfassender internationaler Literatur beitragen, sondern ebenso der fachbezogene Dialog mit amerikanischen Kollegen. Diesen fand ich vor allem deshalb stets sehr anregend, weil die pragmatisch denkenden

8 Mitternacht über der Beringsee

9 Wieder hüllt sie der Schneesturm ein

10 Dramatische Rettung vom schwankenden Eisberg

11 Dann zerschlagen die Wogen ihren letzten Zufluchtsort

Literaturstudien in der Bibliothek der Universität Fairbanks

Tierpräparation in der Werkstatt am Eismeer

Amerikaner im allgemeinen keine vorgefaßte Meinung in Sachfragen haben und schon gar nicht einer Ideologie verhaftet sind. Interessanter als ein Dogma – in diesem Fall also die Vorstellung vom absoluten Schutz des Habichts – sind Fakten über seine Biologie und die Beziehungen zu seinen Beutetieren. Und daran pflegen sich die hier arbeitenden Biologen zu orientieren.

Diesmal, wie auch schon früher immer wieder, galten die Studien den Wasservögeln. Im Januar dieses Jahres war ich um ein Referat zu diesem Thema vor dem Weltjagdkongreß in Las Vegas gebeten worden. Was dabei ziemliches Erstaunen erregte, war der Vergleich der Situation der Entenpopulationen in der Alten und Neuen Welt: Immer wieder Bestandseinbrüche ähnlich dem diesjährigen in Nordamerika, dagegen kontinuierlich konstanter oder positiver Trend bei den meisten Arten in Europa. Verwundert darüber waren vor allem die amerikanischen Kollegen. Sind sie doch stolz auf ihr ausgeklügeltes Jagdsystem mit kurzen Jagdzeiten und limitierten Tageshöchststrecken, die beide alljährlich neu festgelegt und der jeweiligen Bestandssituation des Wasserwildes angepaßt werden. Und sie schauten bislang eher mit Sorge auf die Situation in Europa, wo es solcherlei Koordination der Bejagung überhaupt nicht gibt, jedes Land nach Gutdünken die Jagdzeiten festlegt und das ziehende Wasserwild folglich über den größten Teil des Jahres bejagt wird.

Dies legt die Vermutung nahe, daß weit mehr als die jagdliche Nutzung gravierende ökologische Unterschiede in den Hauptbrutgebieten diesseits und jenseits des Atlantik für die unterschiedliche Bestandssituation verantwortlich sein könnten. Um diese grundlegende Fragestellung angehen zu können, bedarf es zunächst mehr Informationen über die Situation der Wasservögel in Osteuropa, vor allem der Sowjetunion. Denn eines zeigten die letzten Jahrzehnte intensiver Beringung und europaweiter Schwimmvogelzählungen immer klarer: Die weitaus meisten der in Westeuropa überwinternden Enten und Gänse wurden in Rußland erbrütet, ihr Brutareal reicht nach Osten bis Westsibirien! Und gerade über diesen wichtigen Teil des weiten, bis Westafrika reichenden Lebensraums unserer ziehenden Wasservögel weiß man auch im ›Internationalen Büro für Wasservogelforschung‹ noch sehr wenig. Der ›Eiserne Vorhang‹ hatte bislang die wissenschaftlichen Arbeiten hüben und drüben isoliert.

Doch hier, in der Universitätsbibliothek und in Springers umfangreicher ornithologischer Privatbibliothek, fand ich doch einiges an russischer Literatur über Wasserwild. Weitere bekomme ich laufend von einem polnischen und einem russischen (baltischen) Kollegen in englischer Übersetzung zugestellt. Daraus ergibt sich folgendes Bild:

– Die Enten des nordwesteuropäischen Zugareals haben kaum Probleme mit der Trockenheit. Wasser ist genügend da. Wenn sie Ausweichbiotope aufsuchen müssen, dann eher wegen *Überschwemmung* ihrer Niststätten. Der Bruterfolg ist damit viel konstanter.
– Auch in Eurasien gibt es offensichtlich Gebiete, die ökologisch der Prärie weitgehend entsprechen und enorme Entenmassen produzieren. Sie liegen im südlichen Kasachstan, zwischen Schwarzem Meer und Aralsee, mit Zentrum Kaspisches Meer und Wolgadelta. Auch dort, im kontinentalen Steppenklima, ist Wasser Minimumfaktor, und Trockenjahre bedingen Schwankungen in den Entenbeständen. Doch – und das ist der große Unterschied zur amerikanischen Prärie – diese Biotope sind noch in wesentlich ursprünglicherem Zustand infolge der bislang sehr extensiven Landbewirtschaftung!

Welch seltsame Ironie zeichnet sich da ab: Das amerikanische Wirtschaftssystem zwingt die Farmer zur Massenproduktion – unabhängig vom nationalen Bedarf – also zu intensivster Landnutzung und damit Zerstörung der Wasserwildbiotope. Wohin mit dem Weizen? Die Russen kaufen jährlich Millionen Tonnen. Denn ihre extensive Landwirtschaft kann den Bedarf ihrer Bevölkerung nicht decken. Davon scheinen aber die Enten zu profitieren, deren Lebensräume durch diese Wirtschaft weit weniger beeinträchtigt werden. So verlassen sie immer wieder die ausgebeutete amerikanische Prärie, um sich jenseits des ›Eisernen Vorhangs‹ wohler zu fühlen und brüten zu können.

Ist es so einfach? Bisher kenne ich nur die Verhältnisse in Amerika aus eigener Anschauung. Ich werde wohl bald einmal die russischen Hauptbrutgebiete bereisen müssen, um mir ein genaueres Bild machen zu können. Ideal wäre natürlich ein Kongreß unter Beteiligung von Experten beider Kontinente, am besten in der Sowjetunion. Wird ›Perestroika‹ auch das möglich machen?

Ein ›Aha-Erlebnis‹ im hohen Norden

Enten und Gänse erfreuen sich großer Beliebtheit in der nordamerikanischen Bevölkerung und noch mehr bei den Jägern. In der Wasserwildforschung sind USA und Kanada daher führend in der Welt. Die Flut der wissenschaftlichen Veröffentlichungen ist fast unübersehbar geworden und nur durch die Speicherung auf Mikrofilm in der Universitätsbibliothek noch einigermaßen zu handhaben. Eindrucksvoll sind auch die Bücher über Wasserwild, die den jeweils neuesten Stand des Wissens klar und übersichtlich zusammenfassen. Bei der Lektüre werde ich immer wieder an die Feststellung eines wissenschaftlich interessierten ungarischen Jägers erinnert, der die Arbeiten deutscher und amerikanischer Forscher verglich: »Die Deutschen schreiben, um zu zeigen, wie gescheit sie sind, die Amerikaner dagegen, um ihr Wissen verständlich zu machen.«

Solche umfassenden Wasserwildbücher kannte ich aus Europa noch nicht. Sie gaben den Anstoß zum Versuch, ein solches zu verfassen. Insofern war ich gezwungen, mich jahrelang mit der Materie zu befassen, und immer neue Fragen tauchten auf. Eine davon betraf wiederum die Bestandsentwicklung der Enten in Europa. Warum hatten die meisten Arten, einige davon sogar drastisch, seit zwanzig Jahren zugenommen? Obwohl doch zumindest in den Durchzugs- und Überwinterungsgebieten ihre Lebensräume durch Trockenlegungen eher geschrumpft waren. Die Biologen vom ›Internationalen Büro für Wasservogelforschung‹ vermuteten eine Verbesserung des Nahrungsangebots infolge der zunehmenden Belastung der Gewässer mit organischen Abfällen als eine mögliche Ursache. Eine sehr interessante Hypothese, die aber vorläufig nur durch die Tatsache gestützt wurde, daß der Eintrag von Phosphor- und Stickstoffverbindungen in die Gewässer etwa im selben Maße gestiegen war wie die Bestände von Löffel-, Schnatter-, Krick- oder Stockente. In der Universitätsbibliothek fand ich zwar eine Menge gewässerkundlicher Arbeiten, die eine Zunahme an Kleinlebewesen im phosphat- und nitratreicheren, also eutrophierten Wasser belegten. Aber der an sich naheliegende Bezug zu den Wasservögeln war offensichtlich noch nicht genauer untersucht worden.

Unerwartete Einblicke in diese Zusammenhänge erhielten wir ausgerechnet in der völlig ursprünglichen Landschaft Nordalaskas. Heini Springer hatte die Genehmigung bekommen, die einzige, jedoch für die Öffentlichkeit gesperrte, Straße zum nördlichen Eismeer zu befahren. Sie war gebaut worden zur Verlegung der 1300 Kilometer langen Öl-Pipeline durch Alaska und dient jetzt zu deren Instandhaltung. Nach tagelanger Fahrt von Anchorage überquerten wir den Polarkreis, dann das nördlichste Gebirge Alaskas, die Brooks Range. Vor uns lag die Weite der nördlichen Tundra, in der das Land in 150 Kilometer breitem Gürtel ins Eismeer ausläuft. Alles scheint unendlich hier. Die sanften Konturen der breiten Flußtäler unterbrechen kaum die monotone Ebene aus Tundra, Mooren und Seen. Es gibt so gut wie keine Menschen, allenfalls an der Küste einige Eskimos. Die Tierwelt ist artenarm, und weite Flächen sind frei von höherer Vegetation. Wir sind in der ›arktischen Wüste‹.

›Die Hölle‹ könnte man die Landschaft nennen in bezug auf die Moskitos. Noch nie habe ich solche Massen gesehen, weder in Lappland noch im kanadischen Urwald und auch nicht in Afrika. Jedes Lebewesen, ob Mensch, ob Tier, ist ständig umgeben von einer dunklen, wogenden Wolke unzähliger sirrender Stechmücken. Selbst durch Hemd und Strümpfe versuchen sie zu stechen, man inhaliert sie, spukt sie aus und reibt sie aus den Augen. Ohne die heutigen, sehr wirksamen Mückensprays wäre es hier überhaupt nicht auszuhalten. Früher mußten die Pioniere und Goldsucher wie Imker durch die Tundra marschieren, eingepackt in Mückenschleier. Auch das Wild leidet unter den Quälgeistern. Karibuherden sind umgeben von dunklem Geschwader, und manchmal scheint die ganze Herde ›die Nerven zu verlieren‹, sie rennt plötzlich in kopfloser Flucht durcheinander. Die Tiere halten sich gern an Altschneeflächen und Eisresten auf, deren Kühle die Aktivität der Insekten dämpft.

Wir passieren unzählige Tümpel und Seen verschiedenster Ausdehnung. Sie sind meist entstanden durch Abschmelzen von Eis über dem Dauerfrostboden. Die Dynamik des unterirdischen Eises formte auch die Konturen von Wasser- und Landfläche. Wir beobachten Girlandenböden, Polyederflächen und Pingos, jene eindrucksvollen Hügel, die das unterirdische Eis über die tischebene Tundra gewölbt hatte. Erscheinungen, die mir bislang nur vom Geologiestudium in München und Freiburg bekannt waren. Wenn es um die Arktis ging, war ich stets aufmerksamer Hörer.

Noch nie bisher war ich so weit im Norden, auf über 70°nördlicher Breite. Die jetzt um Anfang Juli taghellen Nächte bleiben unvergeßlich. Sie sind zu schade, um sie im Zelt zu verbringen. Eine trockene Mulde, ausgepolstert mit Flechten, bietet etwas Windschutz. Eingemummt in den Kapuzenschlafsack gegen die schwärmenden Moskitos, verbringe ich die Nächte wie ein Hase in der Sasse. Selbst um ein Uhr morgens, wenn die Sonne den tiefsten Punkt ihrer Bahn durchläuft, steht sie noch hoch über dem Horizont. Ich schaue der jagenden Sumpfohreule zu und lausche den kehligen Rufen der Prachttaucher, die auf langen Schwingen zwischen den großen Seen patrouillieren. Einmal fliegen sogar zwei Gryllteiste vorbei, leicht kenntlich an ihrer kohlschwarzen Unterseite. Diese mit den Lummen und Alken verwandten Hochseevögel brüten hier, wo es keine Steilküste mehr gibt, in Höhlungen angeschwemmten Treibholzes, erklärt uns der Leiter dieser ornithologischen Tour, Heini Springer, am nächsten Morgen.

Kristallklar ist das Wasser dieser Seen und durch keinerlei menschlichen Abfall belastet, weder aus der Luft noch durch Abwässer, denn es gibt hier ja fast keine Menschen. Dennoch ist die Dichte der Wasservögel sehr gering. Gelegentlich nur sehen wir ein Paar Eisenten, dann wieder Spießenten, auf einem kleineren Tümpel einen Krickerpel, dessen Weibchen wohl irgendwo am Ufer auf den Eiern sitzt, und hie und da Eiderenten. Nur selten belebt ein Paar Tundraschwäne die weite Seefläche, oder ein Pracht- oder Sterntaucher. Auf den meisten Seen sind gar keine Vögel zu entdecken. Ist die Nahrungsbasis zu gering? Sind diese Gewässer zu sauer? Oder zu lange zugefroren im langen nordischen Winter?

Am Abend erreichen wir das Ende der langen Straße und der Öl-Pipeline. Wir sind am Ziel der Reise angelangt, in Prudhoe-Bay an der Eismeerküste. Die kleine Ansiedlung Deadhorse wurde vor zwölf Jahren aus dem Boden gestampft, nachdem die Ölkrise von 1973 den Widerstand gegen die Erschließung der riesigen Erdölvorräte unter der Küste Nordalaskas gebrochen hatte. Doch mehr noch als die von Heini Springer für den nächsten Tag organisierte, hochinteressante Führung durch die modernen Ölförderungsanlagen fasziniert mich das, was ich auf den beiden jetzt von der Ansiedlung eingerahmten Tundraseen entdecke.

Auf diesen ›Dorfweihern‹ wimmelt es von Enten! Hunderte gibt es da, und zwar in erstaunlicher Artenvielfalt: Eisenten, Spießenten, drei Arten von Eiderenten, Krickenten; ja selbst Stockenten, die in der nördlichen Hälfte Alaskas recht selten sind, und Schnatterenten, die wir hier gar nicht mehr erwartet hatten. Zwischen den Enten drängeln sich zahlreiche Odinshühnchen, diese kleinen, mit Hilfe von Hautlappen an den Zehen korkleicht schwimmenden Watvögel. Am Ufer und in seichteren Stellen stochern Hunderte anderer Watvögel nach Nahrung.

Während die drei Mitreisenden, deutsche Ornithologen, die ich schon von früher kannte, diese Limikolentrupps nach seltenen Arten absuchen, fahnde ich nach den Ursachen dieser Erscheinung. In Gestalt und Struktur unterscheiden sich diese Gewässer nicht erkennbar von allen anderen Tundraseen. Wohl aber im Wasser! Eine gräuliche Brühe ist das hier, beim Auslauf aus den Straßendurchlässen Schaum und Blasen bildend. Ein Gewässertyp also, den ich aus Mitteleuropa nur zu gut kenne und der auch Freund Springer vom Vogelparadies ›Ismaninger Teichgebiet‹ bei München, in dem wir beide unsere ersten ornithologischen Gehversuche machten, recht vertraut ist. Auch der Geruch weckt Erinnerungen an diese Phase unserer Jugend; sollte es sich hier auch um Abwasserteiche der Siedlung handeln?

Auf meine diesbezüglichen Fragen weiß die charmante Führerin der ARCO-Ölgesellschaft natürlich keine Antwort. Sie vermittelt mich jedoch später an zwei Bedienstete, die sich eher in dieser Materie auskennen. Doch die sind zunächst sehr zurückhaltend mit Auskünften, versichern mich nur immer wieder der sauberen Arbeit der Gesellschaft. Kein

Tropfen Öl würde die Umwelt beeinträchtigen. Erst als ich sie überzeugen kann, daß ich weder Journalist noch ›Grüner‹ bin, der ihrer Gesellschaft Schwierigkeiten machen will, rücken sie mit der Wahrheit heraus. Die beiden Seen sind also tatsächlich zu Klärteichen für die Abwässer der Siedlung umfunktioniert worden. Es sei aber alles genehmigt und legal, und nur organische Abfallprodukte würden eingeleitet, versichern sie mehrfach. Das ist fürs erste genügend Information.

Die Ornithologen suchen immer noch nach dem Weißbürzel-Strandläufer, für zwei von ihnen wäre der eine ›neue Art‹. Somit habe ich Zeit, die Enten zu beobachten. Anders als auf den übrigen Seen, auf denen sie meist ruhten, verhielten sie sich hier nach dem Motto: ›Köpfchen in das Wasser, Schwänzchen in die Höh'‹. Sie sind also die meiste Zeit auf Nahrungssuche, gründeln oder tauchen. Ein weiterer Hinweis, daß es sich hier um künstlich eutrophierte Gewässer mit hohem Nahrungsangebot handeln muß. Das wirft weitere Fragen auf:
– Welche Mikroorganismen vermehrten sich so stark nach Einleitung von phosphat- und nitratreichen Abwässern, und welche davon haben besondere Bedeutung als Entennahrung?
– Aus welcher Entfernung streben die Vögel zu diesem reich gedeckten Tisch?
– Profitieren davon nur Nichtbrüter, oder verhilft das künstliche Nahrungsangebot auch zu höherem Bruterfolg?
Einzelne Nester entdecken wir zufällig, darunter auch eines der Plüschkopfente, einer seltenen Eiderentenart. Sie liegen nahe an diesen Seen und damit unmittelbar im Bereich der menschlichen Siedlung.

Das Gebiet wäre ideal zur Untersuchung der genannten Fragen, denke ich während der 3½tägigen Rückfahrt. Denn in den völlig ursprünglichen Tundraseen stünden wirkliche ›Nullflächen‹ zum Vergleich zur Verfügung, Voraussetzung für einen aussagekräftigen ›Ausschlußversuch‹.

Die beiden Biologen in der Verwaltungszentrale der ARCO in Anchorage sind überrascht von meiner Schilderung. Dieser Aspekt der Ölförderung ist ihnen neu. Allerdings haben sie Zweifel, ob es bei der derzeitigen, durch den gefallenen Ölpreis bedingten finanziellen Lage der Gesellschaft gelingen würde, einem solchen Forschungsprojekt hohe Priorität und damit Chancen zur Realisierung einzuräumen. Außerdem hätte der Widerstand seitens der ›Grünen‹ gegen die Ölförderung in der Arktis stark nachgelassen, so daß eine solche Untersuchung derzeit nicht unbedingt zur Argumentation benötigt würde.

»Das kann sich aber rasch ändern«, meint Heini Springer auf Grund langjähriger politischer Erfahrung in diesem Land. Doch ich denke, größeres Interesse an den Ergebnissen dieser grundlegenden Studie zur Eutrophierung dürfte derzeit in Europa bestehen. Könnte sie doch sehr zur Klärung der wesentlichen Frage beitragen, welche Faktoren dort die überraschende Bestandsentwicklung der Wasservögel verursachten.

Die Odyssee

Der Funker des in der südlichen Beringsee kreuzenden Forschungsschiffs ›Cyrano‹, ein Eskimo aus Gambell, traut seinen Ohren nicht. War das nicht ein Hilferuf? Im typisch akzentuierten Englisch der Eingeborenen. Jetzt wieder. Die Stimme kommt ihm bekannt vor. Aber, das kann doch nicht wahr sein!

»Are you Slwooko?« (Bist du Slwooko?) brüllt er in sein Gerät. »Yes« (Ja), kommt es schwach zurück. Also doch. Es ist nicht zu fassen.

»Where are you?« (Wo bist du?), forscht er weiter.

»We are on land, maybe St. Lawrence Island« (Wir sind an Land, vielleicht auf der St. Lorenz-Insel), kommt es noch schwächer zurück. Dann reißt der Funkkontakt gänzlich ab.

Zunächst will man dem Funker nicht glauben. Nach 22 Tagen sollen die noch leben? Schon eine Woche ist es her, daß man die Suchaktion offiziell beendete. Doch der Eskimo besteht darauf, die Stimme seines Mitbürgers erkannt zu haben. Schließlich wird die unglaubliche Nachricht nach Nome durchgegeben. Von dort erhebt sich ein Armeehubschrauber gen Westen, um die Südküste der St. Lorenz-Insel abzusuchen . . .

»Die Walroßjäger sind gerettet!« Die Sensation des 24. Juni füllte die Titelseiten der Tageszeitungen, sie wurde stündlich durch den Rundfunk wiederholt und abends durch das Fernsehen ausgestrahlt. Und dann erscheint der totgeglaubte Waidgenosse auf dem Bildschirm. Ausgemergelt, kaum wiederzuerkennen. Aber es ist Slwooko, der jetzt in abgehackten Sätzen auf neugierige Fragen von Reportern antwortet.

Einen Tag später erfuhr über Amerikas transkontinentale Fernsehsendung die ganze Welt von dem Ereignis, das vielen wie ein Wunder erschien. Der unerwartete Sieg in einem fast aussichtslosen Kampf ums Überleben erregte das Interesse weitester Bevölkerungskreise.

Die anfangs noch bruchstückhaften und teilweise widersprüchlichen Meldungen konkretisierten sich in den nächsten Tagen zu soliderer Information. Was war geschehen?

Um 19.30 h hatte sich der Hubschrauber von Nome aus in Bewegung gesetzt, und bereits zwei Stunden später wurden die Vermißten gefunden, wo niemand sie vermutete. Hatte man doch im Rahmen der Suchaktionen mehrfach auch die Küsten dieser Insel abgesucht.

Die Piloten sehen da unten alle sieben Gesuchten beisammen, obwohl sie doch unabhängig voneinander losgefahren waren. Und noch überraschender: Alle sieben leben noch! Die ausgemergelten Gestalten starren zunächst fassungslos ihrer Rettung entgegen. Auf schwirrenden Rotorblättern naht das Ende ihrer wochenlangen Odyssee, die einst als eintägige Tour begonnen hatte. Einige können sich kaum auf den Beinen halten. Dennoch ist ihr Gesundheitszustand im Rückblick auf das Geschehene einigermaßen in Ordnung.

In Gambell ist wegen dichten Nebels keine Landung möglich, so geht's nach Savoonga, wo sich wohl fast alle der 500 Einwohner zu einem begeisterten Empfang der Vermißten am Landeplatz eingefunden hatten. Drei von ihnen müssen allerdings gleich weiter ins Krankenhaus, zunächst nach Nome, dann nach Anchorage. Hungersyndrome – einer hatte 37 Pfund abgenommen –, Dehydradationserscheinungen infolge langanhaltenden Wassermangels, Unterkühlung und psychische Defekte waren zu kurieren. Einer litt noch einige Zeit unter Zwangsvorstellungen, redete ständig vom Rupfen von Vögeln, vom Verteilen des Fleisches. Ein anderer hatte Erinnerungsschwierigkeiten, glaubte, alles liege unendlich lange zurück. Alle jedoch litten an Hauterkrankungen an den Händen, vor allem aber an den Füßen. Die Strümpfe mußte man ihnen von der schwärzlich verfaulten Haut schneiden.

Slwooko scheint physisch und psychisch noch am besten über die Runden gekommen zu sein. Er, seine beiden Söhne und ein Neffe müssen die Nacht in Savoonga verbringen. Wenngleich widerwillig, steht er den rasch eingeflogenen Journalisten, Rundfunkreportern und Fernsehteams doch geduldig Rede und Antwort. Dabei zeigt sich bereits, daß wohl ohne seine Führung keiner überlebt hätte. Noch tagelang erscheinen in den Massenmedien Streiflichter dieses unfaßlichen Ereignisses. Auch der kleine Quinn, mit 13 Jahren jüngster Überlebender, steht mehrfach im Rampenlicht, ist selbst auf europäischen Bildschirmen zu sehen. Die ersten Glückwunschtelegramme aus Übersee treffen ein. Prominentester Gratulant ist wohl der französische Tiefseeforscher Cousteau, den Slwooko früher einmal in der Beringsee geführt hatte.

Nach drei Tagen, als der Rummel etwas abgeklungen ist, mache auch ich den Versuch, mit der Familie Kontakt aufzunehmen, um zu gratulieren. Es klappt auf Anhieb. Sogar Slwooko selbst ist am Apparat. Seltsames Gefühl, die Stimme eines längst im Jenseits Geglaubten wieder zu hören. Bevor ich erste Fragen los werde, legt er los. Er habe einen gut ausgefärbten Erpel der Prachteiderente geschossen, und ob ich den fürs

Naturkundemuseum haben wolle. »Und ob ich will! Aber hast du denn jetzt nichts anderes im Kopf?«

»Ach so, ja, wir haben es geschafft«, fügt er so beiläufig hinzu, als wäre es um den Sieg in einem Softball-match Gambell gegen Savoonga gegangen.

Slwooko ist offensichtlich froh, nicht einen der vielen Journalisten und Reporter an der Strippe zu haben. Die Rolle des Helden der Nation liegt ihm nicht. Er will jetzt erst einmal seine Ruhe, möchte das Dach über dem Kopf genießen, die Behaglichkeit seines Heims und vor allem das warme Bett. Doch er ist – wohl aus seiner Zeit als Bürgermeister von Gambell – Diplomat genug, um zu wissen, daß er die Vertreter der Massenmedien und damit die Öffentlichkeit jetzt nicht vor den Kopf stoßen darf. Immerhin waren, alles in allem, bis zu 300 Menschen an den wochenlangen Rettungsaktionen beteiligt, und insgesamt über zwei Millionen Dollar hatten diese gekostet – Steuermittel, also Gelder der Öffentlichkeit. Damit hat die Öffentlichkeit auch ein Recht zu erfahren, wie es ihnen ergangen ist und warum all die Aktionen erfolglos geblieben waren. Sobald es die politische Lage erlaube bzw. er ein Visum bekomme, wolle er mit dem Boot hinüber nach Sibirien und sich persönlich bei den Russen für ihren Einsatz bedanken. »Aber nächste Woche komme ich nach Nome«, meint er, »bringe dir den Eidererpel und erzähle dir die ganze Geschichte, bei einem Bier.«

Welche Biersorte ich kalt stellen solle, frage ich mehr aus Jux, bereue es aber sofort, denn die Antwort lautet prompt: »Löwenbräu«. Der meint wohl, jeder Deutsche müsse sein Nationalgetränk im Gepäck mitführen. Aber dann gelingt es mir doch tatsächlich, über einen ›Liquor-Store‹ in Nome das Gewünschte zu beschaffen.

Slwooko bleibt zwei Tage, hat einen Termin beim Zahnarzt, ebenso wie sein Sohn Quinn, der am nächsten Tag anreist. So haben wir hier in Heini Springers kleiner Hütte genügend Zeit, uns zwanglos über das Geschehene zu unterhalten. Endlich muß der Überlebende keinen gestrafften Bericht für irgendwelche Journalisten erstatten. Er erzählt vielmehr einem Beinahe-Insider, welchem Schicksal dieser entgangen ist.

»Du hast unglaubliches Glück gehabt«, beginnt Slwooko seinen Bericht, und diese Feststellung ist mir nicht neu. Statt meiner war Slwookos Neffe Harold (27) an Bord des sechs Meter langen offenen Aluminiumboots und ebenso seine beiden Söhne. Am Tag nach meiner Abreise fuhren sie wieder hinaus, um ebenfalls gegen Mitternacht zurück zu sein. Wiederum wollten sie zunächst nur Enten jagen und in Küstennähe bleiben. Doch der aufgefangene Funkspruch eines anderen Boots über die

58

Erlegung von drei Walrossen ließ sie ihr Vorhaben sofort ändern. Sie drehten ab nach Norden aufs Meer hinaus und suchten ihren Weg durch die Eismassen.

Dieses Unterfangen erwies sich bald als sehr erfolgreich – als zu erfolgreich allerdings – wie sich später herausstellte. Sie sahen eine Menge Walrosse, und es gelang dem Team im Laufe der nächsten Stunden acht Stück zu erlegen. Immer weiter hinaus waren sie den auf Eisschollen treibenden Herden gefolgt, immer wieder hatten sie Erfolg gehabt.

Aber dann kommt plötzlich der gefürchtete Eisnebel und hüllt die auf einer Scholle arbeitenden Männer ein. Nur noch die nächste Umgebung ist zu erkennen, aber die ist in ständiger langsamer Bewegung. Die treibenden Eisberge bieten keinerlei Orientierungshilfe.

Slwookos Bericht wird nun etwas wolkig, aber ich unterbreche ihn nicht mit der naheliegendsten Frage. Ich ahne, daß er im Jagdeifer, im Bemühen, vor anderen Jägern bei der nächsten Walroßherde zu sein, nicht mehr die jeweiligen Änderungen der Fahrtrichtung registriert hatte, so wenig wie damals, als ich mit von der Partie war. Und dann ist auch der beste Kompaß nicht mehr viel wert.

Zudem haben sie nun mit dem Eis zu kämpfen. Der aufkommende Wind treibt die Schollen zusammen, läßt die Passagen verschwinden. Sie können das mit acht Schädeln und einer Menge Fleisch beladene Boot nicht mehr über die Schollen ziehen, müssen immer weitere Umwege fahren, um nicht vom Eis eingeschlossen zu werden – und haben schließlich jegliche Orientierung verloren. Wohin sie auch schauen, blaugrünes Meer, gespenstische Eisberge und über allem das undurchdringliche Grau des Nebels.

Tief liegt das schwere Boot im Wasser, schneidet die Wogen und kommt daher nur langsam vorwärts bei hohem Treibstoffverbrauch. Völlig überraschend taucht ein anderes Boot im Nebel auf, holt sie rasch ein. Mit der Beute von nur drei Walrossen ist es weit weniger beladen und daher schneller. Die Besatzung besteht aus zwei entfernten Verwandten von Slwooko und einem Weißen, dem Lehrer von Gambell, der gelegentlich aus Interesse an Land und Leuten an einer solchen Jagd teilnimmt.

Slwookos Miene verfinstert sich bei der Erinnerung an die nun folgenden Szenen. Die drei hatten sich ebenso verirrt, beteiligten sich aber nichtsdestoweniger an der nun aufkommenden Diskussion über die Richtung, in der die Heimat wohl liegen müsse. Fünf Erwachsene hatten fünf verschiedene Meinungen, die sie bei allmählich aufkommender Panik immer aggressiver verteidigten. In Vorahnung des Bevorstehenden brüllen sie sich an, doch die wieder zusammenrückenden Eisberge verhindern eine Eskalation des Streits, zwingen zu unmittelbarem Handeln.

Die Diskussion über die Fahrtrichtung wird bald gänzlich überflüssig. Infolge der ständigen Ausweichmanöver im Eis geht zuerst Slwookos, dann dem anderen Boot der Treibstoff aus. Nun sind sie hilflos den Elementen ausgeliefert. Sieben Menschen in einer Wüste von Meer, Eis, Nebel und Sturm.

Das Entsetzen über ihre ausweglose Situation läßt jegliche weitere Besserwisserei der neu Hinzugekommenen verstummen. Sie wissen, daß Slwooko die größte Erfahrung im Eismeer hat, nur er kann noch helfen, sie vor dem Schlimmsten bewahren.

Zunächst gilt es, so schnell wie möglich aufs Eis zu kommen, bevor sie von diesem vereinnahmt werden. Ein großes Gebilde aus aufeinandergeschichteten und dann zusammengefrorenen Schollen scheint ihnen geeignet als Zufluchtsort. Flach läuft der Eisberg ins Wasser aus, hier müßte es gelingen, die Boote heraufzuziehen. Dabei passiert es – mich friert schon beim Zuhören – der dünne Eisschelf bricht, und Slwooko versinkt bis zur Hüfte im eiskalten Wasser. Er krallt sich am Bootsrand fest, und seine Buben ziehen den triefend nassen Vater schließlich aus den Wogen. Ausgerechnet in dieser Situation mußte geschehen, was ihm noch nie passiert war. Noch nie war ihm seine Akrobatik im Eis zum Verhängnis geworden, hatte er mir erst drei Tage zuvor erklärt. Ausgerechnet jetzt, wo es keine Möglichkeit zum Trocknen gibt. Eine zur Reserve mitgeführte Daunenhose seines älteren Sohnes bewahrt ihn vor gefährlicher Unterkühlung. Socken und Stiefel bleiben naß.

Mit vereinten Kräften gelingt es ihnen schließlich, beide Boote auf das Plateau des Eisbergs zu schaffen, wo sie fürs erste in Sicherheit sind. Träge treibt der schwere Eisklotz in der See, schwankt langsam auf und nieder im vom Eis gedämpften Seegang.

Mit Hilfe eines Benzinkochers schmelzen sie den auf der Scholle zusammengekratzten Schnee und kochen Tee und Walroßfleisch. Dem kleinen Quinn gelingt es, eine Fleckenrobbe zu erlegen, die er birgt und zerwirkt. Er erträgt alles mit Fassung, das Vertrauen in den Vater ist grenzenlos. Solange der dabei ist, kann ihm nichts passieren. Endlich schlafen sie, völlig übermüdet, 14 Stunden lang. Zwei Ponchos, spezielle Regenmäntel der Armee, notfalls auch als Zelt verwendbar, decken die Boote teilweise ab und schützen wenigstens etwas vor Sturm und Nebelnässe.

Slwooko hatte ständig versucht, per Funk Kontakt mit seinen Angehörigen in Gambell aufzunehmen, um ihnen wenigstens ihren jetzigen Standort andeuten zu können. Vergeblich. Waren sie doch weiter draußen als vermutet? Die Batterien der Funkgeräte sind allmählich erschöpft, die Kontakte vom Salzwasser korrodiert. Er kann keinen Hilferuf mehr aussenden, hört lediglich noch Fetzen anderer Meldungen. Aus einigen glaubt er zu vernehmen, daß man nach ihnen sucht.

Solange der Nebel nicht weicht, sind sie ganz auf sich selbst angewiesen. Slwooko kann nun versuchen, sich zu orientieren, keiner redet ihm mehr drein. Sein Kompaß zeigt ihm eine Nordostdrift ihrer Eisinsel. Zwei Knoten pro Stunde nimmt man als durchschnittliche Driftgeschwindigkeit an. 15 Stunden waren sie gedriftet, sie müßten also jetzt knapp 50 Kilometer nordöstlich ihrer St.Lorenz-Insel liegen. Es gilt also, kalkulierte Slwooko, in Richtung Südwest zu segeln, um so eventuell die Heimat zu erreichen.

Mit Hilfe von Harpunen und den zum Testen des Eises dienenden Lanzen werden die beiden Ponchos als Segel gehißt. Eine auch für Slwooko neue Improvisation, wobei ihm allerdings seine Erfahrung mit den ja nur segelbetriebenen Booten zur Waljagd zugutekommt. Sie nützen den Nordostwind und bewegen sich nach Südwest, den ganzen Tag über, und die nächsten Tage ebenso. Doch die ersehnte Heimatinsel kommt nicht in Sicht. Soweit das Auge reicht nur Eis, Meer und Nebel.

Die Nächte verbringen sie frierend auf Eisschollen. Alle Kleider sind feucht, von innen und von außen. Slwooko weist die Leute an, jeden Abend die Thermostiefel auszuziehen, um die vom Kondenswasser nassen Strümpfe wenigstens auszuwringen, die Haut etwas zu lüften. Doch nur seine Söhne und sein Neffe befolgen den Rat, die anderen sind schon zu apathisch. Zitternd vor Kälte kauern sie sich nachts im Boot aneinander, fallen kaum mehr in tiefen Schlaf, dösen eher stundenlang. Wenigstens während dieser Ruhepausen kann der kleine Quinn seine eiskalten Füße an der Brust des Vaters aufwärmen. Jeweils zwei Mann müssen abwechselnd nachts Wache schieben, ordnet Slwooko an, um die Eisdrift zu registrieren zur Kalkulation der Fahrtrichtung am nächsten Tag, aber auch um eventuelle Suchtrupps auf sich aufmerksam zu machen. Doch nur gelegentlich vernehmen sie das Brummen eines Flugzeugs über dem Nebel...

Die Stimmung der Gruppe sinkt von Tag zu Tag. Fast eine Woche sind sie schon gesegelt, naß und frierend, und immer noch kam kein Land in Sicht. Sie ahnten damals nicht, daß ihre Odyssee viel weiter westlich begonnen hatte, daß sie bereits tief in russisches Gebiet geraten waren. Mit diesem Fehler waren dann Slwookos täglich neue Kursberechnungen allesamt behaftet. Mit der Folge, daß sie westlich an der Insel vorbei in die Weite der Beringsee drifteten.

Das Nebelhorn eines Schiffes reißt sie aus der Apathie. Tatsächlich, noch einmal, es war keine Täuschung. Der Nebel ist zu dicht, es ist nichts zu sehen. Sie setzen nun alle Hoffnung auf die Leuchtraketen, die

Slwooko hervorkramt. Also doch, denke ich, und erinnere mich an den diesbezüglichen Anruf von Wanda. Ja, er hat welche bei sich gehabt, ein Entenjäger aus Minnesota hat sie ihm im letzten Herbst hinterlassen, erläutert mir Slwooko. Doch sie verpuffen wirkungslos, eine nach der anderen. Die Signale des Trawlers verlieren sich im Nebel, und mit ihnen die Hoffnungsschimmer der Unglücklichen.

Durchhalten! hämmert Slwooko seinen Leuten ein, obwohl ihn selbst allmählich Zweifel am Sinn des Unternehmens beschleichen. Ihre Situation ist insofern noch erträglich, als sie noch genug zu beißen haben – mit etwa 1000 Pfund Walroßfleisch an Bord hatten sie ihre Irrfahrt begonnen –, doch gibt es inzwischen nur noch ›kalte Küche‹. Der geringe, für den Kocher reservierte Benzinvorrat ist verbraucht. Den Eingeborenen macht es weiter nichts aus, Fleisch und Fett roh zu essen, sie sind es seit Generationen gewohnt. Ihre Vorfahren taten es wohl zumindest im Winter fast ausschließlich, weshalb sie von den im Binnenland lebenden Indianern ›Eskimos‹, also ›Rohfleischesser‹, genannt wurden. Unüberwindliche Schwierigkeiten hatte jedoch der Lehrer, sich das schwarzrote und täglich muffiger riechende Fleisch, das gelbranzige Fett einzuverleiben. Seine weißen Vorfahren hatten seit vielen, vielen Generationen nicht mehr von rohem Fleisch gelebt. Er war in zivilisierter Umgebung aufgewachsen, er konnte einfach nicht, es wurde ihm übel allein vom Zuschauen.

Auch Trinkwasser haben sie noch genug, müssen eben Schnee und Süßwassereis in kleinen Säckchen mit der spärlichen Körperwärme auftauen. Und nachts können sie immer noch die Boote auf eine Eisscholle ziehen, können ausruhen, etwas die Beine vertreten, ihre Notdurft verrichten.

Doch dann wird es dramatisch. Die letzte Nacht auf dem Eis wäre um ein Haar die letzte ihres Lebens geworden. Die Wachen sind eingeschlafen, bemerken nicht, wie das Wetter umschlägt, wie die Macht des Sturms ständig wächst, von Stunde zu Stunde. Er fegt den Nebel hinweg und wühlt das Meer auf. Die Wogen bekommen weiße Kappen und prallen mit zunehmender Wucht gegen den Eisberg. Sonst hemmt kein Eis mehr ihr Ungestüm, denn dieses ist verschwunden, in der rauhen See zerbrochen, nach Norden gedriftet oder geschmolzen.

Das Häuflein Verlorener erwacht vom heftigen Schaukeln ihres Eisbergs in schwerer See. Er ist der einzige weit und breit, und auch er wird zusehends kleiner. Stück für Stück brechen die Wogen heraus. Entsetzen packt die Verschollenen. Nur noch eine Plattform ist übrig, kaum größer als die nebeneinander liegenden Boote. Sie schwankt immer stärker, wird zunehmend kopflastiger durch das Gewicht von Booten und Menschen. Der Eisklotz kann jeden Moment kippen, die Plattform im Meer versenken, mit allem was darauf Zuflucht suchte ...

Es ist keine Zeit zu verlieren. Slwooko brüllt seine Befehle durch den Sturm. Nur rasches Handeln kann sie noch retten. Die Boote müssen ins Wasser, so unmöglich das auch erscheint in der 20 Fuß hohen Brandung. Immer höher rollen die Wellenberge heran, überspülen bereits die Plattform, die gleich darauf wieder mehrere Meter aus den Wogen ragt. Alles steht und fällt jetzt mit dem richtigen ›timing‹. Wortlos befolgt Quinn die Anweisung des Vaters. Er soll zunächst allein in das Boot, das sie von der vom Sturm abgewandten Seite im richtigen Moment zu Wasser lassen wollen, nämlich so, daß es von einer Woge von der Plattform ins Meer hinausgetragen wird. Mit einem Seil wollen sie es dann wieder heranziehen, bis es beim nächsten Wellenberg erneut die Höhe der Plattform erreicht und der nächste an Bord springen kann.

Quinn ist um seinen Pionierauftrag nicht zu beneiden. Nun rollt ein Brecher heran. Jetzt! Mit Schwung rutscht das nur mit dem Buben besetzte Boot über das Eis ins nasse, tobende Element. Doch das Seil hält das Schiffchen, das nun sieben Meter tiefer im Wellental liegt. Heranziehen – nächste Woge – hineinspringen. Das wäre geschafft!

Einigermaßen glimpflich verläuft auch das Wassern des zweiten Boots, wieder war es gelungen, die Wellenberge auszunutzen. Einer, diesmal der Lehrer, rutschte zwar aus, versank einen Moment bis zur Hüfte im Wasser, konnte aber von den anderen so schnell ins Boot gezogen werden, daß das Eiswasser nicht durch die zugebundene gummierte Überhose dringen konnte. Noch lange steht dem Ausgehungerten das Entsetzen im Gesicht.

Die Boote treiben ab, ihre Insassen starren zurück zur Plattform, sehen erst jetzt die Hohlkehlen, die die Brandung bereits geschlagen hatte. Vor ihren Augen zerfällt das letzte Eis. Nun sind sie dem Meer auf Gedeih und Verderb ausgeliefert.

Mein Gegenüber nimmt einen tiefen Schluck aus der Flasche. Wilde Entschlossenheit zeichnet sein Gesicht, er scheint sie nochmals zu durchleben, jene entscheidenden Minuten zwischen Leben und Tod. »Man muß immer kühlen Kopf behalten«, erläutert er seine Ausführungen, »sonst geht's schief.«

Was ihn nur zu solchen Leistungen im Kampf gegen die Elemente befähigte? Ihn, der gar nicht aussieht wie ein Eskimo. Hellrötlicher und nicht gelblicher Teint, hellbraune statt tiefschwarze Augen, die sich nicht wie bei Eskimos hinter Sehschlitzen verbergen. Aber genau das ist es wohl. Sein Vater war Ire und als Soldat in der amerikanischen Armee während des Zweiten Weltkriegs auf der Insel stationiert. Er hat ihn nie gekannt. Seine Mutter, Eskima, stammte von Gambell. Der kleine Vernon, so sein Vorname, wurde von ihrer Mutter, also seiner Großmutter, angenommen, erhielt den Familiennamen Slwooko und wuchs in Gambell mit den Eskimos auf.

Doch der Bub hatte ständig Schwierigkeiten bei seinen Altersgenossen wegen seines andersartigen, fast europäischen Aussehens. Ständig mußte er kämpfen, sich verteidigen, sich Respekt verschaffen. Letzteres gelang ihm zunehmend besser über seine wachsende Routine auf der Jagd. In dieser ursprünglichen Gesellschaft genießt ein erfolgreicher Jäger höchstes Ansehen. Dieses erkennend, baute er sein offensichtlich angeborenes Talent stets weiter aus, befaßte sich intensiv mit allem, was mit Jagd und Überleben in der Unwirtlichkeit des Eismeers zu tun hat. Und so gewann er die Anerkennung der Jäger, sie wählten ihn schließlich sogar zu ihrem Dorfoberhaupt. Mit 70 Prozent der Stimmen, erinnert er sich stolz.

Seine Erfahrung hatte ihn und seine Mannen wieder einmal gerettet. Gerettet allerdings in eine sehr fragwürdige Zukunft. Denn zu den bisherigen Problemen, Kälte, Nässe, Hunger, kommen neue. Im nun eisfreien Meer sind sie in ihren kleinen ›Nußschalen‹ schutzlos dem hohen Seegang ausgeliefert. Kein Eskimo hätte bei solchem Wetter den heimatlichen Hafen verlassen. Sie sind Spielball der drei bis sieben Meter hohen Wogen. Einige werden seekrank, trinken den größten Teil des in Thermosflaschen noch gespeicherten, sehr kostbaren Wassers von etwa sechs Litern. Slwooko muß auch dieses rationieren, denn sie haben außerdem nur noch einige Eisstücke an Bord – und niemand weiß, wie lange sie noch aushalten müssen.

Um nicht im Sturm auseinanderzudriften, haben sie die beiden Boote Seite an Seite zusammengebunden; eine als Puffer dazwischengelegte Walroßhaut soll größere Beschädigungen der Bordwände verhindern.

Ein weiteres Problem wird der Gang zur Toilette. Bei diesem Seegang wäre jegliches Hinauslehnen über die Bordwand – ob von vorne oder von hinten – lebensgefährlich. Mit Hilfe eines aufgeschnittenen Plastikkanisters wird in der Nische des Bugs etwas Toilettenähnliches installiert und abgedeckt mit einer Plane – ›für etwas Privatsphäre‹, erklärt mir Slwooko.

Der kurzen Euphorie über die Rettung aus unmittelbarer Lebensgefahr folgt die Ernüchterung, die Erkenntnis ihrer fast ausweglosen Situation. Allen ist allmählich klar, daß der bisher eingehaltene Kurs nicht stimmen kann. Zwölf Tage sind sie schon unterwegs, mußten also ihr Ziel, ihre Heimatinsel, verfehlt haben, sind wohl irgendwo südlich in der

12 Zum Hunger kommt nun quälender Durst

13 Hoffnungslose Situation. Immer schwerer wird es für Slwooko, die Mannschaft zum Durchhalten anzufeuern

14 Woran nach drei Wochen Irrfahrt niemand mehr glaubte: Land, Trinkwasser, wärmendes Feuer

15 Auf schwirrenden Rotorblättern naht die Rettung

Beringsee. Diese ständig gewachsene Befürchtung ist plötzlich schreckliche Gewißheit.

Mit dem Nebel verwehte auch die Seifenblase der Hoffnung, mit der Slwooko seine Mannen zum Durchhalten animiert hatte: »Wenn wir erst einmal freie Sicht haben, werden wir die Berge unserer Insel erkennen und diese ansteuern.« Und nun diese Enttäuschung. Wasser, Wasser, nichts als Wasser, soweit Auge und Fernglas reichen. Nichts unterbricht die Unendlichkeit des Horizonts, weder die heimatlichen Berge, noch die Sibiriens oder die des Festlands von Alaska. Nein, sie liegen irgendwo weit draußen im Meer!

Gelegentlich fangen die Funkgeräte noch schwache Signale der nach ihnen suchenden Flugzeuge und Schiffe auf, doch so sehr sich Slwooko auch bemüht, er kann ihnen nicht antworten, die Batterien sind zu schwach. Er ahnt, daß die Retter nicht hier im Süden, sondern dem nach Norden driftenden Eis folgend, suchen würden. Und es ist ihm auch klar, daß man sie nach zwei Wochen aufgeben und die Suche einstellen würde.

Doch all diese bitteren Erkenntnisse muß er für sich behalten, kann sich niemandem anvertrauen. Im Gegenteil, zu seinen organisatorischen Aufgaben kommen zunehmend seelsorgerliche. Er muß seinen Mannen immer wieder neuen Mut machen, durchzuhalten. Denn zu allen Entbehrungen müssen die Entkräfteten jetzt auch noch arbeiten. Die Boote sind stets senkrecht zu den Wogen zu halten; andernfalls droht Gefahr des Absaufens, sollte eine Woge breitseits voll über Bord schlagen. Zwei bis drei Mann müssen stets vom Heck aus das Doppelboot mit Rudern in Richtung halten, bei hohem Seegang eine anstrengende Tätigkeit, wie mir von früheren Walroßjagden bekannt ist.

Zunächst versuchen sie es mit Schichten von jeweils sechs Stunden, doch so lange halten die Männer nicht mehr durch; so wechseln sie sich schließlich alle zwei Stunden ab. Doch Rast oder gar Schlaf gibt es auch nach der Ablösung nicht. Wer nicht rudert, ist ständig mit Wasserschöpfen beschäftigt, denn immer wieder schlägt ein Wellenkamm ins Boot.

Schon mehrfach mußten sie ihren schwimmenden Untersatz erleichtern, um den Bootsrand höher über die Wogen zu bringen. Zuerst flog das von Tag zu Tag ungenießbarer gewordene Walroßfleisch über Bord. Doch nun müssen sie sich bei immer heftigerem Seegang auch von den Schädeln mit dem wertvollen Elfenbein trennen. Sie tun es schweren Herzens – es geht jetzt nur noch ums Überleben.

Die Arbeit hält die Verzweifelten vom Grübeln ab, läßt sie ihre hoffnungslose Situation etwas vergessen: den Hunger, den immer quälenderen Durst, Nässe, Kälte und die schmerzenden, in den Gummistiefeln allmählich faulenden Füße.

»Wie lange sind wir schon verschollen?« wird Joe Slwooko immer wieder gefragt. Er hat eine Kalenderuhr und weiß daher, wie lange dieser Horrortrip schon dauert. Seine Antworten verbreiten stets neue Hoffnungslosigkeit. Sie können sich kaum mehr vorstellen, nach so langer Zeit noch gerettet zu werden. Der Vater nimmt seinem Sohn die Uhr ab. Die Leute sollen jetzt nicht mehr grübeln, weder in der Vergangenheit noch in der Zukunft. Sie sollen nur das Doppelboot über Wasser halten, sonst nichts! Es gibt nur noch eine Kategorie von Zeit, nämlich die Schichtdauer, und die bestimmt er, Slwooko . . .

Endlich läßt der Sturm nach, die aufgewühlte See wird ruhiger, die Wogen glätten sich. Strahlend scheint die Sonne vom azurblauen Himmel. Die Männer können endlich ausruhen von tagelangem Rudern und Wasserschöpfen. Der langersehnte Sonnenschein durchwärmt die Erschöpften, läßt endlich ihre durchnäßten, muffigen Kleider trocknen, aber er bringt auch neues Leiden. Der Durst wird nun unerträglich. Schon seit einiger Zeit haben sie keinerlei Trinkwasser mehr, auch das letzte Stück Eis ist geschmolzen. Die Zunge klebt am Gaumen, es zeigen sich erste Anzeichen akuten Wassermangels. Angesichts des neuen Schreckgespenstes, nämlich inmitten unendlicher Wassermassen qualvoll verdursten zu müssen, versuchen sie alles mögliche. Gurgeln mit Seewasser hilft allenfalls, die ausgedörrte Mundhöhle etwas aufzufrischen.

Es muß gelingen, das Wasser zu entsalzen. Zunächst versuchen sie dies mit Hilfe von Filtern, die sie aus dem Schaumstoff von Sitzkissen und Rettungswesten basteln. Vergeblich, das Wasser kommt unten so salzig heraus, wie sie es oben reinschütten. Es geht wohl nur durch Verdampfen. Aber wie, wo sie doch längst keinen Brennstoff mehr haben? Die zunehmende Not macht sie erfinderisch. Brennbar ist schließlich einiges in ihren Booten. Sperrholzteile, die nicht unbedingt lebensnotwendig sind, sowie Schaumstoff und Styropor des gesamten Mobiliars. Stückchen für Stückchen schieben sie in das kleine, aus Blechdosen improvisierte Öfchen am Boden des Boots. Die rußende Flamme erhitzt allmählich das Meerwasser in der Pfanne, Dampf kondensiert im darübergestülpten passenden Deckel, und schließlich ergeben die Tropfen einen Teelöffel genießbares Wasser!

»Ich sage dir«, versichert mir Slwooko, »in unserem Zustand war das weit, weit besser als nichts. Du kannst dir das gar nicht vorstellen. Hast du schon einmal richtig Durst gehabt? Ich meine, warst du schon einmal am Verdursten?« fragt er unvermittelt und saugt gierig an seiner Bierflasche. Auch in diesem Punkt vermag ich ihm absolut zu folgen. Während meiner Afrikazeit mußte ich einmal am eigenen Leib verspüren, wie furchtbar Durst sein kann – ›schlimmer als Heimweh‹.

Prekär wird nun auch die Nahrungssituation. Schon bevor sie das faulende Walroßfleisch über Bord werfen mußten, hatte Quinn begonnen, Vögel zu erlegen. Enten hatten sie schon lange keine mehr gesehen, ein weiteres Zeichen, daß sie sich fern jeglicher Küste weit draußen auf dem Meer befinden. Auch Fische gibt es hier keine mehr, jedenfalls nicht an der Oberfläche, wo sie sie mit ihren Angeln hätten erfassen können. So erweisen sich im wesentlichen zwei Arten von Hochseevögeln als Lebensretter, nämlich Lummen und Dreizehenmöwen. Auch die Bergung der ins Wasser gefallenen Vögel wird zum Problem, denn das Doppelboot ist ohne Motor nicht mehr wendig genug. Sicher zu erreichen ist eigentlich nur die Beute, die entweder ins Boot oder wenigstens in dessen Fahrtrichtung ins Wasser klatscht. Nur die ist mit dem Käscher zu erreichen, das muß Quinn beim Schießen berücksichtigen. Zum Glück haben sie genügend Munition.

Was Quinn mit seinen 13 Jahren doch schon alles erlebte, denke ich beim Schreiben und erinnere mich an mein erstes ›Jagderlebnis‹ im selben Alter. Ein Spatz, mit dem kleinen Luftgewehr aus dem Fenster im vierten Stock einer Münchener Mietskaserne erlegt. Fast eine Stunde brauchte ich, um ihn mit zurechtgebogenen Drähten aus der Dachrinne zu fischen. Auch ich wollte meine Beute unbedingt bergen.

So beneidenswert Quinn ansonsten auch aufwuchs, die genannte Situation hätte ich nicht mit ihm tauschen wollen. Das Überleben wird immer ungewisser. Sie sind nun ganz auf die paar Seevögel angewiesen, die zufällig in die Nähe ihres Boots kommen. Sie liefern ihnen etwas Fleisch, und sehr wichtig wird nun auch die Leber. Die darin enthaltenen Vitamine D und E können doch in beträchtlichem Maße das lebensnotwendige Vitamin C ersetzen. Nur damit konnten Eskimos früher die langen arktischen Winter überstehen. Wenigstens zeigen die sieben Verschollenen noch keine erkennbaren Anzeichen von Vitaminmangel. Daß sie auch von keiner der üblichen Erkältungskrankheiten befallen wurden, wundert mich weniger, denn deren Erreger gibt es im Eismeer weit seltener als in einer Großstadt.

Für einen jedoch wird die Situation allmählich bedrohlich, für den Lehrer nämlich, der seit Tagen fast nichts gegessen hat. Beim Trocknen seiner Kleider erkennt Slwooko, wie bedrohlich der schon abgemagert ist. Er muß ihn nun zwingen, etwas Rohfleisch und Leber hinunterzuwürgen. »Du brauchst ja nicht zu kauen«, dringt er in ihn, »schneid' kleine Stückchen und schluck sie rasch hinunter. Denk dabei an irgendwas Schönes, denk an deine Braut, dein Kind!« Am Überleben des Lehrers hat Slwooko auch ein familiäres Interesse, seine Nichte ist mit ihm verlobt, und nächsten Monat, im Juli, sollte Hochzeit sein . . .

Plötzlich reißt das Geschrei der Buben die Männer aus dem Schlaf. Tatsächlich, ein Schiff, in der Morgensonne ganz klar zu erkennen! Und gar nicht so weit, einen Kilometer vielleicht entfernt. Sie winken, schreien, was die entkräfteten Körper noch hergeben, warten ab. Nichts rührt sich dort. Es scheint ein sowjetischer Trawler zu sein. Slwooko schießt eine Leuchtrakete ab. Nichts. Nach einer Pause wieder eine. Sie brüllen. Noch eine Leuchtrakete. Wieder keinerlei Reaktion dort drüben. Schlafen die denn alle? Das darf doch nicht wahr sein. Doch unbeeindruckt vom Los der Verirrten bleibt der Trawler auf seinem Kurs, wird kleiner und kleiner und verschwindet schließlich zwischen Himmel und Meer.

»Das war grausam, das brach uns fast das Herz«, erinnert sich Slwooko. Er hätte einige Schüsse abgeben sollen, notfalls gezielt auf das Schiff, erkennt er, als es zu spät ist. Der Lärm hätte vielleicht doch irgend jemand von der Besatzung auf sie aufmerksam gemacht.

Diese erneute abgrundtiefe Enttäuschung nach solcher Hoffnung ist von den Leuten kaum mehr zu verkraften. Einige sehen darin einen Fingerzeig Gottes: ihr sollt nicht gerettet werden! Vielleicht hatten sie gebetet, vielleicht sogar alle, meint Slwooko, aber das sind persönliche Angelegenheiten, darüber spricht man nicht.

Verunsichert ist nun auch Quinn, bisher durch das absolute Vertrauen in den Vater recht stabil. Der ›walkman‹ zum Abhören seiner Musikkassetten geht ihm nicht aus dem Kopf. Vom Trinkgeld, das ich ihm für seine Dienste während der Walroßjagd gegeben hatte, kann er sich endlich so ein Gerät kaufen, und er hatte es schon bestellt. Erstmals kullern Tränen. »Nie werde ich meinen ›walkman‹ benutzen können«, klagt er dem Vater. Doch der kämpft gegen die auch in ihm nagende Verzweiflung an und tröstet den Jungen: »Doch, wir werden es schaffen und heimkommen, und dann ist dein ›walkman‹ schon da. Freu dich darauf!«

Dann hüllt sie wieder Nebel ein, nach nur zwei sonnigen Tagen. Er führt ihnen ihre Isolation wieder drastisch vor Augen. Sturm kommt auf, nun von Nordwest. Slwooko gibt den Südkurs auf und dreht nach Osten ab. Irgendwann einmal müssen sie ja auf diese Weise das Festland von Alaska erreichen.

Doch die Moral der Männer ist gebrochen. Tage-, nein wochenlang hat er sie mit guten Worten zum Durchhalten animiert, mit ihnen geredet, Erinnerungen wachgerufen, sie auf schöne Ereignisse in der Zukunft hingewiesen: »Ich bring euch durch, und dann werden wir essen und trinken soviel wir wollen, werden Feste feiern ...«

Nichts davon ist wahr geworden. Statt dessen nur Hunger, Durst, Kälte, Müdigkeit und immer stärker schmerzende Füße. Völlig apathisch sitzt sein Neffe im Boot. Das ist gefährlich, denn immer höher wird der Seegang, die Leute müssen wieder arbeiten, die Boote senkrecht gegen die Wogen steuern, müssen Wasser schöpfen. Er brüllt den Neffen an, schlägt ihm mehrfach ins Genick, bis der losheult wie ein Kind, das ganze Elend dieser Welt herausheult.

»Es ist nicht gut, wenn sich zuviel Schmerz aufstaut, er muß heraus«, erklärt mir Psychologe Slwooko seine Therapie, »genau wie bei der Beerdigung eines lieben Angehörigen. Am nächsten Tag hat der Mann gut gearbeitet.«

Seine Söhne bekommt er im Guten wieder in den Griff; dies gelingt schließlich nicht mehr bei der Besatzung des Nachbarboots. Deren Verzweiflung macht sich in Aggressionen Luft. Sie streiten immer häufiger, entweder um die spärlichen Fleischrationen, um den nächsten Teelöffel Kondenswasser oder um die Pausen vom anstrengenden Rudern. Um einer weiteren Eskalation vorzubeugen, die die ohnehin miserable Gesamtstimmung weiter verschlechtert hätte, steigt Slwooko hinüber und schüttelt zuerst den einen, dann den anderen gründlich durch. »Der Lehrer wäre als nächster drangekommen, aber der kapierte noch rechtzeitig, er sah wohl meinem Gesicht an, daß es jetzt Ernst wird«, fährt Slwooko fort. Er droht ferner, das Boot abzukoppeln und die drei ihrem Schicksal zu überlassen.

Doch die Züchtigung hält nicht allzu lange vor. Die beiden Eskimos werden böse, sie könnten schließlich aufeinander schießen, daher macht Slwooko seine Drohung wahr. Rasch treibt ihr Boot ab. Nun sind sie auch noch isoliert von den Kameraden. Doch bevor sie außer Rufweite geraten, kommen sie wieder zu Verstand. Sie erkannten wohl, daß ohne Captain Slwooko ihre Tage nun wirklich gezählt wären. Durch den Sturm brüllend geloben sie Besserung. Lange dauert es, bis das Boot wieder breitseits angekoppelt ist.

Auch die Gesprächsthemen werden zensiert. Keiner darf mehr sein Schicksal beklagen. Wenn gesprochen wird, dann nur noch über schöne Dinge. Auch hierin erwies sich Slwooko als guter Kenner der menschlichen Psyche. Er beantwortet keine Frage hinsichtlich der Dauer ihrer Irrfahrt. Niemand außer ihm soll wissen, wie lange sie schon in diesem Elend ausgeharrt haben. Seine Leute sollen nicht mehr denken, rechnen oder grübeln, nur noch arbeiten, nur noch seine Anweisungen ausführen. So bekämpft er die Selbstmordgedanken, die sich verständlicherweise der Mannschaft allmählich bemächtigen. Warum dieses sinnlose Leiden? Der Durst ist nicht mehr auszuhalten. Schluß machen, möglichst rasch. Es ist alles sinnlos. – Keiner darf derartige Gedanken äußern, geschweige sie in die Tat umsetzen.

Ob er selbst eigentlich nie Zweifel am guten Ausgang ihrer Odyssee gehabt habe, frage ich.

»Ich gebe grundsätzlich nie auf«, betont er, und seine Miene zeigt wieder jene eiserne Entschlossenheit, »folglich mußte die Irrfahrt irgendwann einmal zu einem guten Ende kommen.« Die Fähigkeit der Eskimos, die Unbill ihres rauhen Landes ohne Ungeduld zu ertragen, ist in dieser bemerkenswerten Führernatur offensichtlich gepaart mit dem sprichwörtlichen irischen Dickkopf.

Doch auch er hat offensichtlich die Möglichkeit eines bösen Endes zunehmend mehr in Erwägung gezogen. Eine Woge etwa, breitseits ins Boot, und alle wären abgesoffen. So fing er an zu bereuen, noch keinerlei Testament gemacht zu haben. Er besitzt eine für die Verhältnisse dieser Leute geradezu phantastische Jagdausrüstung, einige Motorboote, mehrere Gewehre, teure optische Geräte von Leitz und Zeiss. Sein Einkommen hatte er fast ausschließlich in Jagdgeräte investiert. Wer wird dies alles erben, wenn niemand seinen Letzten Willen kennt? Wenn seine Söhne mit ihm umkommen? Diese Frage machte ihm offensichtlich sehr zu schaffen. Dann wieder wird ihm die Wertlosigkeit irdischer Güter bewußt. Alles würde er jetzt hergeben für einen Becher kühlen, trinkbaren Wassers.

»Hast du dein Testament schon gemacht?« fragt er mich unvermittelt, wohl in Erinnerung einiger Episoden meines bewegten Daseins, die ich ihm früher erzählt hatte. »Siehst du nun, wie schnell es gehen kann!«

Natürlich hatte ich nicht, so wenig wie er. Daß es da außer persönlichen Erinnerungsstücken an Jagderlebnisse, genannt Trophäen, nicht viel zu testamentieren gäbe, nimmt er mir offensichtlich nicht ab.

Am wenigsten scheint er sich um seine Frau Wanda gesorgt zu haben. Die ist Lehrerin, die kommt durch. Schon früher hatte er sie auf das nun Bevorstehende vorbereitet: »Wenn ich einmal nicht mehr zurückkomme, dann weine nicht. Die Jagd im Eis war mein Leben, ich habe es so gewollt!«

Immer heftiger tobt der Sturm, immer höher wird der Seegang. Und immer häufiger müssen sich die Männer ablösen. Der Sturm treibt ihr ponchobesegeltes Doppelboot zwar nach Osten, aber sie haben keine Vorstellung, mit welcher Geschwindigkeit. »Durchhalten! Irgendwann erreichen wir das Festland von Alaska!« Unermüdlich feuert Slwooko seine erschöpfte Mannschaft an.

Doch unbemerkt von den anderen packt er einige persönliche Sachen zusammen, die er versenken will, falls es nun sein muß. Einige Dinge aber sollen, wenn irgend möglich, der Nachwelt erhalten bleiben. Immer wieder hatten er und anfangs auch der Lehrer Bilder gemacht, wenn wieder eine kritische Situation überstanden war. Die Filme, Kameras und einige tagebuchartige Notizen sollen in einen wasserfest verschließbaren Behälter gepackt werden. Andi Haviland, der Lehrer, kritzelt noch einen letzten Gruß an seine Braut Betty auf das Gehäuse seiner Kamera. Slwooko verstaut alles in seiner Reichweite, um den Behälter notfalls rasch verschließen zu können. Dieser wird dann als einziges Relikt ihrer Odyssee auf dem Meer treiben ...

Vielleicht wird er einmal an eine Küste gespült und gefunden. Sein Inhalt wird den Angehörigen die traurige Gewißheit bringen. Aber er wird die quälenden Fragen nach dem Verbleib der Walroßjäger beenden.

Land in Sicht!

Sie können es nicht fassen, müssen immer wieder hinschauen. Tatsächlich: Land! Zum erstenmal nach 20 Tagen, Land! Einige teilweise noch schneebedeckte Berge tauchen aus dem tiefliegenden Morgennebel. Sind es vielleicht die White Mountains hinter dem Norton Sound? Hatten sie sich nun doch dem Festland genähert?

Wenig später verschwindet das Bild wie eine Fata Morgana wieder im Nebel. Aber die Verzweifelten haben nun ein greifbares Ziel vor Augen, steuern dem Überleben zu. Den ganzen Tag hält Slwooko Kurs durch den Nebel. Endlich kann er den Kompaß wieder zielgerichtet einsetzen. Der Südwestwind begünstigt ihre Fahrt, und gegen Abend zeichnet sich unter dem Nebel schemenhaft eine Küstenlinie ab. Dann wird die Brandung über dem seichteren Seeboden stärker, die Wogen überschlagen sich. Eine gefährliche Situation, denn die Männer sind zu schwach, das klobige Doppelgefährt rasch genug zu manövrieren, um den Brechern auszuweichen. Jetzt nur nicht absaufen, so nahe am rettenden Land!

Alle begeben sich nun in Slwookos Boot und koppeln das andere ab. Mit vereinten Kräften rudern sie um ihr Leben. Die See bäumt sich auf zu meterhohen Brechern, will die Flüchtenden darunter begraben, will ihrer doch noch habhaft werden. Doch das schwierige Manöver scheint zu gelingen. Näher und näher kommen sie der Küste, die sich nun deutlicher aus dem Nebel abzeichnet.

Und dann ist es geschafft! Knirschend läuft das Boot auf den Strand. Erstmals seit drei Wochen haben sie wieder festen Boden unter den Füßen. Unter Füßen, auf denen sie kaum mehr stehen können. Wie Roboter bewegen sich einige aus dem Zugriff des Meeres, suchen Schutz im angeschwemmten Treibholz.

Doch wo sind sie nur gelandet? Gegen Abend löst sich der Nebel weiter auf und gibt nun die Silhouette der Berge frei. Sind das die White Mountains des Festlands? Nein, das sind doch die Berge der St. Lorenz-Insel! Tatsächlich, Slwooko erkennt nun die Gegend, sie liegen auf der Südspitze der Insel, sind gar nicht so weit von der Heimat. – Hätten sie diese Berge nicht zufällig gesehen, sie wären so nahe an der Rettung vorbei wieder ins offene Meer hinausgefahren ...

Endlich gibt es Wasser. Slwooko kocht Tee aus vorjährigen braunen Weidenblättern, von dem er dem völlig erschöpften Lehrer während der letzten Tage immer wieder vorgeschwärmt hatte: »Der wird dich wieder auf die Beine bringen, der ist gut gegen alles.« Endlich ist es doch noch wahr geworden.

Wer noch einigermaßen laufen kann, macht sich auf die Jagd nach Eiderenten. Auch einige Nester finden sie und stürzen sich gierig auf die Eier. Und endlich können sie sich wärmen am Feuer aus angedriftetem Holz, können neben der Glut schlafen, müssen nicht mehr frieren. Und die Schaukelei ist zu Ende, sie können auf stabiler Erde schlafen, werden nicht geweckt durch Wogenschlag an die Bordwand oder den Ruf zum Schichtwechsel.

Slwooko schläft nur kurz. Er ist relativ gut über die Runden gekommen, hat nur 20 Pfund an Gewicht verloren, halb so viel wie der Lehrer. Auch um seine Füße ist es noch besser bestellt, dank des täglichen kurzen Auslüftens und Entwässerns der Stiefel. So marschiert er wieder los, um das inzwischen angetriebene zweite Boot an Land zu ziehen. Dabei findet er Elfenbein! Fossiles Elfenbein ehemaliger Walrosse, deren Knochen die vom Sturm aufgepeitschten Wogen aus dem Kies gewaschen hatten. Dieses durch Eisenverbindungen und Humussäuren braun verfärbte fossile Elfenbein unterliegt nicht dem amerikanischen ›Sea Mammal Act‹, es kann folglich frei gehandelt werden und erzielt daher, wie auch wegen seiner Seltenheit, höhere Preise als das rezente Material. Damit ist sogar der Verlust der acht über Bord geworfenen Walroßschädel einigermaßen wettgemacht.

Lagebesprechung am nächsten Morgen. Wie soll es weitergehen? 60 Meilen, also fast 100 Kilometer, sind es bis nach Gambell, ihrem Heimatort. Doch dieser Marsch ist von den entkräfteten Mannen auf ihren kaputten Füßen unmöglich zu bewältigen. So will Slwooko versuchen, eine wesentlich nähere Hütte zu erreichen, die er von früheren Jagdausflügen kennt und in der er ein Sprechfunkgerät mit hoffentlich intakten Batterien vermutet. Damit müßte es gelingen, endlich Kontakt mit dem Rest der Welt aufzunehmen. Morgen will er losmarschieren.

War es die Wärme des Feuers, das den totgeglaubten Batterien wieder etwas Leben einhauchte, war es die Säuberung der korrodierten Kon-

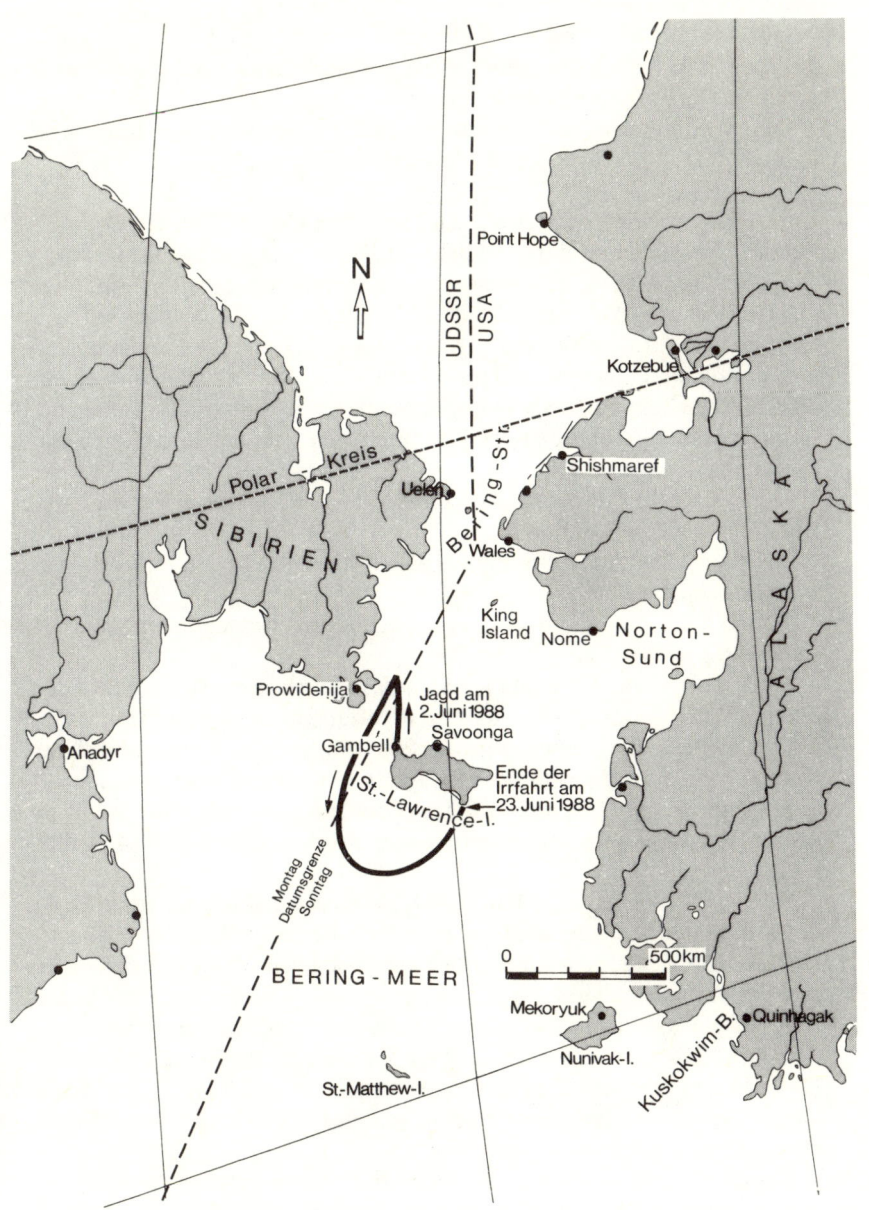

Die Irrfahrt der Walroßjäger

takte? Plötzlich hört Slwooko wieder Stimmen in seinem Funkgerät. Er begibt sich auf eine erhöhte Stelle und versucht eine Meldung hinauszugeben. Tatsächlich, es gelingt. Und, o Wunder, der schwache Hilferuf erreichte das Forschungsschiff ›Cyrano‹.

Die wochenlange Pechsträhne ist endlich gerissen, seit gestern ist ihnen Diana wieder hold – und beendet ihre Odyssee ...

Eine Weile schauen wir schweigend aus dem kleinen Fenster über die Tundra. Am Horizont flimmert die weite Beringsee, die fast ihr Grab geworden wäre. Alte Reisebeschreibungen kommen mir in den Sinn, über die Entdeckung Amerikas durch Kolumbus oder die Seefahrten von Captain Cook. Immer wieder gab es solche unbeugsamen Persönlichkeiten, wie da jetzt eine mit mir am runden Tisch sitzt. Nur durch eisernen Durchhaltewillen hatte Slwooko sein und seiner Kameraden Leben gerettet, hatten die früheren Seefahrer ihre Abenteuer erfolgreich zu Ende gebracht.

»Kennst du die Geschichte von Gregory Ayac?« frage ich ihn. Er hatte früher einmal davon gehört.

»Wie lange war der verschollen?« will er wissen.

»Achtzehn Tage lang.«

»Dann habe ich ihn um vier Tage geschlagen«, entgegnet er, stolz auf seinen Sieg im Wettlauf mit dem Tod.

Slwooko scheint überhaupt keine Defekte erlitten zu haben. Sucht der doch tatsächlich unmittelbar nach der Rettung nach fossilem Elfenbein, um die Verluste der dreiwöchigen Irrfahrt einigermaßen wettzumachen! Kaum zu glauben. Nur im Schlaf, sagt er, schreckt er gelegentlich noch auf, wenn er die Brecher an die Bootswand schlagen hört, wenn er glaubt, sein Quinn sei über Bord gerissen worden. »Aber jetzt ist ja alles vorbei.«

Nicht so für die anderen. Quinn sitzt ziemlich wortkarg am Tisch. Er ist nicht mehr der fröhliche, wißbegierige Bub, den ich in Erinnerung hatte. Drei der Kameraden, darunter der Lehrer, liegen noch im Krankenhaus. Am gravierendsten sind die Schädigungen der Nieren. Nur noch kurze Zeit ohne Wasser, und sie wären futsch gewesen, meinten die Ärzte. Ziemlich lang zieht sich auch die Heilung der psychischen Defekte hin. Harold, den ich anläßlich der ambulanten Behandlung seiner Füße kurz in Nome sehe, hat immer noch den angstvollen, fast verzweifelten Gesichtsausdruck.

So muß das geplante Fest in Gambell zu Ehren der Heimkehrer immer wieder verschoben werden. Kaffee, Tee und Kuchen gibt's – und natürlich wieder Journalisten. Alle sieben werden über ihre zukünftigen

beruflichen Vorstellungen befragt: »Werdet ihr weiter Walrosse jagen?«
Die Antworten sind ziemlich übereinstimmend. »Nein!« Joe will nach
Fairbanks ans College, um Bergbau zu studieren, sein Bruder Quinn will
auf jeden Fall noch etwas anderes lernen. Auch die anderen haben die
Nase gestrichen voll vom Eismeer, wollen sich irgendwo in der Stadt
nach einem Job umschauen. Sie holen nicht einmal ihr Boot, das immer
noch an der Südspitze der Insel liegt. Sie wollen es nie mehr sehen. Und
natürlich hat auch der Lehrer genug.

Nicht so Slwooko. Schon nach wenigen Tagen hatte er sein Boot geholt
und während der Rückfahrt den besagten Eidererpel erbeutet. »Selbstverständlich fahre ich wieder hinaus«, erklärte er den Journalisten. »Sobald im Oktober das Eis kommt, bin ich wieder draußen. Die Jagd im Eis
ist mein Beruf und mein Leben!« Doch er will sich etwas besser ausrü-
sten. Er habe gehört von einem Funkgerät, das Meldungen über Satellit
weitergeben würde; damit könnte er aus jeder Entfernung mit der Heimat Kontakt aufnehmen.

»And nobody can stop me!« (Und niemand kann mich aufhalten!)
wendet er sich unvermittelt und drohend an mich. Was soll jetzt das auf
einmal? Glaubt er, ich wolle gegen die Walroßjagd plädieren? Für wen
hält er mich eigentlich? Doch er besteht darauf: »I know, you are one of
those goddammed conservationists.« Ach so, so einen ›verdammten‹
Naturschützer‹ vermutet er in mir. Ich versuche, mir die verblüfften
Gesichter meiner früheren Kollegen vom Naturschutz vorzustellen, hätten sie dieses ›Kompliment‹ mitbekommen. Mit jenen Vertretern eines
ideologisierten Schutzdenkens lag ich als Vertreter einer nachhaltigen
jagdlichen Nutzung der Wildbestände zwangsläufig immer wieder einmal im Clinch.

Aber hier in der Wildnis werden offensichtlich andere Maßstäbe ange-
legt. Nur langsam verstehe ich, was ihn so auf die Palme brachte. Einige
kritische Anmerkungen während unserer gemeinsamen Jagd betreffend
Tierschutz und Wildverwertung hatte er wohl in den falschen Hals ge-
kriegt, auch wenn ich sie sehr vorsichtig geäußert hatte. So fand ich es
schade, daß sie nicht mehr Wildbret von ihren Walrossen verwerten und
das Hauptinteresse dem Elfenbein gilt.

»Habt ihr all die 120 Elefanten gegessen, die ihr damals geschossen
habt?« entgegnet er schlagfertig in Erinnerung dessen, was ich damals
dem kleinen Quinn während der Wartezeit in Gambell über meine Tätigkeit in Afrika erzählt hatte. »Siehst du«, triumphiert er, als ich nicht viel
entgegnen kann, denn nur einen Teil der im Rahmen einer notwendigen
Kontrolljagd in kurzer Zeit erlegten Dickhäuter hatten die Eingeborenen verspeist.

Am Schreibtisch in der Tundra bringe ich die Eindrücke zu Papier
›Pussycat‹ – eine der wenigen Frauen, die Spaß haben am Pionierdasein
in der Arktis

Dann macht er seinem aufgestauten Mißmut weiter Luft. Als Kollege jenes Frauenzimmers, das seine Jagdstrecke kontrolliert, bin ich ihm ohnehin suspekt. Und dann der Doktortitel. Überhaupt sind Wildbiologen Ignoranten, die nichts anderes im Kopf haben, als die Jagd zu verbieten. Auf dem Meer, erklärt er mir zornig, da wisse er Bescheid, was zu tun und zu lassen sei, besser als jeder ›Studierte‹.

›Du hättest die Irrfahrt nicht überlebt‹, erinnere ich mich jetzt an seine spaßhafte Anmerkung von gestern, im Rückblick auf mein Verhalten während der für mich ungewohnten Walroßjagd. War das nur Spaß, diese Bemerkung? Ich bekomme Zweifel, ob Slwooko und seine Kameraden mich im Falle eines Ausgleitens auch so spontan aus dem eiskalten Wasser gezogen hätten? Ob man das knapper werdende Fleisch, das nur noch teelöffelweise verfügbare Trinkwasser mit so einem ›verdammten Naturschützer‹ geteilt hätte?

Ganz abgesehen von eventuellen rassistischen Aversionen, die, im Alltag unbemerkt, unter solch extremen Umständen vielleicht doch das Handeln der Eskimos bestimmt hätten? Lange genug war ich in Afrika mit derlei Problemen konfrontiert worden. Der Lehrer ist zwar auch Weißer, gilt als Bräutigam der Nichte aber bereits als Familienangehöriger; außerdem ist er kein ›conservationist‹. Bei mir wäre das alles anders gewesen. – Die Weite des Eismeers kennt keine Zeugen . . .

Das Gespräch war ins Stocken geraten. Wenn der wüßte, womit ich meine letzten zehn Jahre verbracht hatte. Eigentlich müßte es doch sehr viel mehr Verbindendes als Trennendes zwischen uns geben. Wie ist ihm das nur klar zu machen?

Der Zufall kommt zu Hilfe. Slwooko entdeckt mein kurz vor dem Ausstieg erschienenes Wasserwildbuch im Regalfach. Er blättert darin, versteht nicht den deutschen Text, wohl aber erkennt er auf den Farbbildern viele Arten wieder. Bläßgans, Ringelgans, Eiderente, Spießente und noch weitere, die zirkumpolar verbreitet sind, also auch in seiner Heimat vorkommen. Selbst die europäische Pfeifente hat er schon auf seiner zwischen der Alten und der Neuen Welt gelegenen Insel erbeutet. Ob er das Buch behalten darf? Es ist das letzte Exemplar, das ich hier habe. Trotzdem, klar. Mit persönlicher Widmung, bitte. Die zu schreiben fällt mir nicht schwer.

Wenigstens den Klappentext soll ich ihm übersetzen. Der skizziert mein bisheriges Dasein. Beim Geburtsdatum wirft er auf. Was, noch einmal, am 13. März?

»Da bin ich doch auch geboren«, entgegnet er und kann es kaum fassen. Darauf trinken wir jetzt einen Whisky, schlage ich vor. Und noch einen, meint er. Endlich ist das Eis gebrochen. Zudem haben wir beide im nächsten Frühjahr einen ›runden‹ Geburtstag zu feiern. Er wird vierzig, ich fünfzig. Natürlich müssen wir darauf noch einen zur Brust nehmen. ›Vielleicht ist der Rotbart da drüben doch kein so schräger Vogel‹, scheint er zu denken. Dann die Überraschung: »Willst du nicht nächstes Frühjahr wieder nach Gambell kommen, zu unserer Waljagd?« Natürlich will ich. Gilt doch die Jagd auf Wale als Höhepunkt des Jagdjahres der Eskimos.

Erst kurz vor seinem Rückflug nach Gambell fahre ich Slwooko zum Zahnarzt. Nur deshalb ist er ja eigentlich nach Nome gekommen. Beim Kauen des rohen Walroßfleischs hatte er sich eine Plombe ausgebissen. Als ich ihn nach einer Stunde abhole, macht er ein verdrießliches Gesicht. »Lieber nochmals drei Wochen im Eismeer als da wieder hinein!«

Dann kauft er Zigaretten. Er hatte sich so fest vorgenommen, nach dieser zwangsläufigen Abstinenzphase das Rauchen ganz aufzugeben. Doch das erste, was der Hubschrauberpilot ihm nach der Rettung anbot, war eine Zigarette ...

Am kleinen Flugplatz der Bering Air treffen wir den immer noch sehr abgemagerten Lehrer mit seinen Eltern. Auch sie wollen nach Gambell, denn am Wochenende soll nun doch wie geplant die Hochzeit mit Betty Slwooko stattfinden. Besser, du hast die Odyssee mitgemacht, als ich, denke ich beim Abschied.

Die Rettung der Verschollenen ist noch lange Gesprächsthema, nicht nur in Alaska. Slwooko werden mehrere Auszeichnungen für seine Verdienste zugedacht. Sowohl seitens der Landesregierung und der Bundesregierung aus Washington als auch von der Gemeinschaft der Eingeborenen Alaskas. Er hat wochenlang den Gefahren des Eismeers getrotzt und außerdem sechs Menschen das Leben gerettet, davor haben sie Respekt in diesem noch ursprünglichen Land. In einer Feierstunde im Gemeindesaal vom Gambell sollen ihm die Plaketten und Ehrentafeln übergeben werden. Der Gouverneur höchstpersönlich werde die Ehrung vornehmen, hatte man ihm mitgeteilt.

Bis auf den letzten Platz ist der Saal gefüllt. Zuerst werden einige Soldaten der Suchkommandos geehrt, die besonderen Einsatz gezeigt hatten. Dann ist der Held der Nation an der Reihe. Doch wo ist der? Wo ist Slwooko? Die Situation wird peinlich. Schließlich drängt sich ein Nachbar von ihm vor und erläutert dem Staatsoberhaupt in abgehacktem Englisch die Situation: Slwooko und Wanda sind bereits in ihrem Sommercamp in der Boxer Bay, sie müßten jetzt Lachse fischen. Er, sein Nachbar, solle die ihm zugedachten Utensilien einstweilen entgegennehmen ... Die Atmosphäre der Preisverleihung war ihm wohl ähnlich zuwider wie die der Zahnarztpraxis.

Es ist inzwischen herrlichstes Sommerwetter, als ich im Freien vor Heini Springers Hütte sitzend diese Eindrücke zu Papier bringe. Immer wieder schweift der Blick hinüber zu den grauen, sanft geschwungenen Höhen des Anvil Mountains. Nur ein länglicher Schneerest hat sich in einer Mulde gehalten, und er wird täglich kleiner. Über mir meckern stundenlang Bekassinen. In großer Höhe kreuzen diese kleinen Schnepfen vor dem tiefblauen Firmament, bringen im Sturzflug ihre äußeren Schwanzfedern zur Vibration und erzeugen damit diese merkwürdigen meckernden Laute. ›Himmelsziegen‹ hat sie der Heidedichter Hermann Löns einst genannt, diese Bewohner einsamer, unzerstörter Moorgebiete. Ihr Lebensraum ist nun auch meiner. Endlich!

Der Hunger meldet sich und unterbricht schließlich die Schreiberei. Wenig später brutzelt das letzte Stück Herz des Walroßbullen in der Glut.

16 Freund, Gastgeber und Mäzen Heini Springer am Horst der Schnee-Eule

17 Das Ziel der ersten Exkursion nach Nordalaska, die Küste von Cape Thompson

18 Die Ausbeute für die Sammlung der Universität

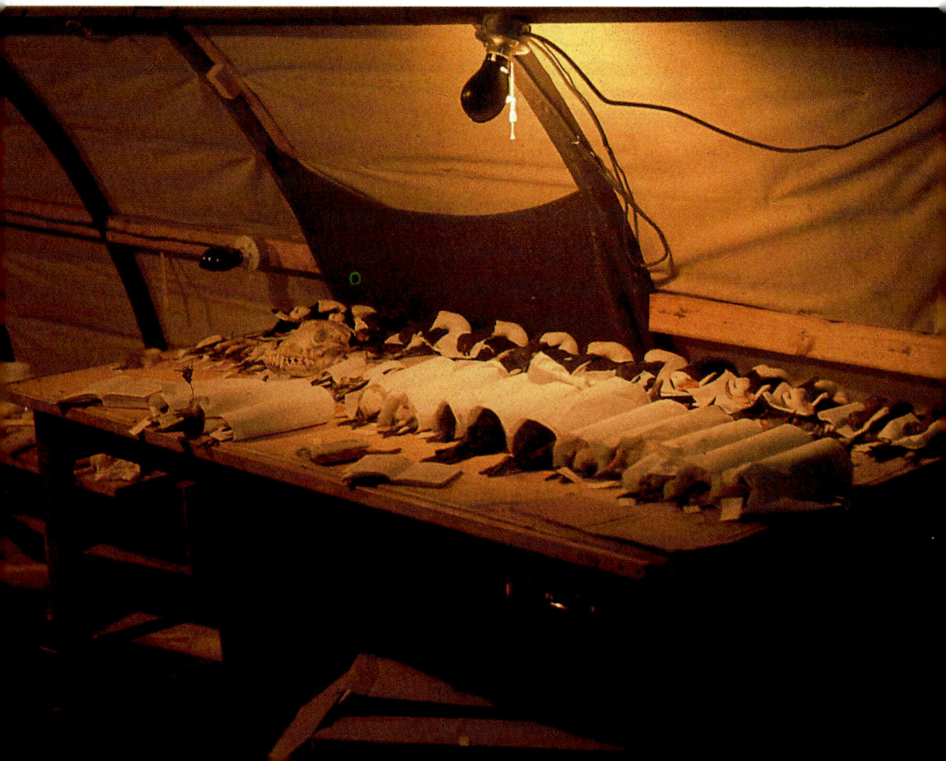

Erinnerungen

Früh kam der Winter. Schon Anfang Oktober hatte er das riesige Land nördlich der Bergkette der Alaska Range mit seinem weißen Leichentuch bedeckt, die Seen erstarren lassen. Er bedeutete das Ende meiner Feldstudien, denn fast alle Wasservögel waren bereits nach Süden abgezogen. Nur einige Nachzügler hielten sich noch am Eisrand der allmählich zufrierenden Flüsse.

Besonders eindrucksvoll hatten sich die Trompeterschwäne von ihrem unwirtlich gewordenen Brutgebiet, den großen, waldumsäumten Seen bei Tok in Zentralalaska, verabschiedet. Tag und Nacht belebten ihre lauten, durchdringenden Rufe, die ihnen den Namen gaben, die Stille der Winterlandschaft, mahnten die Artgenossen zum Abflug. Dann, am späten Vormittag des 12. Oktober, waren offensichtlich alle versammelt. Fast zwei Dutzend der mächtigen Vögel erhoben sich kreisend über die bereits schneebedeckten Gewässer und verschwanden nach Süden. Viele Monate werden vergehen, bis ihre markanten Rufe den Frühling ankündigen, den Winter vertreiben werden.

So muß ich meine Arbeiten in Form von Literaturstudien in der Universitätsbibliothek fortsetzen und habe mich in Fairbanks eingewintert.

›Pussycat‹, attraktiv und zur Zeit ebenfalls ›single‹, hat Mitleid mit dem einsamen Junggesellen, und dankbar nehme ich die Einladung in ihr gemütliches Heim an. Sie ist Hostess bei Alaska Airlines, karrierebewußt und eine jener wenigen gutaussehenden Frauen, die wirklich Spaß haben an dem pionierähnlichen Dasein am Polarkreis. Insofern überraschen ihre Bedingungen nicht: Ob ich schießen könne, will sie wissen, und den Haushalt mit Wildbret versorgen?

Nun, daran soll's nicht liegen, verspreche ich. Mit Heinis Freunden fliege ich auf die Kodiak-Insel, um den Schwarzwedelhirsch zu jagen. Nach gut einer Woche kommen wir alle erfolgreich zurück. Später klappt es dann noch mit einem starken Bock der Schneeziege, und so haben wir genug Wildbret für den Winter. Unglaublich zäh ist das Ziegenfleisch zwar und auf konventionelle Art zubereitet kaum zu genießen. Doch für solche Fälle hat ›Pussycat‹ einen Dampfkochtopf parat, in dem, unter Druck gegart, selbst dieses Problem gelöst wird.

Immer kürzer werden die Tage im November. Erst nach zehn Uhr morgens schiebt sich die Sonne über die schlankkronigen Fichten jenseits des Chena-Flusses, um sich schon um drei Uhr nachmittags wieder zu verabschieden. So bleibt viel Zeit zum Plaudern an den langen Winterabenden. Besonders gern kramt das romantisch veranlagte Wildwestgirl in meinen Erinnerungen, will mehr wissen aus jener Zeit, als ich zum ersten Mal in seine Heimat kam, vor fast 25 Jahren. – Für ein Land mit so kurzer Geschichte immerhin eine respektable Zeitspanne, findet sie, und animiert den ›Oldtimer‹ damit auch wieder zum Schreiben.

Erstmals im ›Wilden Westen‹

Noch eine Weile lausche ich dem oszillierenden Brummen des kleinen Postflugzeugs, bis es sich in der Ferne ganz verliert. Nur der ewige Schlag der Brandung unterbricht die absolute Stille. Ich bin angelangt am entferntesten Ziel meiner einjährigen Reise durch die Neue Welt, in Cape Thompson, am nordwestlichsten Punkt Alaskas und damit Nordamerikas, bin erstmals nördlich des Polarkreises.

Weit war der Weg hierher. Das Forststudium an der Universität Freiburg war abgeschlossen, und mehr als das geordnete Dasein im Rahmen der höheren Forstlaufbahn lockten zunächst das Unbekannte, die Ferne, das Abenteuer und die damals noch diffusen Vorstellungen vom Leben in der Wildnis, mit Indianern und Trappern, Lagerfeuer und Bärenjagd.

Das Unternehmen begann auf hoher See, für den Binnenländer ein Ereignis besonderer Art. Damals, 1964, reiste man noch eher per Schiff in die Neue Welt als im folgenden Jet-Zeitalter. Sechs Wochen lang auf einem Frachter der Hapag-Lloyd, tagelang nur die Unendlichkeit des Atlantik. Ein Orkan in der Biskaya, dem ein anderer Frachter zum Opfer fiel und sank. Seekrankheit. Fliegende Fische, Tropik- und Fregattvögel in der Karibik, das bunte Menschengewimmel in den mittelamerikanischen Häfen, die wir anliefen. Täglich faszinierten neue Eindrücke, ließen die Vergangenheit, das Leben in der Alten Welt, rasch vergessen.

Nur das Allernötigste konnte ich mitnehmen in dem kleinen Flugzeug, nicht einmal das Zelt. Es gäbe genügend Felsnischen, hatte man mir gesagt, in denen ich Schutz vor Witterungsunbill finden könne. Schlafsack, Kleider zum Wechseln, Büchsflinte mit 80 Schrot- und einigen Kugelpatronen, Präparierwerkzeug, Salz – das war's im wesentlichen.

Unweit des Landeplatzes auf dem flachen Kiesstrand beginnt die felsige Steilküste. Senkrechte, wohl hundert Meter hohe und stark zerklüftete Felswände, umschwärmt von Tausenden von Vögeln – und wegen denen vor allem bin ich hier.

Im Auftrag der Ornithologischen Abteilung der Universität von Alaska einerseits und des Staatlichen Museums für Naturkunde in Stuttgart andererseits sollte ich im Norden arktische Vögel sammeln, denn in beiden Institutionen waren solche damals als Schauobjekte kaum vertreten. Selbst die Universität in Fairbanks hatte kaum gutes Balgmaterial aus den nördlichen Regionen des eigenen Landes. Wie ich diese Bälge beschaffe, das sei meine Sache, erklärte mir Dr. Brina Kessel, die resolute Leiterin der Ornithologischen Abteilung. Im Land der Pioniere und Abenteurer ist jeder in erster Linie auf sich selbst angewiesen. Ich erhielt von ihr lediglich ein ›Collectors Permit‹, eine schriftliche Erlaubnis zum Sammeln von Vögeln, und glücklicherweise einen Hinweis auf den derzeitigen Aufenthalt von Heinrich Springer.

Ich hatte Springer eine ganze Weile nicht mehr gesehen. Ende der 50er Jahre hatte er im ›Ismaninger Teichgebiet‹ bei München für die Vogelwarte Radolfzell Vögel beringt und viel Zeit in diesem Vogelparadies zugebracht. Dann war er, für viele überraschend, nach Amerika ausgewandert. Doch den Münchener Ornithologen blieb er in Erinnerung als fast legendäre Gestalt. Seine hünenhaften Dimensionen, sein schwäbisch-bayerischer Humor, dem allerlei Streiche und Schabernack entsprossen, sein Lebensstil in seiner winzigen Beobachtungshütte blieben unvergessen. Ebenso beeindruckt hatte er durch seine Leistungen bei der Vogelberingung, die Entwicklung von Fangtechniken für schwer zu fangende Arten wie Rallen und Limikolen. 1958 war er von der Vogelwarte als ›Beringer des Jahres‹ ausgezeichnet worden. Noch heute erinnert die ›Springer-Hütte‹ an seine damaligen Arbeiten, wenngleich die alte Holzkonstruktion, in der er damals hauste, längst durch einen modernen Beobachtungsturm ersetzt ist.

Er sei nun in Alaska, hatte ich vor meiner Abreise aus Europa noch erfahren, und hier fand ich ihn schließlich: in einem kleinen Straßenbau-Camp im Nenanatal südlich von Fairbanks. Seine Dienstzeit in der amerikanischen Armee hatte er, wie kaum anders zu erwarten, bei den Pionieren in Alaska abgeleistet, erhielt daraufhin die Staatsbürgerschaft und wenig später den Auftrag, den Bau der Verbindungsstraße Fairbanks–Anchorage zu leiten – eine selbst für amerikanische Verhältnisse beachtliche Karriere.

Seinem Hobby, der vogelkundlichen Forschung, war er auch in der Neuen Welt treugeblieben. So erfuhr ich durch ihn jegliche Unterstützung meiner Vorhaben. Eine ausgediente Hütte seines Freundes, des alten Trappers Ray Rupp, wurde mein Wohn- und Arbeitsraum, und vor allem lieh er mir Geld für meine weiteren Unternehmungen, auch für den Flug hierher nach Cape Thompson . . .

Ich kann mich nicht satt sehen an dem rastlosen Treiben der Hochseevögel. Etwas Faszinierendes haben diese Lummen und Alken, die ihr ganzes Leben weit draußen auf dem Meer zubringen und nur während der Brutzeit der steilen Felsküste zustreben. Wie Bienen ihren Korb umschwärmen sie während des kurzen arktischen Sommers diese Vogelfelsen, ein ständiges Kommen und Gehen zwischen Land und Meer.

Mit beginnender Ebbe weicht die Brandung etwas zurück, und so gelingt es, an der ersten Felsnase vorbeizukommen. Deren Form erinnerte mich immer an das markante Profil des damaligen französischen Staatschefs de Gaulle. Ein unbeschreibliches Bild über mir. Hunderte, nein eher Tausende schwarzweißer Lummen sitzen auf schmalen Bändern in Nischen und Höhlungen der himmelhohen, senkrechten Vogelfelsen. Die Trottellummen kenne ich bereits von Island, aber dazwischen sitzen auch ihre nördlicheren Vertreter, die Dickschnabellummen. Sie unterhalten sich ständig in tiefem, kehligem Gackern; es schwillt an und ebbt ab wie das Tosen der Brandung und verleiht den Vogelfelsen ihre eigenartige Geräuschkulisse.

Einige Tordalken sind zu erkennen, und ganz oben, wo der steile Fels in die flachere Tundra ausläuft, sitzen viele Papageientaucher, die wohl merkwürdigsten Gestalten unter den Alkenvögeln. Der auffallend bunt gezeichnete hohe, aber schmale Papageienschnabel, die korallroten Beine und Schwimmhäute, die ›Sorgenfalte‹ über dem weißgrauen Auge stehen im krassen Gegensatz zum eher bescheidenen Schwarzweiß der übrigen Klippenvögel.

Im Gegensatz zu den Lummen und Tordalken, die ihr Ei ohne Nestunterlage auf dem blanken Fels bebrüten, nisten Papageientaucher in selbstgegrabenen Höhlen im Erdreich oberhalb der Felsen. Die Fortpflanzungsrate ist bei allen Alkenvögeln niedrig, denn das Gelege besteht jeweils nur aus einem einzigen Ei, das zudem oft genug tierischen Räubern zum Opfer fällt. Eis- und Rotfüchse plündern die Baue der Papageientaucher, Eis- und Polarmöwen interessieren sich für die offen auf dem Felsgesims liegenden Lummeneier, die von ihren Eltern nicht verteidigt werden. Dennoch gibt es Millionen von Lummen und Alken entlang der Küsten Alaskas, denn diese Arten haben eine hohe Lebenserwartung und als ausgewachsene Vögel kaum natürliche Feinde, verbringen sie doch die meiste Zeit ihres Lebens weit draußen auf dem

Meer. Die Nachstellungen der Eskimos während der Brutzeit fallen nicht ins Gewicht.

Die Sonne verkriecht sich hinter den Felsen, vergoldet nur noch die Unterseite der hoch fliegenden Vögel, und es wird kalt. Fasziniert von diesem Naturschauspiel, hatte ich nicht mehr an meinen Auftrag gedacht. Und erst der knurrende Magen erinnert mich daran, daß auch die abendliche Mahlzeit noch nicht erbeutet ist. Aber ich kann hier nicht schießen. Bringe es nicht übers Herz, den paradiesischen Frieden durch den Donner des Schusses zu zerstören. Möglichst unauffällig ziehe ich mich hinter die große Felsnase zurück.

Hier, außerhalb der Kolonie will ich es versuchen. Weit weniger Vögel sind hier zu sehen, und die scheinen nicht zu brüten. Einige Lummen und Papageientaucher sitzen oben in den Felsen, fliegen wieder zur Nahrungssuche aufs Meer, und andere nehmen ihre Plätze ein. Ein ständiges Starten und Landen.

Verdammt hoch fliegen sie und schnell. Aber ich muß zwei Papageientaucher erwischen, sonst ist heute abend Schmalhans Küchenmeister, und die Nacht wird lausig. Die Büchsflinte hat nur einen Schrotlauf, aber der schießt recht eng, daher könnte es gehen. Mehrfach folge ich mit angebacktem Gewehr den schwirrenden Vögeln, um ein Gefühl für das schnelle Ziel zu bekommen. Jetzt kommt einer direkt von vorne, immer schneller, keine Zeit mehr zum Zielen – Schuß – er faltet die Schwingen und klatscht hinter mir auf den Strand. Den nächsten hole ich ebenso herunter. Der dritte fliegt unbeeindruckt von meinen Schroten weiter, obwohl er eigentlich recht günstig an mir vorbeiflog und ich genügend Zeit hatte. Aber genau das war wohl die Ursache des Fehlschusses, was ich während der nächsten Tage nach und nach erkannte. Ich hatte Zeit gehabt, auf den Vogel zu zielen, anstatt ihn schwingend zu überholen und im Schwingen abzuziehen.

Egal, ich habe zwei Papageientaucher, und damit ist das Abendessen gerettet. Schon einmal waren mir diese exotisch anmutenden Vögel zum Grundnahrungsmittel geworden. Vor drei Jahren nämlich auf den Westmänner-Inseln vor der Südküste Islands. Gegen Ende der fünfwöchigen Exkursion war ich auch finanziell am Ende und gezwungen, mich irgendwie vom Lande zu ernähren. Gar nicht so einfach ohne Flinte. Glücklicherweise begann soeben die Fangsaison auf Lundi – so heißen die Papageientaucher in den altgermanischen Sprachen – und der Lehrer des kleinen Fischerdorfes Westmaneyar nahm mich mit hinauf zu den Vogelfelsen. Er war nur mit einer langen Stange bewaffnet, in deren gegabeltem Ende ein lockeres Netz befestigt war. Wissend, daß die Vögel im Flug zwar schnell, aber wenig wendig sind, lauerte er diesen gedeckt durch einen Felsvorsprung auf und schlug ihnen das dreieckige Netz entgegen, in dem sie dann alsbald zappelten. So geschickt er sein Gerät zu handhaben wußte, so schwierig war es für mich, endlich einen Papageientaucher auf diese ungewohnte Weise zu erbeuten. Dem Binnenländer schwindelte beim Hinauslehnen über die gähnenden Schluchten der Vogelberge, doch nur so kam man in Reichweite der um die Felsen schwirrenden Lundi.

Der Lehrer gab mir von seiner Beute, was ich für die nächsten beiden Tage brauchte. An Bord des Schiffes würde es ja wieder zivilisiertere Kost geben.

Den Isländern gelten ihre Lundi als Leckerbissen, die selbst in Feinkostgeschäften Reykjaviks angeboten werden. Ich mußte mich an das tief dunkelrote, fast schwarze Fleisch und seinen tranigen Geschmack erst gewöhnen. Aber Hunger ist ja bekanntlich der beste Koch ...

Nun bin ich wieder auf dieser ursprünglichen Stufe menschlicher Jagd angelangt, bin wieder ›Nahrungsjäger‹ bzw. ›subsistence hunter‹, diesmal in der Einsamkeit der Eismeerküste Alaskas. Eine Felsnische, hoch genug über dem Meeresspiegel, daß sie auch bei Flut trocken bleiben wird, soll mir als Nachtquartier dienen. Davor flackert schon ein Feuer aus trockenem Treibholz, während ich den ersten Papageientaucher abziehe. Seine Haut für den Museumsbalg, den Kern für mich, in Alufolie in der Glut des Lagerfeuers gebraten.

Doch dazu kommt es nicht. Die Brandung hatte wohl das Geräusch des nahenden kleinen Raupenfahrzeugs übertönt. Kaum zu fassen, daß es hier noch weitere Menschen gibt. Aber da stehen tatsächlich zwei Männer und fragen, was ich hier mache.

»Im Auftrag der Universität Fairbanks? Aber warum, um Himmels willen, kommst du da nicht in unser Camp?« So eine Überraschung. Die sind auch von der Universität und untersuchen die Bodenbildung in der Tundra.

Ganz anders und geradezu lukullisch ist das Abendessen, das ich nun im geheizten Küchenzelt des Forschungscamps vorgesetzt bekomme. Und viel komfortabler als die Felsnische ist auch das Nachtquartier. Den anderen Papageientaucher kann ich unter idealen Arbeitsbedingungen im Labor des Camps fertigmachen. Selbst ein Trockenraum steht zur Verfügung.

Die meiste Zeit der folgenden Tage verbringe ich bei den Vogelfelsen, erbeute einige Vögel, die ich während der Nachtstunden zu Bälgen präpariere. Man braucht wenig Schlaf im Land der Mitternachtssonne, auch wenn die Nächte jetzt um Anfang August schon dunkler werden. Schon sammeln sich an der Küste die ersten Trupps kleiner Watvögel, Baird's und Temminck's Strandläufer, die während des kurzen arktischen Sommers weit verstreut in der Tundra gebrütet hatten. Einige nehme ich mit fürs Naturkundemuseum, und auch eine junge Schwalbenmöwe, ebenfalls Brutvogel der nördlichsten Gebiete, kann ich erbeuten.

Dann mischt sich plötzlich ein ganz schwarzer Klippenvogel in die Scharen der sonst durchweg weißbäuchigen Arten und ist im nächsten Moment wieder verschwunden. Nur vom Vogelbuch kannte ich ihn bisher; es war ein Schopffalk, nahe verwandt dem Papageientaucher, mit demselben auffallend leuchtend roten Schnabel. Den hätte ich noch gebraucht!

Da ist er wieder, dreht vor der Küste ab, doch schon ist der Schuß draußen, und der Schwarze flattert aufs Meer. Verdammt nochmal. Hätte ich doch nicht geschossen. Inzwischen ist der Vogel verendet, treibt auf den Wogen. Vielleicht trägt ihn die Brandung an die Küste, hoffe ich. Doch das Gegenteil ist der Fall. Der Wind bläst in die andere Richtung, und er ist stärker. Was tun? Ich muß den Schopffalken haben, unbedingt. Weit draußen im Meer treiben noch Reste von Packeis, das Wasser wird eiskalt sein. Aber es gibt keine andere Möglichkeit.

Mit hastigen Schwimmbewegungen versuche ich den Kälteschock zu überwinden, der mir den Atem zu nehmen droht. Es gibt jetzt kein Zurück mehr. Knapp 50 Meter sind es noch zu meiner Beute, die hin und wieder auf einem Wellenberg zu erkennen ist. Hände und Füße sind bereits gefühllos. Weiter. Es kribbelt am ganzen Körper, aber das Atmen geht jetzt etwas besser. Und ich komme meinem Ziel näher. So geht's, wenn man Wasserwild jagt ohne guten Jagdhund! Dessen Rolle muß ich nun selber spielen. Das Schwingenende zwischen den Zähnen ziehe ich die Beute hinter mir her. Die Kälte wird fast unerträglich. Noch 30 Meter sind es bis zu meinen Kleidern am Strand, noch 20, noch 10. Endlich spüre ich Boden unter den Füßen und renne an Land – am ganzen Körper rot wie ein gesottener Krebs. Aber ich habe den Schopffalken und damit die ganze Artenpalette der hier vorkommenden Klippenvögel.

Erst abends, im Trockenraum des Camps, kehrt die Wärme in die ausgekühlten Glieder zurück. Dort machen sie mir Vorwürfe ob meiner Apportier- und Wasserfreudigkeit: »Den Tod kannst du dir holen bei solchem Unsinn.« Ich versichere, so was nicht mehr zu machen, und habe das Versprechen bis heute gehalten. Dann trinken wir Whisky zur inneren Aufwärmung ...

Die Zeit in Cape Thompson geht zu Ende. Fast 30 Bälge liegen im Trockenraum. Bis das kleine Flugzeug ankommt, sind alle in Schachteln verpackt. Gerne wäre ich noch länger in dieser eindrucksvollen Landschaft

Forest Ranger Ernie Stroebel

Seine Försterei in Muskeg

geblieben, in der unendlichen, schwermütigen Tundra, an der Eismeerküste mit ihrer ewig rollenden Brandung und den Vogelfelsen mit ihren Tausenden befiederter Bewohner. Aber der Herbst naht, und ich muß zurück. Dies war der nordwestlichste Punkt meiner fast einjährigen Reise durch Nordamerika. Einige Zeit bleibe ich noch im Inneren Alaskas nahe dem Camp von Heini Springer.

Doch Anfang September sind die Tundrahügel bereits weiß überzukkert, und täglich sinkt die Schneegrenze tiefer. Es ist Zeit, mit den Zugvögeln nach Süden aufzubrechen. In meinem Fall bedeutet dies, den 3000 Kilometer langen Alaska-Highway von Fairbanks bis Edmonton in Kanada zu überwinden, damals noch fast ausschließlich Schotterstraße. Von der Herfahrt sind mir deren Tücken wohlbekannt, die steilen Gefällstrecken und engen Kurven, wo die einst aus militärischen Gründen im Eiltempo trassierte Straße die Rocky Mountains durchquert. Mit den abgefahrenen Reifen meines alten Ford-Stationwagens muß ich diese Strecke noch vor dem Schneefall hinter mich bringen. Die Keulen eines Schwarzbären sollten die Wegzehrung für die bevorstehenden Tage bilden.

Dieser erste Abschied von Alaska fiel schon recht schwer. »Warum willst du nicht für immer hier bleiben?« fragt Freund Heini Springer. Und Brina Kessel offeriert gar eine Lebensstellung in der Ornithologischen Abteilung der Universität Fairbanks, verlockende Angebote. Ich habe in den folgenden Jahren mehrfach bereut, sie nicht damals schon angenommen zu haben.

»Warum willst du zurück in das ohnehin übervölkerte Europa?« Die Frage gab mir am meisten zu denken. Aber damals überwog schließlich das Heimweh des erst 25jährigen, und auch eine gewisse Illusion hinsichtlich des Forstdienstes, den ich ja nun bald antreten sollte.

Doch zunächst begab ich mich wieder nach Kanada, wie ursprünglich geplant.

›Lumberjack‹

Mittagspause. Der Indianer bläst in den Haufen aus feuchtem Gezweig, ordnet einzelne Ästchen, bläst wieder, blauer Rauch steigt auf und dann die ersten Flammen. Nie und nimmer hätte ich geglaubt, daß er das nasse Zeug würde entzünden können. Aber nun haben wir ein wärmendes Feuer. Bereitwillig unterweist er mich in dieser Kunst.

Es ist Anfang Oktober in den Rocky Mountains. Nach dreitägiger Fahrt über die Schotterpiste war ich wieder in der kanadischen Provinz Alberta. In den unermeßlichen Urwäldern um den Kleinen Sklavensee hatte ich bereits im Frühjahr als Taxator für die Forstverwaltung gearbeitet, um die Exkursion nach Alaska vorzubereiten. Jetzt ist es Zeit, mich um die Mittel für die Rückreise nach Deutschland zu bemühen. Die Außenarbeiten des Forstamts Sklavensee waren bereits beendet, und am Innendienst hatte ich wenig Interesse. So lebte ich einige Wochen von Enten und Waldhühnern, die ich am Calling Lake jagte.

Ernie Stroebel ist nicht mehr dort. Bis zu meiner Abreise im Frühsommer leitete er die Ranger Station Calling Lake, etwa vergleichbar einer Revierförsterei, jedoch von kanadischen Flächendimensionen. Seiner Vermittlung hatte ich den Job im Forstamt Sklavensee zu verdanken, wie überhaupt jegliche Unterstützung bei meinen ersten Gehversuchen im Wilden Westen. Auch Ernie war es einst zu eng gewesen im Nachkriegs-Deutschland. Der ehemalige begeisterte Hitlerjunge hatte zudem geringe Aussichten, dort den erstrebten Forstberuf ergreifen zu können und verließ daher nach Abschluß der Waldarbeiterlehre seine fränkische Heimat.

Mit Interesse lauschte ich den Berichten über seine erste, schwierige Zeit in Kanada. Zunächst als Helfer auf einer Farm in Saskatchewan, dann als Trapper am Athabasca-Fluß. Athabasca – dorthin wollte er, davon hatte er schon als Bub bei der Lektüre seiner Bücher über den Wilden Westen geträumt. Und ganz ähnlich war es mir ergangen. Später verdiente er gutes Geld im Kohlebergwerk im Norden Albertas, am Großen Sklavensee. Doch nie verlor er sein Jugendziel, den Forstberuf, aus den Augen. Schließlich gelang ihm die Ausbildung an der Forstschule, er bewährte sich bei Außenarbeiten im Forstamt Edson, vor allem in der Waldbrandbekämpfung, und erhielt dann als Ranger die Stelle in Calling Lake.

Inzwischen war Ernie zum ›Chief-Ranger‹ befördert worden und hatte, unter vielen Bewerbern, die herrlich gelegene Ranger-Station Muskeg in den Vorbergen der Rocky Mountains erhalten. Und so bekam ich wieder Arbeit, diesmal im Holzfällercamp seines Districts.

Die ›Lumberjacks‹ arbeiten weit verteilt im Bergwald. Entweder allein mit Hilfe eines Pferdes oder in der Zwei-Mann-Rotte. Ich bekam als Helfer einen Indianer vom Stamme der Athabasken zugeteilt. Eine geradezu klassische Rothaut mit Adlernase und blauschwarz glänzendem Haar. Frank McDonald ist nicht so scheu und verschlossen gegenüber Weißen wie jene Indianer, mit denen ich im Sommer am Sklavensee zu tun hatte. So kommt es während der Arbeitspausen zu mancherlei Gesprächen, die interessante Einblicke in das Leben dieser Ureinwohner gestatten. Seine Englischkenntnisse reichen dazu gerade aus.

Das Feuer ist abgebrannt, wir müssen wieder an die Arbeit. Doch die schmeckt dem Sohn der Wildnis gar nicht. Erst auf gutes Zureden packt er willig mit an. Wir fällen mittelstarke Stämme, alles Nadelbäume, und zersägen sie zu Papierholz. Trotz seines schlaksig wirkenden Körperbaus hat Frank Bärenkräfte. Die werden gebraucht, wenn sich ein umgesägter Baum in den Kronen der noch stehenden verhängt hat oder wenn es gilt, die schweren drei Meter langen Rollen vom unteren Stammende aufzuschichten.

Beim Entasten der Stämme bin ich allen ›Lumberjacks‹ überlegen, denn die können nur mit der Motorsäge umgehen. Doch im mittelstarken Holz geht es flotter mit der Axt, und so kommt mir meine frühere Praktikantenzeit in den schwäbischen Forstämtern Steinheim und Lorch zustatten. Somit bestehe ich die dreitägige Probezeit, während der der ›Contracter‹ der Holzeinschlagsfirma das seltsame Zweier-Team aus der Ferne beobachtete.

Frank wohnt nicht bei uns im Camp, das aus alten ›Trailern‹ besteht, fahrbaren Hütten vergleichbar. Nach Feierabend, wenn die anderen ›Lumberjacks‹ im Küchentrailer wortkarg Mengen von Steaks vertilgen und sich danach müde auf ihre Pritschen begeben, marschiert der Indianer nach Hause. Doch seine Hütte liegt unten im Tal bei Muskeg, gut 20 Kilometer vom Arbeitsplatz! Und am nächsten Morgen um 8 Uhr ist er wieder da, Tag für Tag. Meine diesbezüglichen erstaunten Fragen kann er nicht verstehen. Offensichtlich ist es weniger die Sehnsucht nach seiner Familie, die ihn zu solchen Märschen animiert, sondern eher die Tatsache, daß diesem Sohn der unendlichen Wälder Entfernungen offensichtlich nichts bedeuten. Hinsichtlich der Qualitäten dieses Waldläufers sollte ich später noch eine Lektion erteilt bekommen . . .

Nie wirkte Frank irgendwie ermüdet, wenn er morgens ankam, doch immer ist er ›lazy‹, also arbeitsscheu, und das läßt er mich jeden Morgen von neuem wissen. Irgendwie kann ich das ja verstehen, hatte doch dieses Naturvolk von jeher von der Hand in den Mund gelebt, also gejagt und gesammelt, doch nie dem schnöden Mammon gedient. Aber da sind so gewisse Zivilisationsgüter, die auch er nicht mehr missen möchte: Zigaretten, Kleider, Kaffee oder süße Backwaren, und die sind nicht immer nur durch Tausch von Pelzen zu bekommen, sondern die kosten auch Geld, und das wiederum bekommt man nur durch Arbeit – so ein Elend.

Aus derlei morgendlichen Plaudereien scheint er mein Mitgefühl für seine mißliche Situation zu spüren, und das erleichtert den Einstieg in die entsetzliche Arbeit. Ich brauche ihn und muß ihn daher bei Laune halten. Man müsse Indianer immer wieder einmal zum Lachen bringen, hatte mir Ernie aus seiner jahrelangen Erfahrung geraten, dann sei gut mit ihnen zu arbeiten. Anlaß zur Heiterkeit bot ihm zum Beispiel mein Bart.

»Wie alt bist du eigentlich«, fragte Frank mich, seinen neuen Arbeitskollegen.

»Was glaubst du«, lasse ich ihn raten.

»Fünfzig oder sechzig Jahre, mindestens.«

»Wie kommst du darauf?«

Frank deutet auf sein bartloses Kinn, aus dem nur drei Haare sprießen, auf die er stolz zu sein scheint, zumal die meisten seiner Stammesgenossen gar keinen Bartwuchs haben.

»Ich bin 40 Jahre«, erklärt er, »und habe erst einen kleinen Bart. Also mußt du viel älter sein.«

Daß ich erst 25 bin und er mit seiner Methodik der Altersschätzung so gründlich schief liegt, kann er einfach nicht begreifen, aber das führt schließlich zu der erwünschten Erheiterung. Der Widerwille gegen die Arbeit ist für eine Weile vergessen.

Während der fünf Wochen, in denen ich ihn dringend als Partner brauche, solle ihm kein Lohn ausbezahlt, sondern alles bis zum Ende dieser Zeit gutgeschrieben werden. Ernie hatte dies glücklicherweise so mit dem Contractor vereinbart. Das mag unfair klingen, aber es war die einzige Möglichkeit, ihn bei der Stange zu halten. Denn bekommt der Indianer Geld auf die Hand, verschwindet er und kehrt erst zu dieser leidigen Tätigkeit zurück, wenn er gänzlich abgebrannt ist und keinen anderen Ausweg mehr sieht.

Kurz zuvor, im September, hatte Frank eine Tätigkeit, die ihm wesentlich mehr lag und die er nicht als Arbeit empfand. Er hatte, wie schon in den Vorjahren, im Auftrag eines ›Outfitters‹ amerikanische Jagdgäste auf Wildschafe geführt. Aber nun haben die dummerweise wieder Schonzeit, bedauert er.

Ob er mich im Winter auch führen würde, auf Wapiti- oder Maultierhirsch? Selbstverständlich, meint er. »Du kriegst die Hörner und ich für meine Familie das Fleisch.« »Abgemacht, aber erst wenn wir hier mit der Arbeit fertig sind.«

Ein neuer Lichtblick für ihn, und so kommen wir bei günstigem Herbstwetter gut voran. Aber dann passiert, was bei der defekten Kupplung meiner Motorsäge fast kommen mußte. Als ich im morastigen Boden ausrutsche und stürze, schneidet die noch laufende Sägenkette tief in den Oberschenkel. Zunächst empfinde ich mehr Ärger über den unnötigen Unfall als Schmerz, und auch die Rothaut feixt, warum ich auf einmal mein Bein absägen will, statt den Baum. So was.

Ein Indianer kennt keinen Schmerz, hatte schon Karl May resümiert. Ich bitte ihn weiterzuarbeiten und versuche ins Camp zu humpeln, während es warm in den Gummistiefel sickert.

Natürlich ist weit und breit kein Arzt, doch die klaffende Fleischwunde muß dringend genäht werden. Schließlich erklärt sich der alte Chris bereit, mich ins 130 Kilometer entfernte Hinton zu fahren, dort gäbe es ärztliche Hilfe.

Um mich während der knapp vier Stunden langen Fahrt über holprige Waldstraßen abzulenken, komme ich mit dem bulligen ›Lumberjack‹ ins Gespräch. Der gebürtige Däne war als junger Bursche nach Kanada ausgewandert und nie mehr in die Heimat zurückgekehrt, auch nicht besuchsweise. Über vierzig Jahre hat er in diesen Urwäldern gearbeitet und sehr gutes Geld verdient. Dennoch besitzt er auch heute nichts als – ein Kofferradio und einen Hund.

Dem schwäbischen Forstbeamten-Anwärter ist so etwas unfaßlich. Allerdings hatte ich derlei Typen auch in Heini Springers Straßenbaucamp in Alaska kennengelernt. Dort können sie nur im Sommer arbeiten und verbringen den Winter irgendwo in Mittelamerika, wo sie viel bekommen für ihre Dollars. Da leben sie in Saus und Braus und kehren im Frühjahr völlig ausgebrannt an ihren Arbeitsplatz zurück.

Für die ›Lumberjacks‹ liegen Arbeits- und Lebephasen nur zeitlich anders. Sie arbeiten im Winter, denn nur bei gefrorenem Boden kann das Holz mit den schweren Maschinen aus dem Wald gezogen werden, und verjubeln die Sommermonate. Offensichtlich auch ein Lebensstil, wenn man dazu geboren ist. Jedenfalls scheint der meist wortkarge Chris recht zufrieden mit seinem Dasein. An die Zukunft bzw. das Alter werden kaum Gedanken verschwendet.

Ob er einmal verheiratet war oder so etwas vorgehabt hätte, frage ich ihn. Es folgen ein paar Redewendungen, die ich besser nicht wörtlich wiedergebe. Sinngemäß bestritt er die Notwendigkeit dazu, nachdem es auch im Urwald immer wieder ›Weibsen‹ gäbe, die ihm die Zeit vertreiben würden. Man darf halt nicht so anspruchsvoll sein, meint er. Ernie bestätigt diese Bescheidenheit später anschaulich: »Der Chris packt selbst die ältesten Indianerweiber.«

In dem kleinen Krankenhaus in Hinton wollen sie gerade Feierabend machen, als wir ankommen. »Motorsäge?« fragt der Arzt nur beim Anblick des blutdurchtränkten Hosenbeins. Derlei Fälle sind ihm geläufig. Hose runter – Hinlegen – Betäuben durch Eineisen – Blut, Kettenöl und Sägespäne herausbürsten – Zunähen – fertig. Nach einer Woche ziehen sie die Fäden, und ich bin wieder arbeitsfähig.

Inzwischen kommt der Winter mit etwas Schnee und bitterer Kälte. Die alten Ölöfen in den Trailern geben nur mäßig Wärme, daher hält sich die ›gang‹ abends länger im warmen Küchen- und Eßraum auf. Aber tagsüber wird durchgearbeitet, solange es die Helligkeit der nun rasch kürzer werdenden Tage erlaubt. Morgens springen die Motorsägen erst nach entsprechendem Aufwärmen am Feuer an. ›Bei Temperaturen unter −30°C hat die Waldarbeit zu ruhen‹, schreibt die Berufsgenossenschaft vor, das Metall der Äxte ist dann zu spröde und die Unfallgefahr zu hoch. Doch wir verlieren hierdurch nur einen Tag.

Dann ist es soweit. Mitte November habe ich das Geld für die Rückreise beisammen. Darüber freut sich der Indianer gleichermaßen, denn nun hat die leidige Arbeit ein Ende, und er bekommt seinen Lohn für fast sechs Wochen ausbezahlt. Vor allem aber, er kann nun mit mir jagen gehen.

›Ein Indianer kennt keinen Schmerz‹

Am Vorabend besprechen wir das Unterfangen bei Ernic, und ich kaufe die erforderlichen Lizenzen. Beim Abschied höre ich gerade noch, was der Bayer meinem Führer zuraunt: »... and run him the ass off!« Den Arsch soll er mir weglaufen? So einfach wird das nicht sein. Marschieren ist mein Hobby, und das meiste Wild pflege ich auf der Pürsch zu erlegen. Denke ich ...

Es ist stockfinster, als ich wie abgemacht um sechs Uhr früh an Franks Hütte klopfe. Nach einer Weile öffnet seine Alte. Er wühlt sich aus den Decken seiner Pritsche und kommt sogleich mit. Ob er nicht frühstücken wolle? Statt dessen steckt er sich eine Zigarette an. Bis vier Uhr heute früh hatten sie Karten gespielt ...

Soweit es geht, fahren wir mit meinem alten Auto. Dann, in der ersten Dämmerung, beginnt die Pürsch, der Indianer voran. Geschwindigkeit wie auch Laufstil meines Führers sind beeindruckend. Leicht vornübergebeugt, die langen Arme schlacksig herunterhängend, die Beine in unaufhörlich rotierender Bewegung geht er, besser gesagt, radelt er dahin, ohne jede Anstrengung. Auf ebener Strecke – hier in einem Seitental des Smoky-Flußes – kann ich gut mithalten, wenngleich mir schon recht warm wird.

Dann geht's rechts ab und ziemlich steil bergan. Die Rothaut radelt mit unverminderter Geschwindigkeit bergauf. Staunend stapfe ich hinterher, aber trotz aller Anstrengung vergrößert sich der Abstand zunehmend. Oben angekommen bemerkt er es. »Are you tired?« »Nein, nein, ich bin nicht müde, lauf nur weiter«, rufe ich hinauf.

Auch im leicht abwärts geneigten Gelände dauert es noch einige Zeit, bis ich ihn eingeholt habe. Inzwischen ist es hell geworden, und ich frage mich, wie er sich eigentlich die Jagd vorstellt. Wie ein trabender Wolf bewegt er sich durch Pappelbestände, dann wieder durch Althölzer von

Nadelbäumen oder über moorige Blößen hinweg, Kilometer um Kilometer – und keinerlei Anzeichen von Wild.

Ein erster Hoffnungsschimmer keimt, als er verhofft und auf tiefe Eindrücke im Schnee verweist. Junger Elch oder starker Wapiti, meint er, aber jedenfalls nicht viel älter als eine Nacht sei die Fährte. Und schon folgt er ihr, ich immer hinterher, bergauf, bergab, Stunde um Stunde. Wenn dem doch endlich der Dampf ausginge! Aber ich hoffe vergebens, staune nur immer mehr: Kaum geschlafen, nicht gefrühstückt, schnauft nicht, schwitzt nicht und qualmt eine Zigarette nach der anderen.

Trotz der Geschwindigkeit scheint er sehr bei der Sache zu sein, beobachtet ständig die vor ihm liegende Waldkulisse, zugleich aber auch die Fährte. Immer wieder weicht er davon ab, um nach einer Weile wieder darauf zu stoßen und uns so einiges an Wegstrecke zu sparen.

Ein Indianer denkt wie ein Elch, hatte mir Ernie schon zu Beginn meiner Tätigkeit in Kanada erklärt. Selbst in den viel dichteren Pappel- und Espenbeständen um Calling Lake gelingt es ihnen, das für sie so wichtige Wild zu erbeuten. Zeit darf dabei allerdings keine Rolle spielen; unter Umständen benötigt der Indianer Stunden, um die letzten 50 Meter zum im Unterwuchs ruhenden Elch völlig geräuschlos zurückzulegen und ihn auf kürzeste Entfernung zu erlegen. Meist mit Kopfschuß aus irgendeiner verrosteten, einst gegen Felle eingetauschten Büchse. Dann zieht er seine Familie nach, die sich tagelang am Erlegungsort aufhält, bis die Beute gänzlich verspeist ist.

So rede ich Frank nicht drein, habe ohnehin alle Mühe, ihm auf den Fersen zu bleiben, und kann mich kaum auf etwas anderes konzentrieren. Habe keine Ahnung mehr, wo wir sind, der ganze Novemberhimmel grau in grau, keine Himmelsrichtung ist zu erkennen. Weiß auch nicht mehr, wie spät es ist, nur mein Magen wird länger und länger. Aber der Indianer trabt und trabt . . .

Nun verhofft er und denkt nach. Die Fährte eines Maultierhirsches kreuzt die von uns verfolgte, und sie ist deutlich jünger, stammt vielleicht von heute früh. Was sollen wir tun? Ich interessiere mich auf einmal sehr für den Maultierhirsch – ausschließlich in der Hoffnung auf ein rascheres Ende dieser verdammten Lauferei. Zugleich knüpfe ich die Frage an, die mich zunehmend bewegt: »Hast du eigentlich keinen Hunger?«

»Nein, wir jagen doch«, entgegnet er erstaunt.

Das ist doch nicht zu fassen. Erst jetzt sehe ich, daß er ja gar nichts zum Essen mit hat. Nun hilft alles nichts mehr, ich muß klein beigeben: »Ich brauche jetzt eine Pause und muß etwas essen.«

»Kommt gar nicht in Frage. Ich kenne euch Weiße schon. Wenn du dich jetzt hinsetzt, wirst du steif und kannst nachher nicht mehr laufen.«

Der hohe Wahrscheinlichkeitsgrad seiner Aussage läßt mir den Widerspruch im Munde ersterben. Schließlich finden wir einen Kompromiß. Im Weiterlaufen nage ich an dem, was ich als Verpflegung mitführte, nämlich am gekochten Kern eines alten Kolkraben, den ich noch im Holzfällercamp erlegt hatte – eine zwar zähe, aber sehr kompakte Nahrung. Ob er nicht wenigstens einen Schlegel davon haben wolle? Doch Frank lehnt selbst das ab, pafft statt dessen eine Zigarette und läuft wieder los. Ich hinterher, am Raben kauend.

Er geht jetzt kaum langsamer, aber irgendwie vorsichtiger. Seine stechend schwarzen Augen schweifen nun auch rechts und links durch das silbergraue Geäst. Wieder verrinnt Stunde um Stunde, wie ein Leithund hängt die Rothaut auf der Fährte. Deprimierend kommt mir zum Bewußtsein, daß wir soeben unsere eigenen Spuren wieder gekreuzt haben. Da waren wir doch schon einmal. Alles umsonst, die ganze Lauferei . . .

Doch der Indianer quittiert die Erkenntnis mit zufriedener Miene. Wenig später erstarrt er jäh, zischelt nur: »Shoot!« Doch bis ich erkenne, wohin ich schießen soll, bricht es vor uns im Dickicht, doch ich sehe nur den Hauch eines bräunlichen Schattens. Stille.

»Was war das?«

»Der Hirsch natürlich.« Augen muß der Kerl haben!

»Hättest du da geschossen, durchs Dickicht?« zweifle ich.

»Natürlich, irgendwas vom Geschoß kriegt er ab, dann ist er verletzt, und wir kriegen ihn noch schneller. Aber wir kriegen ihn auch so«, versucht er mich zu trösten.

»Hast du bemerkt, wie er müde wird? Er ist bereits in seinen Einstand zurückgekehrt, hat seine Fährte gekreuzt und ist erstmals vor uns stehengeblieben.«

Schon legt er sich wieder ins Zeug, ich müde hinterher. Seine Erläuterungen fand ich zwar interessant, aber für mich alles andere als tröstlich. Da wird ja noch einiges auf mich zukommen. Wie so ganz anders hatte mir mein jagdlicher Lehrprinz Karl Trawniczek in seinem Forstrevier auf der Schwäbischen Alb einst die Pürsch auf den roten Bock beigebracht: Zwei bis drei Stunden Pürschen in der Frühe, genaues Ansprechen des vom Feld einziehenden Wildes, schießen nur, wenn es verhofft und frei und breit steht . . .

Es wird schon dämmrig. Mit wachsender Passion hängt mein Leithund dem Hirsch auf der Fährte. Nun entdecken wir ihn beide in einer kleinen Schneise, aber im selben Moment springt er ab. Ich hatte noch nicht einmal die Büchsflinte im Anschlag.

»Siehst du, er wird müde, aber du mußt schneller schießen.«

Wie das nur weitergehen soll? Es wird immer dunkler, aber das scheint

19 Menschenleere Weiten der arktischen Landschaft

20 Hier läßt es sich noch von den Früchten des Landes leben

21 Eine alte Trapperhütte wurde zum Standquartier,

22 das Auto zum fahrenden Labor

meinen Begleiter nicht zu beeindrucken. Beim nächsten Mal hören wir den Hirsch schon wesentlich näher vor uns abspringen, können aber in der Finsternis nichts mehr erkennen. – Ende.

Alles umsonst. Nicht nur meine Lauferei, sondern auch die Bemühungen des Indianers, der seiner Familie nun kein Wildfleisch mitbringen kann. Ich bin ziemlich deprimiert. Nicht so Frank. »Hast du gesehen, wie der müde wird? Morgen kriegen wir ihn. Der hat jetzt viele Stunden nicht fressen können, und bei Nacht kann er es nicht. Wir bleiben hier und kriegen ihn morgen.«

Fassungslos starre ich ihn an. Hatte ich recht gehört? Bislang hatten wir auf der Jagd keine Verständigungsschwierigkeiten. Aber das darf doch nicht wahr sein. Nach dieser Schinderei den ganzen Tag im Wald übernachten bei Schnee und Kälte? Ohne Zelt oder auch nur Decken. Er ohne Nahrung seit wohl 20 Stunden. Die noch als eiserne Reserve in meinem Rucksack verbliebene Krickente wäre selbst für mich nur wie ein Tropfen auf den heißen Stein gewesen.

»Wir essen morgen von dem Maultierhirsch, der hat gutes Fleisch«, versucht er meine Bedenken zu zerstreuen. Und auch hinsichtlich des Nachtquartiers sieht er keine Probleme:

»Wir richten zwei Feuer her und legen uns dazwischen, auf trockenes Reisig.« . . .

Nun reicht es mir, und zwar gründlich. Der meint das doch tatsächlich ernst. Hungrig, durstig, allmählich frierend und vor allem hundemüde will ich nur noch eins, nämlich heim auf meine Liegestatt in Ernies behaglich-warmem Heizungskeller. Egal, was die Rothaut über den schwächlichen Weißen Mann auch denken mag, ich gebe auf. Frank akzeptiert meine leidenschaftlich vorgetragene Kapitulation mit stoischer Ruhe. – Ein Indianer kennt keinen Schmerz.

Doch wo geht's nach Hause? Wo ist das Auto? Ohne lange zu überlegen, deutet Frank irgendwohin in den dämmerigen Urwald, und wir marschieren los.

»An Indian never gets lost in the bush«, versucht er meine Zweifel zu zerstreuen. Daß sich Indianer in ihrem Element, den unendlichen Wäldern, nicht verirren, das wußte ich bereits von meiner Tätigkeit als Taxator im Sommer, wo wir gelegentlich Indianer als Kompaßleute angeheuert hatten. Aber wie sie es machen, das ist mir weiterhin unbegreiflich. Eintönig bleigrauer Himmel den ganzen Tag; Pappeln, Fichtenhorste und wieder nur weißgraue Pappelstämme; keinen Weg hatten wir gekreuzt oder sonstige einprägsame Landmarken gesehen; es ging bergauf und bergab, in ständig wechselnder Richtung, immer nur dem Wild nach – und da sagt der in aller Bestimmtheit, dort hinten sei das Auto.

Er mag die Gegend hier kennen, aber ich halte es für fast ausgeschlossen, daß er überall, wohin das Wild uns heute führte, schon einmal war und nun aus der Erinnerung zurückfindet. Eher wird er einen hochentwickelten Ortssinn haben, ähnlich wie Zugvögel oder Bienen, spekuliere ich, während er zielstrebig durch den nächtlichen Urwald trabt, ich müde hinterher.

Tatsächlich, dort unten im Tal steht das Auto. Ein Ende der Lauferei ist in Sicht. Um Frank wenigstens etwas zu entschädigen, lade ich ihn in die Bar in Muskeg ein, eine rauchige Wildwest-Spelunke, wenngleich ohne Alkohol-Lizenz. Er soll essen und trinken soviel er will.

Unsanft weckt mich der brummige Barkeeper aus dem Tiefschlaf. Es ist schon spät, und er will dicht machen. Neben mir sitzt Zigaretten qualmend und Kaffee trinkend der Indianer. Nur ein paar Sandwiches hat er gegessen. Nicht einmal dazu kam ich mehr, sondern war in der behaglichen Wärme sofort eingeschlafen.

Trotz der späten Stunde erkundigt sich Ernie noch nach dem Jagderfolg. »Nichts haben wir«, vermelde ich, »aber deinen speziellen Auftrag hat er verdammt gut ausgeführt.« Grinsend verschwindet die Rothaut in der Nacht – um weiter Karten zu spielen . . .

Wieder bin ich auf der Fährte eines Maultierhirsches. Trotz aller gegenteiligen Schwüre, die aber nur drei Tage hielten. Dann waren die Müdigkeit aus den Knochen, der Kater aus den Muskeln gewichen, der Ärger vergessen und die Jagdpassion zurückgekehrt.

Diesmal bin ich allein, und es ist bitter kalt. Minus 40°C hatte das Thermometer an der kleinen Hütte am Gran Cache See heute morgen gezeigt. Gestern noch lag die Temperatur um den Gefrierpunkt, heute morgen war der Wasservorrat in der Hütte zum Eisklotz erstarrt. Ein Temperatursturz, typisch für das Kontinentalklima der nordamerikanischen Landmassen. Zudem war Schnee gefallen, das ist gut für meine Art der Jagd, denn das Wild bewegt sich nach Neuschnee wenig. So kam ich zwar erst am Nachmittag auf eine Fährte, aber die zeigte, daß es der Hirsch nicht eilig hatte. Viele Widergänge, Verhoffen, Hin- und Hertreten, etwas Äsen, langsames Weiterziehen. Vieles ließ sich herauslesen aus den Tritten im Schnee. Der Waldläufer hatte mir einiges beigebracht.

Jetzt bricht es vor mir in der Dickung, ich sehe nichts, doch das Gepolter verliert sich an der Hangkante zum Smoky-Fluß. Kurz darauf entdecke ich den Hirsch dort unten, zu mir heraufäugend. Doch diesmal bin ich der Schnellere . . .

Wenig später stehe ich vor meiner Beute, an die ich kaum mehr geglaubt hatte, zumal meine Zeit in Kanada allmählich zu Ende geht. Wer wird wohl gewinnen, der Hirsch oder ich? Diese Frage stellte sich immer eindringlicher. Die Zeit arbeitete für den Gejagten, und nun diese Wende. Schade, daß der Indianer nicht dabei ist.

Die auffallend großen Lauscher haben dem Maultierhirsch seinen Namen gegeben. Merkwürdig auch sein Geweih. Keine durchgehende Stange wie bei fast allen anderen Hirscharten, sondern regelmäßig verästelte Enden. Doch für weitere anatomische Studien ist jetzt keine Zeit. Später Nachmittag schon und wieder empfindlich kalt. Angenehm empfinden die klammen Finger das Ausweiden des warmen Wildkörpers. Große Löcher hatte das Flintenlaufgeschoß beiderseits ins Blatt gestanzt. Wieder einmal war ich froh über die Büchsflinte, denn nach einem Sturz heute morgen in einem vereisten Bachbett waren beide Läufe mit Schnee verstopft. Nur den weiten 12er Schrotlauf konnte ich mit Hilfe eines langen Zweiges wieder freibekommen und dann später erfolgreich verwenden.

Die Decke des Hirsches gefriert schon während des Abhäutens. Erst ein Feuer schafft bessere Arbeitsbedingungen und außerdem die Möglichkeit, die ersten Stücke gebratenen Fleisches zu genießen.

»Alles Wildbret muß verwertet werden, nichts darf zurückbleiben«, hatte Ernie mir eingeschärft. Doch ich befolge diese in Nordamerika strikte Vorschrift auch im Hinblick auf Frank, den ich nun endlich ›auszahlen‹ kann. Wenn er nur dabei wäre und helfen würde beim Hinaustragen oder irgendwo einen Gaul für diesen Zweck organisieren könnte! So muß ich selber den Lastesel spielen. Es dämmert bereits, als ich mich mit der ersten Ladung, bestehend aus Haupt und was an Wildbret im und auf dem Rucksack Platz hat, auf den Heimweg mache.

Verschiedene Landmarken entlang der Oberkante des Smoky-Tals hatte ich mir genau eingeprägt; dennoch bedurfte es mehrerer Kurskorrekturen, doppelt ärgerlich mit der schmerzend schweren Last. Es ist Nacht, als ich endlich den Gran Cache See finde.

Im Fernglas ist schemenhaft die Hütte zu erkennen, weit weg, drüben am anderen Ufer. Kann ich es schon wagen, übers Eis zu gehen? Mit Grausen denke ich an die Alternative, nämlich den verdammten Rucksack mehrere Kilometer das Ufer entlang zu schleppen, alle Buchten auslaufen zu müssen, wieder zu stolpern und zu stürzen in dem unwegsamen Gelände. Nein, lieber riskiere ich den verlockenden Weg über den gefrorenen See. Es geht ganz gut, das Eis klingt stabil unter den Tritten. Gelegentlich kracht es dröhnend über die weite Fläche, wenn die klirrende Kälte wieder einen Frostriß im Eis verursacht. Es ist wohl wieder so kalt wie heute morgen, und ich friere trotz des anstrengenden Marsches.

Die zunehmende Freude über den problemlosen Heimweg weicht

Frank McDonald, der Indianer

Die Beute tagelanger Pürsch, der Maultierhir

Der Eistaucher auf dem zufrierenden Gran Cache See

plötzlich jähem Entsetzen. Da hat doch Wasser geplätschert! Jetzt wieder. Dann herrscht wieder die Stille der Polarnacht. Doch im Fernglas erkenne ich tatsächlich eine dunkle Fläche offenen Wassers, genau in meiner Marschrichtung. Knieweich ziehe ich mich zurück, unendlich behutsam. Das hätte schiefgehen können. Noch einige Schritte weiter ...

Aber was war das nur, wer oder was hat dieses warnende Plätschern verursacht? Denke ich, den dunklen Fleck in respektvoller Entfernung umgehend. Die Frage beschäftigt mich noch bis zum Einschlafen in der kalten Hütte.

Sie klärt sich erst am nächsten Morgen, als ich mich aufmache, das übrige Wildbret zu bergen. Ein gänsegroßer grauer Vogel schwimmt dort draußen auf einem über Nacht stark geschrumpften Rest offenen Wassers. Es ist ein Eistaucher im unscheinbaren Wintergefieder, der offensichtlich den Anschluß zum Zug ins Winterquartier verpaßt hat. Vermutlich war der See zu rasch zugefroren, so fehlte ihm die lange Startbahn, die diese Tauchvögel zum Abflug von der Wasserfläche benötigen. Vielleicht ist es ein Jungvogel, der den Tücken des kanadischen Winters nicht mehr entrinnen konnte. Ein Bild des Jammers. Ganz anders hatte ich diese herrlichen Vögel in Erinnerung, als sie im Frühjahr aus dem Süden zurückkamen und die einsamen Waldseen belebten. In schmuckem Prachtgefieder und mit weit hallenden, melodischen Rufen. Mit ihrer Ankunft war die Macht des Winters gebrochen.

Noch zweimal muß ich den Weg zum Hirsch am Smoky-Fluß zurücklegen, um dem Gesetz genüge zu tun. Alles war steinhart gefroren, und erst nach längerem Auftauen zwischen zwei großen Feuern ließ sich das Wildbret von den Knochen lösen.

Nach einer weiteren, grimmig kalten Nacht ist der Lebensraum des Eistauchers auf ein winziges Wasserloch geschrumpft. Der Vogel versucht es durch ständige Schwimm- und Tauchbewegungen offen zu halten. Er wirkt nervös, fühlt er sein Ende nahen? Ein Ende durch Festfrieren – es ist nur noch eine Frage kürzester Zeit.

Erst als keinerlei Hoffnung für seine Rettung aus dem Klammergriff des Eises mehr besteht, beendet ein Schrotschuß das Drama. Es kostete Überwindung, meinen Lebensretter zu töten ...

Nun bin ich allein in Kälte, Eis und Schnee. Wenig später muß ich meine desolate Situation erkennen, denn auch ich kann den Gran Cache See nicht verlassen. Mein Fahrzeug streikt, und zwar total. Während der langen Frostperiode war so ziemlich alles in dem Auto erstarrt. Die Kühlwasserschläuche fühlen sich beinhart an, das Öl ist zäh wie Fett, und die Batterie tot. Zu keiner einzigen Umdrehung ist der Anlasser mehr fähig. Aus.

Was tun? In solchen Situationen ist es gut, wenn man sich Zeit zum Nachdenken nimmt, anstatt unüberlegt drauflos zu handeln. In diesem Fall blieb mir gar nichts anderes übrig. Weit und breit kein Mensch, geschweige denn ein Fahrzeug zum Abschleppen, und ich selbst hatte damals noch wenig Ahnung von Kfz-Mechanik. Zu wenig Frostschutz im Kühler, das hätte nicht passieren dürfen.

Der Horror vor dem unbekannt langen Fußmarsch zurück in die Zivilisation macht schließlich erfinderisch. Wenn es gelänge, das Gefährt an Ort und Stelle aufzutauen? Das ist allerdings leichter gedacht als getan. Wie soll ich im Schnee unter dem niedrigliegenden Motorblock ein Feuer entfachen?

Habe zwar auf diesem Gebiet inzwischen einiges gelernt, aber diese Situation ist zum Verzweifeln. Es will einfach nicht brennen. Aber ich habe ja Zeit, muß Zeit haben, im Schnee unter dem Auto liegend. Blasen, etwas Rauch, kleine Flamme, wieder Pusten, aus. Neues Streichholz. Dasselbe noch einmal. Wieder nichts, und so geht's weiter.

Aus der Froschperspektive sehe ich plötzlich zwei mit Mokassins bekleidete Füße auf der anderen Seite des Autos. Tatsächlich, da hat sich unbemerkt ein Indianer angepürscht. Wo der nur herkommt? Er kann kein Wort Englisch, und ich verstehe sein schnarrendes ›Cree‹ nicht. Aber er scheint mein Problem zu verstehen.

Wenig später brennen drei kleine Feuer unter dem Motorblock, ein weiteres unter der Hinterachse soll das Öl im Differenzialgetriebe verflüssigen. Allmählich weicht der frostige Reif von Motor und Batterie. Mit der Wärme kommt die Energie zurück, und schießlich gelingt es, den Motor zum Laufen zu bringen.

Fasziniert starrt die Rothaut auf dieses Wunderwerk der Technik, das rotierende Flügelrad des Kühlsystems. Er hat wohl noch nie die Seele eines solchen Vehikels gesehen.

Mit Genugtuung beobachte ich die Erwärmung des Motors am Armaturenbrett. Doch dann schiebt sich der Zeiger immer schneller in das rote Feld der Überhitzung. Plötzlich ein Knall, und alles verschwindet in einer riesigen Dampfwolke ...

Als sie sich verzieht, ist vom Indianer nichts mehr zu sehen. Der Fährte nach zu schließen, ist er in riesigen Sätzen dem ›bösen Geist‹ entronnen, im schützenden Urwald verschwunden. Alle Mühe war vergebens. Ein Kühlschlauch ist geplatzt. Wahrscheinlich hatte irgendwo im Kühlsystem ein noch verbliebener Eisblock die Zirkulation verhindert. Endgültig aus. Nur mit Gewehr und etwas Wildbret als Wegzehrung versehen, muß ich mich auf den Rückmarsch machen ...

102

Meine Zeit in Kanada war um, das Unternehmen Maultierhirsch schließlich doch noch erfolgreich abgeschlossen. Jene Nacht war übrigens die kälteste, die ich je erlebt habe. Minus 50 °C zeigte das Thermometer am Forsthaus in Muskeg, das ich kurz vor Mitternacht erreichte. Geisterhaft flackerte grünes Nordlicht über das dunkle Firmament der Polarnacht. So empfand ich es als höchst angenehm, in die behagliche Wärme des Heizungskellers einschliefen zu können. Träumen zu können von Weihnachten im elterlichen Wohnzimmer und all den lukullischen Freuden, die dieses Fest mit sich bringt.

Genau einen Monat später war es soweit. Nach zehntägiger Schiffsreise an Bord der ›MS Berlin‹, auf den Spuren der ›Titanic‹. Es war auch ihre letzte Fahrt auf der Linie Montreal–Bremerhaven. Die Konkurrenz des Flugverkehrs zwischen Amerika und Europa war zu stark geworden. Nur noch zu Kreuzfahrten sollte die ›MS Berlin‹ eingesetzt werden.

Immer noch erinnert mich das Hirschgeweih an die Einsamkeit der kanadischen Urwälder. Zusammen mit meinen anderen Habseligkeiten hatten wir es tags darauf aus dem wieder im Frost erstarrten Fahrzeug geholt. Frank bekam endlich die ihm zustehende große Portion Wildbret und im darauffolgenden Sommer auch das inzwischen baufällige Auto. Mächtig stolz war er auf dieses Statussymbol des Weißes Mannes, auch wenn im Laufe der Zeit nur noch der Rückwärtsgang funktionierte. Jetzt kurvt er eben rückwärts durch Muskeg – so Ernie in einem späteren Brief – aber er fährt Auto. Wie ein Weißer.

Auch den Eistaucher hatte ich mitgenommen und präpariert. Fliegend, wozu er in seinen letzten Tagen nicht mehr fähig war. Lange erinnerte er mich noch an den nächtlichen Marsch über das Eis des Gran Cache-Sees. Heute hängt der Taucher nebst anderen Präparaten in der Lehrsammlung der baden-württembergischen Landesjagdschule Laupertshausen.

Wieder rief die Wildnis

»Aber warum bist du damals zurückgegangen in das übervölkerte Europa?« Gute Frage. Ich kann sie meiner charmanten Gastgeberin nicht beantworten. Sie hätte die komplizierte Psyche des Schwaben doch nicht verstanden. Ewig hin- und hergerissen zwischen Heimweh und Fernweh. Zwischen der väterlicherseits ererbten Vorstellung einer soliden Beamtenlaufbahn und dem Drang nach beruflicher Freiheit. Träume von Ehe und Familienglück – dann wieder Begeisterung für das Vagabundendasein von Trappern und Lumberjacks, von Matrosen oder Goldgräbern, von Pionieren und Abenteurern. Sehnsucht nach süddeutscher Gemütlichkeit, nach der heimeligen Atmosphäre des Hochschwarzwaldes – dann wieder nach Wildwestromantik in nordischer Wildnis, nach ursprünglichem Jagen zum Überleben. Vielleicht mußten all die so grundverschiedenen Träume, die zeitlich und räumlich unvereinbaren Gegensätze im Laufe der Jahre durchlebt werden. Entsprechend der nun lange Zeit zurückliegenden Prophezeiung einer Astrologin.

Und doch gab es eine gewisse Leitlinie in dem stark divergierenden Planen und Handeln, nämlich das Interesse an Naturwissenschaften, vor allem an Wildtieren und der Erforschung ihres Lebens. Diese Begeisterung lief wie ein roter Faden schon seit der Schulzeit durch mein bewegtes Dasein.

Solcherlei Illusionen waren es wohl, die mich damals zur Rückkehr nach Deutschland veranlaßt hatten, um nun entsprechend der Ausbildung die höhere Forstlaufbahn einzuschlagen. Doch ich brauchte Jahre, um zu erkennen, daß dieser Beruf nicht, oder jedenfalls heute nicht mehr, den früheren Vorstellungen entsprach. Im Vertrauen auf die Pläne des damaligen Personalreferenten und späteren Landesforstpräsidenten Dr. Scheifele, in der baden-württembergischen Forstverwaltung auch die Wildforschung zu etablieren, blieb ich dennoch.

Als daraus aber nichts wurde, im Gegenteil das Verhältnis Wald und Wild zunehmend zum politischen Konfliktfeld avancierte, reifte die Entscheidung: Mit 37 Jahren wohl jüngster Oberforstrat a. D. der Bundesrepublik, nahm ich wieder Abschied von Verwaltung und Zivilisation. Wieder rief die Wildnis, und es war Zeit, dem Ruf zu folgen.

Bärenjagd

Immer unerträglicher dringt die Kälte durch den Schlafsack, vor allem von unten. Es hilft nichts, ich muß heraus, die nicht mehr ganz dichte Luftmatratze wieder aufblasen, die Liegestatt neu organisieren. Infolge der leichten Hanglage war alles auf dem inzwischen gefrorenen und glatten Schnee unter mir ins Rutschen gekommen, das Fußende des Schlafsacks bereits draußen im Schneesturm, denn das kleine Zelt hat keinen Boden.

Und immer noch schlägt der Sturm gegen die Zeltwände. Also weiter ausharren. Wozu eigentlich? Ist es die dritte oder schon die vierte Nacht, die ich in unregelmäßigem Wechsel von kurzem Schlaf, Frieren, Matratze aufblasen, Lager ordnen und wieder kurzem Schlaf verbringe? Wieso liege ich noch hier, wo doch der Proviant immer knapper wird?

Brot ist fast keines mehr da, zum Glück aber noch reichlich Butter. Davon beiße ich ein gutes Stück heraus – zum Schneiden ist sie bei der Kälte viel zu hart – und versuche wieder einzuschlafen.

Wieder einmal Bärenjagd, wieder einmal ein Versuch, einen Jugendtraum zu verwirklichen – über acht Jahre zieht sich das Bemühen bereits hin. Der Traum ist allerdings noch viel älter. Er begann bereits in der Volksschulzeit, als die Eltern abends aus Weinlands ›Rulaman‹ vorlasen. Vom Kampf unserer steinzeitlichen Vorfahren in der damaligen Tundralandschaft der Schwäbischen Alb gegen die mächtigen Höhlenbären. Und wie faszinierten mich alte Bilder aus dem Alpenraum, die die Rückkehr eines erfolgreichen Bärenjägers darstellten. Unter dem Jubel der Bevölkerung wurde seine zottig behaarte Beute ins Dorf gefahren.

Später las ich die Bücher von Karl May, und so wurde die Jagd auf den sagenumwobenen Grislybären – ob von Indianern mit Pfeil und Bogen, ob vom einsamen Trapper mit der Winchesterbüchse – zum Inbegriff von Wildwestromantik.

Von solchen Vorstellungen beseelt, hatte ich einst meine erste Reise über den großen Teich begonnen. In den kanadischen Urwäldern ist der Grisly jedoch recht selten. Um so eindrucksvoller das erste Lebenszeichen dieses Fabelwesens, nämlich breit-ovale Eindrücke der Vorderbranten im moorigen Boden, und weit davor die fünf Einstiche der gut fingerlangen Krallen. Daran, erklärte mir mein indianischer Begleiter, erkennt man die Tritte des Grisly. Die des dort häufigeren Schwarzbären sind geringer, und die Einstiche der viel kürzeren Krallen liegen unmittelbar vor dem Brantenabdruck.

Beide Arten sind nicht miteinander verwandt, kreuzen sich auch nicht. Der Schwarzbär oder Baribal ist eher ein Vertreter der ostasiatischen Bären, steht also den dort lebenden Kragenbären sehr nahe. Der Grisly hingegen ist nichts anderes als die amerikanische Unterart des über die ganze Nordhalbkugel der Erde verbreiteten Braunbären (*Ursus arctos*). Er ist stärker als die heute lebenden europäischen Bären, und seine Behaarung hat weißliche Spitzen, weshalb sein Pelz eher braunsilbern wirkt. Ob ihm dieser seinen Namen eingetragen hat (grizzly = grauhaarig) oder seine legendär gewordenen Angriffe auf den Menschen, die ihm zu nahe traten (grisly = schrecklich), darüber streiten sich die heutigen Gelehrten. Die früheren jedenfalls nannten ihn *Ursus horribilis*, also den ›Schrecklichen‹.

Hier in der Alaska-Range, dem nördlichen Ausläufer der Rocky Mountains, wo ich dieses Jahr mein kaltes Quartier bezogen habe, werden die Grislybären sehr stark. Nach Norden zu nimmt ihre durchschnittliche Körpergröße immer mehr ab, und die geringsten leben in der

Brooks-Range, dem nördlichsten Gebirge Alaskas. Wie ist dies zu erklären? Müßten nicht nach der ›Bergmannschen Regel‹ die größten Exemplare im höchsten Norden leben? Im allgemeinen bzw. bei den meisten Tierarten ist das auch der Fall, denn die natürliche Auslese förderte größere Exemplare, also solche mit höherem Körpergewicht und daher *relativ* kleinerer Oberfläche, denn deren Wärmehaushalt ist günstiger. Bei Bären jedoch ist dieses ganze Naturgesetz überlagert, ja sogar auf den Kopf gestellt, durch den Winterschlaf. Den Winter nämlich verbringt Meister Petz in behaglicher Ruhe in einer Erdmulde oder Schneehöhle, und nur ein kleiner Atemkanal durch die Schneedecke verbindet ihn mit der Außenwelt. Bei stark herabgesetzter Körpertemperatur sinken Aktivität und Stoffwechsel auf ein Minimum, der Bär kann somit monatelang von den im Herbst angefutterten Fettreserven leben.

Doch je länger dieser Winterschlaf, desto weniger Zeit bleibt zur sommerlichen Nahrungssuche, damit auch zum Aufbau des Körpers. Die nördlichen Grislys müssen daher relativ gering bleiben, denn fast zwei Drittel des Jahres verbringen sie im Winterschlaf. Nach Süden zu wird dieses Verhältnis immer günstiger, die Bären werden entsprechend stärker. In Südalaska nennt man sie Braunbären, nach ihrem meist einfarbig braunen Pelz. Sie haben auch kürzere Krallen als die Grislys, infolge ihrer anderen Lebensweise. Eher im Flachland lebend, decken sie einen großen Teil ihres Nahrungsbedarfs mit Lachsen, die sie, im Fluß stehend, während der herbstlichen Laichzeit relativ einfach erbeuten. Der Grisly hingegen lebt im Gebirge, wo seine Hauptnahrung aus Erdhörnchen besteht. Um diese flinken Nager aus ihren Bauen auszugraben, braucht er seine langen Krallen. Sie sind ihm aber auch bei der herbstlichen Beerenernte hilfreiche Werkzeuge, die er auf ähnliche Weise einsetzt, wie etwa die Schwarzwälder ihren Beerenrechen.

Einfacher haben es also die Alaska-Braunbären, die in fischreichen Gebieten im Überfluß leben, bei zudem vergleichsweise milden Wintern. Nur zwei Monate verbringen sie schlafend, in manchen Jahren dürfte der Winterschlaf ganz entfallen. So können sie zu respektabler Körpergröße heranwachsen, und die auf der Kodiakinsel in Südalaska lebende Rasse, der Kodiakbär, gilt als der größte Bär der Welt. Starke Männchen können, auf den Hinterbranten stehend, fast vier Meter Höhe erreichen – so mag man sich die Höhlenbären vorstellen, mit denen unsere steinzeitlichen Vorfahren kämpften. Die ausgegrabenen Skelette verdeutlichen die Ähnlichkeit.

Die Übergänge zwischen Alaska-Braunbär und Grisly sind natürlich fließend. Ziemlich willkürlich hatten die Zoologen eine geographische Grenze zwischen beiden Unterarten gezogen. Dabei hatte wohl auch das

Bemühen um Vergleichbarkeit der Trophäen eine Rolle gespielt. Den Bären selbst dürfte es ziemlich gleichgültig sein, ob man sie nördlich der Täler von Susitna und Chitina Grisly oder südlich davon Braunbär nennt.

Heutige Bärenforscher gehen sogar noch weiter und sehen auch im Eisbären lediglich eine an ihren extremen Lebensraum angepaßte Rasse des Braunbären. Nicht nur die Farbe des Pelzes ist derjenigen seiner eisigen Umgebung angepaßt; auch der Schädel und der übrige Körper sind schlanker und stromlinienförmig, entsprechend der überwiegend schwimmenden und tauchenden Lebensweise. Der Eisbär hält auch keinen Winterschlaf, denn seine Hauptbeute, verschiedene Robbenarten, sind ihm selbst im winterlichen Packeis verfügbar, wenn sie zum Luftholen zwischen dem Eis auftauchen müssen. Insofern kann auch er zu respektabler Körpergröße heranwachsen und gelegentlich in der Länge den Kodiakbären sogar noch übertreffen.

Die Übergänge zwischen Eisbär und Grisly sind wiederum fließend, und Kreuzungen mit fruchtbarer Nachkommenschaft dürften nicht nur im Zoo vorkommen. Somit handelt es sich definitionsgemäß um Rassen oder Unterarten einer Art und nicht um zwei verschiedene Arten. Es gibt in Alaska sehr helle Grislys, die auf den ersten Blick eher wie Eisbären aussehen.

Immer noch pfeift der Sturm, knattert die Leinwand über mir. Bald wird es dämmern, und ich muß wieder los, um beim ersten Büchsenlicht drunten an der Baumgrenze zu sein. Dort nämlich muß wohl noch ein älterer Bär seine Fährte ziehen. Immer wieder standen seine Tritte im frisch gefallenen Schnee. Offensichtlich wechselt er mit einer gewissen Regelmäßigkeit hin und her. Zieht ihn immer noch der Duft des Panseninhalts an? Vor einiger Zeit, noch im warmen ›Altweibersommer‹, war nämlich weiter unten im Tal ein Elch zur Strecke gekommen. Kreisende Kolkraben machten mich darauf aufmerksam. Zwar hatten die Jäger vorschriftsmäßig alles Wildbret mitgenommen, aber an den Massen von Gescheide labten sich nun die Raben, und, wie ich an Abdrücken der Branten feststellte, auch Bären. An jenem Tag sah ich allerdings nur Tritte eines schwächeren, wohl jüngeren Grislys. Doch Bären haben ein unglaublich gutes Witterungsvermögen, und Aasgeruch zieht sie kilometerweit an. Durchaus möglich, daß auch dieser ältere Bär solche Stellen aus einer gewissen Gewohnheit noch revidierte, obwohl längst nichts mehr zu holen war.

Bisher war ich immer morgens zu spät zu meinem Auslugposten gekommen und hatte ihn abends zu früh verlassen. So jedenfalls schloß ich aus der einmal schwach, dann wieder stark verschneiten Fährte entlang der Baumgrenze. Der Bär bewegte sich offensichtlich erst bei völliger Finsternis. Und ihm allein im Dunkel aufzulauern, das war mir denn doch zu riskant, nach allem, was ich bisher über Unfälle bei der Jagd auf den Grisly gehört hatte. Alljährlich passieren einige, und oft enden sie tödlich. Die Schuld liegt meist beim Jäger, der sich zu leichtsinnig verhält oder eine Waffe mit zu schwachem Kaliber verwendet.

Infolge seiner rundlichen Figur und normalerweise eher gemächlichen Gangart wird die Behendigkeit des Bären meist unterschätzt. Auf kurze Entfernung kann er sehr schnell angreifen, und besonders Grislys tun dies gelegentlich ohne ersichtlichen Grund, vielleicht in einer Art Schreckreaktion. In solchen Fällen hilft dann, wenn überhaupt, nur noch eine großkalibrige Waffe. Für solche Eventualität bin ich zwar ausgerüstet, nämlich mit einer Büchse im Kaliber .375 Holland & Holland Magnum von Freund Jim Lane. Dennoch wollte ich die Situation eines angreifenden Grislys, zudem im Dunkeln und ohne jeglichen ›Feuerschutz‹ durch einen Kameraden, nicht heraufbeschwören. Man wagt ohnehin gelegentlich zu viel bei der Jagd auf Großwild.

So bleibt nichts anderes übrig als zu warten. Also weiter ausharren in Schnee und Kälte, bei immer stärker knurrendem Magen. Denn mit so langem Aufenthalt oben im Berg hatte ich nicht gerechnet. Vor Tagen war ich mit der notwendigsten Ausrüstung versehen in Heini Springers ›Swamp-Buggy‹, einem allradgetriebenen, überdimensional bereiften Geländefahrzeug hierher gebracht worden, nachdem talabwärts keinerlei frische Spuren von Bären zu entdecken waren. Tagelang war ich durch die bergige Hochtundra gestreift, fand wohl hie und da durchwühlte Stellen, wo ein Bär ein Erdhörnchen ausgegraben hatte, aber eben keine frischen Zeichen seiner Anwesenheit. So ähnlich hatte sich auch in früheren Jahren die Jagd auf den unsteten Grislybären abgespielt. Ihn zu suchen, ist offensichtlich das beste Mittel, ihn nicht zu Gesicht zu bekommen. Nur ein einziges Mal hatte ich einen auf weite Entfernung über die Tundra ziehen sehen.

Dabei sind Grislys in den bergigen Regionen keineswegs selten. Auf etwa 50 000 hatte der Fish & Wildlife Service, also der staatliche Wildschutzdienst, den Bestand Alaskas zu jener Zeit geschätzt. Seine kontrollierte Bejagung ist Teil des ›Wildlife managements‹, sie soll das Interesse weiter Bevölkerungskreise an dieser Tierart erhalten. Ein gut ausgeklügeltes Lizenzsystem soll einer Überbejagung vorbeugen. Bislang jedenfalls recht erfolgreich, wozu aber auch die Unstetigkeit des Grisly beitragen dürfte. Wo sollte man ihn nur suchen? Ähnlich aussichtslos schien das Unterfangen, wie die Pürsch auf einen alten Keiler in einem heimischen Revier.

Insofern ist die jetzige Situation trotz mancher Mißlichkeiten doch hoffnungsträchtiger. Gibt es doch immer wieder die frische Bärenfährte. Aber wie lange noch? Wann wird sich auch dieser ältere Bär ins Winterlager begeben, wie es die anderen offensichtlich schon taten, um monatelang unter tiefer Schneedecke zu schlafen? Dann war alles umsonst.

Ich versuche, die grüblerischen Gedanken zu verscheuchen. Nicht denken, ausharren! Im Hauptlager werden sie wohl schon auf mich warten, einige Jäger aus Deutschland, die zum erstenmal in Alaska sind, um auf den Elch zu waidwerken. Doch ich hatte mit Heini abgemacht, er brauche mich nicht abzuholen. Ich werde erst, und dann zu Fuß, zurückkommen, wenn ich keinerlei Anzeichen von Bären mehr finde, wenn sie alle im Winterschlaf sind, oder – wenn es tatsächlich klappen sollte.

Die letztere Vorstellung und ein Schluck aus der immer leichter werdenden Whiskyflasche wärmen etwas auf, als ich mich nach stundenlangem Abendansitz frierend in die kalte Bettstatt wühle. Mit in den Schlafsack kommt wieder eine der gefrorenen Limonadedosen aus der Proviantschachtel. Deckel und Boden sind durch den Druck des Eises emporgewölbt. Bis zum Morgen ist dann wenigstens ein Teil des Inhalts geschmolzen und kann zwischen Dosenwandung und restlichem Eisblock herausgesogen werden. Zu diesem Kaffee-Ersatz gibt's zwei Bissen vom ebenfalls gefrorenen Butterwürfel, und damit hat sich das Frühstück. Ist das die Realität der Bärenjagd? Etwas romantischer hatte ich sie mir schon vorgestellt, wenn ich früher bei der Besichtigung alter Schlösser so einem ausgestopften Ungetüm gegenübergestanden hatte. Der Schloßherr habe ihn eigenhändig erlegt, erklärte der Führer den staunenden Touristen. Ob der wohl auch Tage und Nächte im Schnee und Zelt ohne Boden verbracht hatte? Bei kalter Limonade und gefrorener Butter?

Nicht grübeln, durchhalten! Warum ich nicht wenigstens ein Feuer machte? Das Bedürfnis, mich endlich einmal richtig durchzuwärmen, wurde täglich stärker. Doch abgesehen von der Schwierigkeit, hier oben am Berg unter dem Schnee etwas Brennholz zu finden, glaubte ich wegen dem Bären auf die physisch und psychisch notwendige Wärme des Feuers verzichten zu müssen. Wie hätte er auf die Witterung des Rauchs reagiert? Wäre er vielleicht gewarnt worden und hätte die Gegend verlassen? Ich weiß es nicht, also zur Sicherheit weiterfrieren! Wer weiß, wann ich der ersehnten Beute wieder einmal so nahe bin.

Am nächsten Morgen tobt der Sturm so heftig, treibt der Schnee so dicht, daß ich es für sinnlos halte, mich wieder auf Wachposten zu begeben. Wenn der Wind jagt, soll der Jäger nicht jagen, wußten schon die Alten. Und frieren, das kann ich auch hier im Zelt. Wie lange soll das nur so weitergehen? Wenn ich den Bären schon nicht bekommen soll, warum geht er nicht endlich ins Winterlager, damit ich die Tortur guten Gewissens beenden kann.

Einige Züge aus der Whiskyflasche, in meinem ausgehungerten Zustand rasch wirkend, vertreiben schließlich die schwarzen Gedanken. Im Halbschlaf dösend verbringe ich den Tag. Den 16. September, rechne ich nach. Wanderpreissschießen der Jägervereinigung Hochschwarzwald gegen den Kreisverein Waldshut. Das machen die immer am dritten Wochenende im September, erinnere ich mich. Wieviel lieber säße ich jetzt bei Bier und Bratwurst im idyllischen Schießstand Steinasäge bei den Schwarzwälder Waidgenossen. Ob die jetzt mit dem einsamen Bärenjäger in Alaska tauschen würden? Einige sicherlich sofort – aber wohl nur in Unkenntnis meiner wirklichen Lage.

Ich muß wohl einige Zeit geschlafen haben. Beim Erwachen eine ganz neue Situation: Schlaff und reglos hängt die Leinwand vom Firstseil herab, der Sturm hat sein unseliges Treiben eingestellt, erstmalig überhaupt seit ich hier bin. Dafür ist es bitter kalt geworden.

Jetzt aber sofort los. Dem Sonnenstand nach muß es später Nachmittag sein. Wie eine riesige Glocke steht der stahlblaue Himmel über der Bergwelt. Glasklare Luft. Rotglühende Gipfel in der Abendsonne. Ob der Bär heute vielleicht etwas früher auf den Branten ist?

Das Zelt ist bereits zur Hälfte im kniehohen Schnee versunken. Meine gestrige Fährte ist nicht mehr zu erkennen, und so arbeite ich mich aufs Geratewohl in die Nähe der Baumgrenze. Eine kleine Mulde, wohl entstanden durch Abfließen des im Sommer aufgetauten Bodens, bietet sich als Aussichtswarte an. Hier kann ich nicht gesehen werden, bin aber mit drei Schritten am Muldenrand und kann von dort die ganze Gegend beobachten.

Schon nach kurzer Zeit ist die Kälte nicht mehr auszuhalten. Ich trug damals, wohl aus Nachlässigkeit, nie vernünftige Winterkleidung, und mit so einem Kälteeinbruch – wohl um $-20\,°C$ nach meiner subjektiven Schätzung – hatte ich um diese Jahreszeit noch nicht gerechnet. Es ging also nicht mehr, ich mußte mir ein kleines Feuerchen machen, um wenigstens die Hände etwas anzuwärmen. Natürlich hatte ich auch keine Handschuhe, und steife Finger auf der Großwildjagd – lieber nicht. Die kleinen, abgestorbenen Ästchen der einzigen Wetterfichte sind trocken wie Zunder und brennen ohne zu qualmen. Nur etwas bläulicher Rauch steigt senkrecht ins windstille Firmament, er kann den Bären nicht vergrämen. So entzünde ich noch zwei weitere Feuerchen, im Dreieck angeordnet, und zwischen denen läßt es sich einigermaßen aushalten.

In der Fichte dort drüben hängt ein dunkler Klumpen, der sich nur ganz langsam bewegt. Ein Baumstachler, fälschlich auch Stachelschwein genannt, knabbert in luftiger Höhe seine Hauptnahrung, die Rinde. Rätselhaft, wie diese Tiere von der Größe eines Dachses den arktischen Winter überstehen können. Ohne Winterschlaf, ohne wärmendes Haarkleid und ohne nennenswerte Fettschicht, wie ich beim Abhäuten eines fürs Museum erbeuteten Tieres feststellen konnte. Über und über mit spitzigen Stacheln bedeckt, sind sie sicher vor jeglichem tierischen Räuber und haben daher auch kein Fluchtverhalten entwickelt. Insofern haben sie schon manchem in der Wildnis Verirrten das Leben gerettet, denn Baumstachler lassen sich auch ohne Schußwaffe erbeuten. Vor Jahren hatte auch ich einmal fast eine Woche lang von so einem Tier gelebt.

Es dämmert schon stark. Sooft ich über den Muldenrand äuge, sehe ich zwar herrliche Wildnis in Abendstimmung, aber vom Bären keine Spur. Sollte der etwa sein Verhalten anders als erhofft geändert haben? Sollte ihn der Kälteeinbruch nun endlich ins Winterlager getrieben haben?

Längst haben sich die Schatten der Nacht über die Berge gelegt. Die letzten Sonnenstrahlen erreichen nur noch eine vierstrahlige Düsenmaschine hoch droben am Firmament. Wie schön haben es doch jetzt diese Passagiere während ihres Fluges von Japan nach Europa. Sitzen in der Wärme, werden von hübschen Stewardessen verwöhnt mit allem, was das Herz begehrt. Sicher wird ihnen jetzt gerade ein lukullisches Abendessen serviert. Mit Wein und Bier und Käseplatte als Nachtisch. Wie ungerecht doch die irdischen Güter verteilt sind, denke ich, und noch sinnloser erscheint mir mein derzeitiges, zudem noch selbstgewähltes Schicksal.

Wieder schaue ich über den Muldenrand – und alles Elend ist vergessen. Der Grisly! Direkt auf mich zu! Dann sehe ich ihn kurz im Zielfernrohr ...

Erst der Widerhall des Schusses macht mir bewußt, daß alles vorbei ist. Den Rückstoß von Jimmys Donnerbüchse habe ich nicht gespürt. Alles war zum Glück sehr schnell gegangen, denn so schüttelt mich das Jagdfieber, verstärkt durch die Kälte, erst hinterher, als ich mich aus dem Schnee erhebe. Ich könnte jetzt wohl nicht mehr sicher schießen.

Hoffentlich ist das nicht mehr nötig. Vom Bären ist im Gewirr von Wetterfichten und toten, querliegenden Stämmen da unten nichts mehr zu sehen. Doch ich glaube im Schuß sehr gut abgekommen zu sein. Gewohnt, auch beim Kugelschuß beide Augen offen zu halten, hätte ich im Falle eines schlechten oder gar Fehlschusses doch irgendein Zeichnen, Abspringen oder dergleichen sehen müssen.

Einige markante Baumgestalten in der Nähe des vermuteten Anschus-

Tagelang war das kleine Zelt am Berg Zufluchtsort während der Bärenjagd

Das Hauptlager im Tal, rechts am Gerüst das Bärenfell

ses weisen mir den Weg. Erst jetzt erkenne ich, wie weit der Bär noch entfernt war. Etwa 150 Meter, schätze ich. Ich hätte also genug Zeit gehabt, aber es war wohl besser so. Noch immer kann ich vom Grisly nichts sehen. Je näher ich komme, desto dichter wird das verschneite Fallholz. Vor dem Schuß war er doch in voller Größe sichtbar. Sollte der etwa nur gekrellt sein und mir auflauern? Längst ist die Büchse durchgeladen und das leider nicht so ohne weiteres abnehmbare Fernrohr auf die kleinste Vergrößerung gestellt. Immer langsamer geht's voran. Wenn ich jetzt nur nicht so verdammt allein wäre. Wieviel wohler wäre mir in Begleitung eines schnellen Schützen mit guten Nerven.

Endlich zeigt sich im Fernglas etwas Pelz zwischen Schnee und Fallholz. Noch einen Schritt vor. Tatsächlich, dort liegt er, verendet. Es ist geschafft, ein Jugendtraum hat sich erfüllt, hier in der winterlichen Wildnis Alaskas. Hungern und Frieren, tagelange Märsche durch die Tundra waren nun doch nicht umsonst gewesen.

Ein klein wenig Schweiß rieselt aus dem Genick in den Schnee. Der Bär hatte den Schuß wohl nicht mehr gehört, war in der Fährte zusammengebrochen und sofort verendet. Wohl nur noch im Reflex hat sein Gebiß einen Ast erfaßt und zermalmt. Beidseits des mächtigen Haupts ruhen die breiten Pranken mit den langen Krallen. Alte Erinnerungen werden wach an die Begeisterung für mein steinzeitliches Jugendidol Rulaman und die Schilderung, wie der seinen ersten Bären erlegt hat ...

Lange, zu lange saß ich bei meiner Beute, merkte nicht, daß die Nacht hereingebrochen war. Erst der plötzlich wieder aufkommende Sturm reißt mich aus dem Sinnieren, er pfeift durch die Wetterfichten, treibt den Schnee vor sich her und verringert die Sicht bis auf wenige Meter. Höchste Zeit, den Rückmarsch zum Zelt anzutreten.

Doch wo ist das Zelt? Ich war ja heute nicht an dem seit Tagen vertrauten Ansitzplatz. Versuche, auf der eigenen Fährte zurückzugehen. Vergeblich, die ist schon bald nicht mehr zu erkennen. Unglaublich, dieser rasche Wetterwechsel in Alaska. Also irgendwo da oben am Berghang muß es doch sein. Lange stapfe ich bergauf durch den Tiefschnee, habe bereits die Felsregion erreicht. Nichts. Kein Zelt. So hoch oben kann es auch nicht gewesen sein. Vielleicht weiter drüben. Aber auch dort nichts als Schnee, vom Sturm gebeutelte Wetterfichten und einzelne freigewehte Felsnasen.

Nun wird mir mulmig. Ich habe mich verirrt, und zwar gründlich. Lange werde ich das Waten im Tiefschnee nicht mehr durchhalten. Aber ich kann die Nacht auch nicht im Schneesturm verbringen. Was tun? Versuchen, das Hauptcamp zu erreichen? Unsinn, dazu hätte ich mehr als die halbe Nacht gebraucht, und das im Tiefschnee. Oder zurück zum

Bären und im Schutz seiner Körperwärme die Nacht verbringen? Dann würde ich jedenfalls nicht erfrieren. Nur, den werde ich jetzt sicher auch nicht mehr finden.

Jetzt nur keine Panik, denn die bringt gar nichts! Weitersuchen. Kann nur hoffen, dabei auf bekannte Landmarken, etwa Bäume, Felsen, Geländeformen zu stoßen und mich daran zu orientieren. Und ja nicht einschlafen, denn sonst ist es passiert. Grimmige Rache des Bären . . .

Schließlich geht nichts mehr. An eine kleine Fichte geklammert, um der Versuchung zu widerstehen, in den weichen Schnee zu sinken und einzuschlafen, kommt mir noch eine Idee: Hinunter ins Tal, zur Baumgrenze, einen der dürren Bäume anzünden, dann wäre ich sicher vor dem Kältetod.

Bergab geht's gerade noch, und schon nach wenigen Schritten erscheint schemenhaft im Schneetreiben – das Zelt! Kann das sein? Oder leide ich bereits an Wahnvorstellungen? Ein heftiger Schneeschauer verschluckt die Fata Morgana wieder. Aber ich halte die Richtung und komme näher. Tatsächlich, es ist mein Zelt, kein Hirngespinst! Die Zeltstangen aus Fichtenstämmchen lassen sich greifen, ich wühle den Eingang frei, bin tatsächlich daheim, bin der Rache des Bären entronnen . . . Viel ist nicht mehr in der Verpflegungsschachtel, und nach einem einzigen langen Zug ist auch die Whiskyflasche vollends geleert.

Unruhig ist der Schlaf, trotz der Müdigkeit, und ich träume wirres Zeug. Zu viele Ereignisse hatten die letzten Stunden gebracht. Doch was für Alpträume hätten mich erst geplagt, hätte ich zum Schutz gegen Kälte die Nacht unter dem Bären zubringen müssen?

Herrliches Wetter am Morgen danach. Klar und übersichtlich liegt die Landschaft da. Dort unten war mein letzter Ansitzplatz und weiter rechts, da muß der Bär liegen. Ich hatte wohl immer zu weit oben nach dem Zelt gesucht. Keine 80 Meter entfernt ist die kleine Wetterfichte, an der ich fast eingeschlafen und dann sicher erfroren wäre – so nahe am rettenden Zelt.

Das Abhäuten des Bären ohne Hilfe ist ein Kapitel für sich. Aber ich muß es jetzt machen, denn bis wir in zwei Tagen mit dem Geländefahrzeug kommen, ist er steifgefroren, und dann geht nichts mehr. In voller Breite liegt er da, die inzwischen steifen Branten von sich gestreckt. Den Koloß auf den Rücken zu wälzen, ist unter diesen Umständen leichter gedacht als getan. Schließlich gelingt es mit Hilfe von geschlagenen Baumstämmchen, die ich als Hebel einsetze; allmählich gibt die Masse nach.

Es ist mein bislang größtes Präparationsobjekt. Zur Übung hatte ich früher einmal einen wesentlich geringeren Schwarzbären präpariert, kenne also die Schnittführung. Die Bauchseite ist tatsächlich immer

Feinarbeit an der Bärenhaut in angenehmerer Umgebung und netter Gesellschaft

Ein Jugendtraum ging nach jahrelangem Bemühen in Erfüllung

noch warm, hat eine Mulde in den darunterliegenden Schnee getaut. Die Branten werden in den Hand- bzw. Fußgelenken abgetrennt, und auch das Haupt verbleibt zunächst in der Decke. Die Feinarbeiten kann ich später durchführen, an wärmerem Ort und unter angenehmeren Bedingungen.

Nun muß die Bärenhaut in eine der stärkeren, tiefbeasteten Fichten. Damals glaubte ich jedenfalls, das müsse so sein, um sie vor Wölfen zu sichern. Doch diese meiden den Kadaver und auch sonst alles, was nach dem wehrhaften Grisly riecht, lernte ich später. Die frisch abgehäutete Bärendecke ist größer und wesentlich schwerer als ich dachte. Es gelang nur Stück für Stück, das heißt zuerst das Haupt, dann Brante für Brante, in den Baum zu hieven. Hier ist sie sicher, bis wir wiederkommen, um Decke, Zelt und meine übrigen Utensilien zu bergen.

Nur die Büchse nehme ich mit auf den langen Rückmarsch zum Hauptlager, das ich spätabends erreiche. Die nächtliche Feier im großen, warmen Küchenzelt wird um so intensiver, zumal auch zwei der drei deutschen Jäger inzwischen ihren Elch erbeutet haben. Es gibt Whisky und Elchbraten in Mengen.

Der weiße Widder

Es ist das kleinste Flugzeug, in dem ich je geflogen bin, und auch das mit der primitivsten Ausstattung. Ein Sitz ist eigentlich nur für den Piloten eingebaut. Ich selbst kauere hinter ihm auf dem Zeltsack, eingezwängt zwischen Gewehr und sonstigem Gepäck. Doch schließlich springt der Motor an, der immer schneller rotierende Propeller bringt das leichte Gefährt auf Tempo, so daß es am Ende der kurzen Startbahn gerade noch über die Hüttendächer von Kotzebue abheben kann.

Nun pfeift der Fahrtwind durch die nicht mehr dicht schließende Tür, die Benzinleitungen unter den Tanks in den Tragflächen sind laienhaft geflickt, und beim einsetzenden Regen zeigt sich, daß auch die Scheibenwischer nicht funktionieren. Ein Vehikel, geradezu prädestiniert, demnächst irgendwo in der Weite Alaskas zu zerschellen, wie viele vor ihm. Und dennoch habe ich Vertrauen in das Unternehmen, denn Art ist ein betagter Pilot. Ich schätze ihn auf Anfang 60. Mutter Eskima, Vater Norweger, daher wohl ist er größer als die Eingeborenen und hat einen schlohweißen Bart. Er verkörpert so etwa die Vorstellung von den Pionieren Alaskas um die Jahrhundertwende, den Trappern und Goldsuchern, hier ›Sourdoughs‹ genannt (nach dem Sauerteig, den sie zum Brotbacken stets bei sich hatten). Wenn ich die Wahl habe, fliege ich lieber mit solchen älteren Piloten, denn die müssen etwas können, sonst wären sie nicht so alt geworden – ›survival of the fittest‹ –, und Art ist ein Leben lang geflogen.

Kürzlich war ich mit einem wesentlich jüngeren in derselben Angelegenheit unterwegs, in den Bergen um Ambler. Er lebt heute, da ich diese Zeilen schreibe, nicht mehr, ist Opfer seines Berufs geworden. Art lebt und fliegt auch heute noch. Er war der einzige, der bereit war, mich so spät im Jahr, Ende August, noch in das Brooks-Gebirge zu fliegen. Allerdings ohne Garantie, mich im Falle eines plötzlichen Wintereinbruchs wieder herausholen zu können, denn bei hohem Schnee könne er nicht landen.

Soll ich oder soll ich nicht unter solchen Aspekten? Nun hatte ich mich entschieden, und der Entschluß festigte sich, obwohl wir mit dem Abflug weitere zwei Tage warten mußten, bis sich das Wetter im Gebirge besserte. Art riskiert viel, wie ich noch merken sollte, aber er kennt offensichtlich seine Grenzen. Die meisten Flugzeugunfälle in Alaska werden durch das rasch wechselnde Wetter verursacht.

In mittlerer Höhe fliegen wir über die endlose arktische Tundra. Auf dunklen Moorseen heben sich gelegentlich schneeweiße Schwäne ab, ich sehe eine Grislybärin mit Jungen und gelegentlich Elche.

Das monotone Brummen des Motors verleitet zum Dösen, entrückt aus Raum und Zeit. Schneewidder – wie oft schon hatte er mich in die herrliche Bergwelt Alaskas gelockt, jahrelang. Doch noch nie war er mir zur Beute geworden. Zu konkrete Vorstellungen hatte ich über Stärke und Alter meines Widders, denn nur einen wollte ich. Ich denke, in diesem Punkt bin ich doch schon sehr vom Geist der amerikanischen Jäger beeinflußt, in deren Wertschätzung Wildschafe allgemein und dieses weiße Dallschaf im besonderen an höchster Stelle stehen.

Wer als ›resident‹ länger als ein Jahr im Lande gelebt hat, konnte auch auf Grislybär und diesen Schneewidder auf eigene Faust jagen, also ohne die sonst vorgeschriebene Begleitung durch einen Guide, einen Jagdführer. Das hat zwar verschiedene Vorteile, auch finanzieller Art, es erklärt aber wohl auch, warum ich noch keinen Erfolg hatte.

Guides kennen ihr bestimmtes Gebiet natürlich viel besser, wissen, wo die Widder stehen, weshalb die von ihnen geführten Jäger laut Statistik des Fish & Wildlife Service etwa doppelt so erfolgreich sind. Aber ich hatte ja wesentlich mehr Zeit als ein rasch aus den Staaten oder Europa eingeflogener Geschäftsmann, fand es reizvoller, mir meinen Widder selbst zu erkämpfen, und hatte so überdies Gelegenheit gehabt, mehrere Gebirge Alaskas kennenzulernen.

Vor zwei Wochen erst wäre es fast kritisch geworden. Mit Jim Lane war ich mit dem besagten, inzwischen verunglückten Piloten in die Ausläufer des südwestlichen Brooksgebirges geflogen. Dort, im Quellgebiet des Ambler-Flusses würde es auf jeden Fall klappen, hieß es, dort sei ein sehr gutes Schafgebiet. Unser erster Eindruck schien diesen Ruf auch zu bestätigen, immer wieder sahen wir weiße Punkte im Graugrün der felsübersäten Matten, während sich das Flugzeug zur Landung auf eine Kiesbank des Flusses hinunterschraubte. In Erwartung raschen Jagderfolgs hatten wir wenig Nahrungsmittel mitgenommen, auch um das Fluggewicht möglichst zu reduzieren. Wenigstens einer von uns würde wohl in den ersten beiden Tagen seinen Widder erwischen, und von dem würden wir dann leben. In fünf Tagen solle er uns wieder abholen, schärften wir dem Piloten ein.

Am Abend des ersten Jagdtags war die Stimmung schon gedämpft. Wir waren in verschiedene Regionen aufgestiegen, jeder hatte mehrfach Anblick gehabt, aber eben nur Schafe, Lämmer und junge Widder. Letztere interessierten uns nicht, und abgesehen davon sind sie nicht legal. Widder sind erst jagdbar, wenn ihr Horn, vergleichbar der Windung einer Schnecke, mindestens eine Dreiviertel-Rundung erreicht hat, wiesen die damaligen Bestimmungen aus.

Am nächsten Abend war es wieder nichts mit dem ersehnten Hammelbraten. Noch deprimierender jedoch die allmählich reifende Erkenntnis, daß es hier möglicherweise gar keine Widder gibt. Befanden wir uns etwa wieder in einem Kahlwildgebiet, wie schon einmal vor Jahren im Denaligebirge Südalaskas? Nun wurden die Vorräte knapp und mußten eingeteilt werden. Mit knurrendem Magen krochen wir in die Schlafsäcke. Unentwegt murmelte und plätscherte der Ambler-Fluß neben dem Zelt, sang uns allmählich in Schlaf.

Jim beschloß, nicht mehr auf die Jagd zu gehen, sondern möglichst kaloriensparend im Zelt liegen zu bleiben. Das lag mir nicht, und so stieg ich wieder auf, in der Hoffnung, wenigstens sonst etwas Eßbares zu erbeuten. Gar nicht so einfach, wenn man nur mit einer Hochwildbüchse im Kaliber .300 Winchester Magnum ausgerüstet ist. Schließlich erwischte ich ein Schneehuhn am Halsansatz, so daß doch etwas von ihm übrig blieb, und weiter oben im Fels ein Murmeltier, dessen Reste ich infolge der brutalen Schußwirkung in der näheren Umgebung zusammensuchen mußte. Brennholz zum Braten gab es in dieser Höhe nicht, so trieb der Hunger das Fleisch roh hinunter.

Mit der Zeit gewöhnte ich mich sogar an diese ungewöhnliche Diät, die bei den tagelangen Märschen einfach notwendig war. Abends im Tal am Zeltplatz war es dann etwas besser, denn dort ließen sich mit dem Kleinkalibergewehr Erdhörnchen erbeuten, die wir kochten oder brieten.

Jim beteiligte sich auch an solcherlei Mahl nur widerwilig. Aber wir waren uns einig, daß wir nur im äußersten Notfall ein Schaf oder einen jungen Widder schießen würden; denn jeder hatte nur ein Stück frei, und der Funke Hoffnung auf einen reifen Widder war noch nicht erloschen.

Es wurde nichts mehr, und man mag sich leicht ausmalen, mit welcher Spannung wir der Rückkehr unseres Flugzeugs harrten. Es kam nach fünf Tagen, genau zur verabredeten Zeit. Auf diese Buschpiloten ist im allgemeinen guter Verlaß, zu viel hängt oft von ihrer Pünktlichkeit ab.

Jim hatte für dieses Jahr genug von der Schneewidderjagd. Auch sonst fand sich kein Kumpan mehr, der noch so spät den Flug ins Brooks-Gebirge riskieren wollte. So mußte ich es alleine wagen.

Die kleine Maschine brummt weiter nach Norden. Zwei Flüsse hatten wir schon überflogen, meiner Schätzung nach jeweils mehrere hundert Meter breit. Zu Fuß werde ich also wohl nicht mehr zurückkommen können, wenn der mich nicht mehr herausholt, denke ich. Dann nähern sich die ersten Berge, eingehüllt in Wolken. Es regnet, dann tauchen wir in eine Waschküche, sehen nur noch grau, oben, unten, überall. Steil treibt der Pilot das Flugzeug nach oben, um über den Wolken wieder Sicht zu bekommen. Das war wohl höchste Zeit, denn unmittelbar unter uns tauchen Felsen und die Wipfel vereinzelter Fichten aus dem Nebel. In kaum 30 Meter Höhe überqueren wir die erste Bergkette, überfliegen ein weites, von Gletschern geformtes Trogtal und erreichen dann die Höhen der Baird Mountains, des westlichen Ausläufers der Brooksrange. Art schraubt seine Maschine tiefer. Er scheint hier einen Sommereinstand von Widdern zu kennen und will mich dort irgendwo absetzen. Unten im Tal erkenne ich eine flache Kiesinsel im Fluß, auf der man zur Not landen könnte. Doch Art kurvt immer noch in halber Berghöhe herum, mustert die von Felsbrocken überlagerten Matten. Hier könnte es gehen, brüllt er zu mir zurück. Ist der denn wahnsinnig geworden? Ich weiß, daß es den Piloten streng verboten ist, im Berg zu landen.

»I think, we will make it« (Hier schaffen wir es), versucht er mein Entsetzen zu zerstreuen. Ich mache mir gar nicht mehr die Mühe, ihm das auszureden. Er ist der Pilot, es ist sein Flugzeug, und wenn es uns jetzt erwischen sollte, dann ihn jedenfalls zuerst, denn er sitzt vorne. Jetzt peilt er einen einigermaßen blockfreien Streifen an, schon sind wir dort, ein dumpfer Schlag, das Flugzeug federt zurück in die Luft, sinkt wieder ab, springt hoch, und hoppelt schließlich aus wie ein Tennisball . . .

Nichts ist passiert, für mich unbegreiflich, für ihn selbstverständlich. Jetzt brauche ich nicht mehr so weit zu steigen, erläutert er sein waghalsiges Unterfangen, die alten Widder sind nämlich ganz oben. Er stellt den

Motor nicht ab, steigt nicht einmal aus. Hinter seinem Sitz zerre ich mein Gepäck hervor, Zelt und Schlafsack, Büchse und diesmal mehr Lebensmittel als beim letzten Trip. Nach fünf Tagen soll er mich wieder herausholen, verabreden wir. »Good luck!« ruft er mir noch zu – Waidmannsheil auf amerikanisch ...

Dann dreht die kleine Maschine auf engstem Raum, zieht immer schneller zwischen den Blöcken davon, hebt schließlich federleicht ab und ist verschwunden.

Die Einsamkeit ist grenzenlos. Während des fast zweistündigen Fluges hatte ich keine einzige menschliche Ansiedlung gesehen. Nach Norden zum Eismeer und nach Osten ins Brooksgebirge dürfte es wohl auch über Hunderte von Kilometern kaum welche geben. Wenn Art etwas passiert, dann wird niemand mehr wissen, wo ich bin. Doch für diesen Fall hat mir Heini Springer ein knallrotes Zelt mitgegeben, das von Suchflugzeugen eher zu entdecken wäre. Er jedenfalls weiß, daß ich irgendwo in den Baird Mountains bin.

Ich glaube, ich war noch nie zuvor und auch später so allein. Allein in einer grandiosen Bergwelt, ohne die geringste Spur von Menschen. Unverändert wie am sechsten Schöpfungstag, bevor der Mensch erschaffen wurde. Und unglaublich still ist es jetzt um die Mittagszeit, eine Stille, von der man sich im Getriebe der Zivilisationsgesellschaft keine Vorstellung machen kann.

Lange liege ich auf flechtenbedecktem Fels und genieße meine neue Umwelt. Im Tal trotten zwei Grislybären den Fluß entlang, sie erinnern mich daran, warum ich eigentlich hierhergekommen bin. Rasch ist das kleine Zelt aufgebaut, und nach kurzem Mahl nütze ich den Rest des Tags zum Aufstieg in das über mir liegende Bergmassiv. Doch alles, was ich während der mehrstündigen Pürsch ausmache, ist ein einzelner jüngerer Widder, dessen Schnecke gerade die gesetzliche Mindestlänge der Dreiviertel-Krümmung erreicht haben dürfte. Er ist sehr nervös, seine weiße Decke ist ruppig, die Keulen leicht verschmutzt. Wahrscheinlich ist er krank und hat sich aus dem Widderrudel abgesondert. Lange steige ich ihm hinterher; soll ich, oder soll ich nicht? Schließlich lasse ich ihn laufen, sollen ihn die Wölfe bekommen. Sonst sehe ich nichts, allerdings auch kein Kahlwild. Bin wohl doch im richtigen Gebiet, irgendwo müssen die Widder ja sein.

Beim Abstieg in einem ausgetrockneten steilen Bachbett finde ich den gebleichten Schädel eines Widders mit gewaltigen Schnecken. Sowohl nach der Zahl der Jahresringe als auch nach den abgeschliffenen Backenzähnen zu schließen, stammte er von einem ziemlich betagten Widder, der wohl im vergangenen Winter an Altersschwäche eingegangen war oder von den Wölfen gerissen wurde. Da ich sonst keine Knochen fand, war wohl letzteres anzunehmen. Raubwild verschleift gern das Haupt des Beutetiers. Leicht sind die Schnecken von den Knochenzapfen abzuziehen, und ich nehme sie mit – wenigstens eine Erinnerung, falls sonst wieder nichts mehr klappen sollte.

Am nächsten Tag versuche ich es im gegenüberliegenden Bergmassiv. Der Fluß im Tal läßt sich an einer breiten, dafür seichten und von mehreren Kieselinseln unterbrochenen Stelle überqueren. In der Arktis trage ich auch im Gebirge hohe Schaftstiefel aus Kautschuk mit auswechselbaren Roßhaarsocken. Diese aus der Sicht von Bergsteigern sicherlich höchst unkonventionelle Kombination hat sich hier sehr bewährt. Denn es gibt nicht nur immer wieder Bäche und Flüsse zu durchwaten, sondern auch Schlenken und Moorkuhlen in den Berghängen dieser naßkalten Klimaregion. Schöpft man dennoch einmal Wasser, so ist die glatte Innenseite des Kautschukstiefels, im Gegensatz zur Leinwand des Gummischuhs, im Nu wieder trocken, und in frischen Strümpfen und Roßhaarsocken aus dem Rucksack geht's weiter.

Ein kleiner, langbeiniger Vogel von der Figur unserer Wasserläufer begleitet eine ganze Weile meinen Aufstieg in einem steinigen Bachbett. Es ist ein Wandering Tattler, eine Watvogelart, die den Ornithologen früher nur von ihrem Überwinterungsgebiet in der Karibik bekannt war. Das Rätsel seiner Herkunft, seiner Brutheimat, konnte erst vor wenigen Jahrzehnten gelöst werden, als man ihn an einsamen Bergbächen Alaskas entdeckte. Aus dunklen Augen schaut er mich an. Bald wird er seine weite Reise über den Pazifischen Ozean antreten, um den Winter an tropischen Stränden zu verbringen.

Um die Mittagszeit habe ich endlich den Grat erreicht, der Einblick in das eigentliche Bergmassiv bietet. Unter mir liegt ein weites Kar, wohl von ehemaligen Gletschern geformt, umgeben von bizzaren, himmelhohen Felsregionen. Lange liege ich auf dem Grat, Nüsse aus der Tasche futternd, und genieße die grandiose Landschaft. Obwohl ich die gegenüberliegenden Felswände immer wieder mit dem Fernglas ableuchte, dauert es ziemlich lange, bis ich zwei weiße Punkte entdecke und daneben einen geringeren. Das müssen doch Schafe sein! Das 60fache Spektiv, auf dem Rucksack aufgelegt, verkürzt die wohl mehrere Kilometer weite Distanz merklich. Tatsächlich, es sind Schafe, und was für welche! In der glasklaren Luft erkenne ich trotz der Entfernung massiges gelbes Horn auf beiden Häuptern, die in die Weite des Kars äugen. Zwei ältere Widder also, und daneben ein junger. Lange bevor einer der beiden das Haupt seitlich wendet, weiß ich, daß das kapitale Widder sind, deren Schnecken sogar die volle Windung erreicht haben dürften.

Dort also ist der lang gesuchte Einstand alter Widder, dort im steilsten, unzugänglichsten Fels. Weit und breit sind sonst keine Schafe zu sehen.

Einer dieser Widder muß es sein! Der Traum langer Jahre nimmt plötzlich Gestalt an, dort drüben, niedergebettet auf schmalem Felsband in der Mittagssonne. Doch wird er in Erfüllung gehen? Die Widder scheinen unerreichbar, ihren Ruheplatz hätten sie nicht besser wählen können. Von dort kann das scharfsichtige Wild das ganze Kar einsehen. Kein Wolf, kein Jäger kann sich ihm unbemerkt nähern. Und nach oben schirmen sie fast senkrechte Felswände ab, von dort droht keine Gefahr. Daher kommt es vielleicht, daß Bergwild kaum nach oben äugt, die ganze Aufmerksamkeit konzentriert sich auf die Tiefe, bei Wildschafen nicht anders als bei Gams- oder Steinwild. Aber das könnte vielleicht meine Chance sein. Mit Grausen mustere ich die schroffen Zinnen über den Widdern. Im steilen Fels wird mir stets schwindlig, eine äußerst unangenehme Eigenschaft, die sich bis heute, trotz mancher Bergjagd, nicht gelegt hat. Daher habe ich Angst vor dem Unternehmen, aber die nun vehement entfachte Jagdleidenschaft ist stärker. Ich muß es versuchen. Es gibt eigentlich nur eine Möglichkeit, nämlich auf der Rückseite des Massivs das Kar zu umschlagen und dann durch eine Scharte in den Felszinnen von oben her nahe genug an das Wild heranzukommen. Etwas waghalsig, aber wenn überhaupt, dann kann es nur so klappen.

Wie lange würde ich dazu wohl brauchen? Jedenfalls Stunden. Ich kenne die Rückseite des Massivs nicht, also höchste Zeit, sich auf den Weg zu machen. Nochmals präge ich mir das Panorama über den Schafen gut ein, in der Hoffnung, es von der Rückseite wiederzuerkennen, um mich dann durch die nächstliegende Scharte zu nähern.

Die folgende Kraxelei ist zum Verzweifeln. Das Massiv ist hinten so steil wie vorne im Kar, das Gestein brüchig. Immer wieder lösen sich unter Hand und Fuß Stücke, poltern rasselnd in die Tiefe. Keine Sicherheit, kein Seil, sondern im Gegenteil noch den Ballast der Büchse, deren Zielfernrohr keinerlei Schlag abbekommen darf beim Hangeln in der Felswand, sonst wäre eventuell alles umsonst. Ich darf weder nach oben noch nach unten schauen, sonst fängt sich alles zu drehen an. Am ehesten geht es, wenn ich mich unmittelbar auf das Gestein vor den Händen konzentriere. Recht gut bewähren sich auch in dieser Situation die Kautschukstiefel; ihr Profil haftet fast saugend wie die Ballen des Bergwildes.

Stunde um Stunde zerrinnt. Allmählich knurrt der mit dem kärglichen Mittagsmahl unzufriedene Magen. Mit einer solchen Tour hatte ich eben beim Abmarsch am Morgen nicht gerechnet. Gelegentlich kann ich auf Felsbändern oder auf Köpfen langer Steinrasseln etwas ausrasten, aber viel Zeit ist nicht zu verlieren. So gerne ich die großartige Aussicht nach

Norden länger genossen hätte, über die Vorberge der Baird Mountains und die endlose, ins nördliche Eismeer auslaufende Tundra.

Weiter! Nach meiner Schätzung sind noch zwei Felszinnen zu umklettern, was nach mehrmaligem Vor und Zurück schließlich gelingt. Die Sonne steht schon bedenklich tief. Werden die Schafe überhaupt noch da sein? In der nächsten Scharte will ich nach oben steigen, um über den Grat zu schauen.

Die Spannung wird fast unerträglich. Meter um Meter krieche ich auf den Grat zu. Links und rechts steile Wände. Jetzt taucht das Kar im Blickfeld auf, dann die es umsäumenden Halden aus Gesteinschutt. Noch ein Stück vor, und ich kann auch die unter mir liegenden Felspartien einsehen. Wo sind die Widder? Doch, da! Gerade verschwindet einer gemächlich hinter einer Felsnase. Verdammt nochmal. Sind die schon auf den Läufen, um irgendwo zur Äsung zu ziehen? Aber halt, da unten steht doch noch einer. Einer der beiden starken, das erkenne ich mit bloßem Auge. Jetzt aber rasch die Büchse in Anschlag ...

Nur wenige Eindrücke der nächsten Sekunden haften noch in der Erinnerung: Der Stein, der sich löste, als ich die Büchse zurechtrückte. Der weiße Widder, sofort ohne Verhoffen abspringend. Abgrundtiefe Enttäuschung – alles umsonst. Das Fadenkreuz des Zielfernrohrs, darin der schräg nach unten flüchtende Widder, und schließlich intuitive Reflexe auf die Geschehnisse.

Erst das vielfach von den Felswänden zurückgeworfene Echo der Schüsse ruft mich aus dem Unterbewußtsein zurück. Das ist ja unfaßlich, das kann doch nicht wahr sein: Dort unten sinkt der weiße Widder in sich zusammen ...

Die Spannung der letzten Stunden löst sich, läßt dem Jagdfieber freien Lauf. Zitternde Hände sammeln drei leere Patronenhülsen auf, Zeugen der letzten Sekunden jahrelangen Bemühens. Welch unerwartete Schicksalswende! Der glücklichste Mensch der ganzen Welt sitzt jenseits des Polarkreises in der Felswildnis Nordalaskas.

Es wird Zeit, zum Widder hinabzusteigen. Da liegt er, der Traum vieler Jahre, friedlich, als schliefe er. Das Haupt ruht auf einer der mächtigen Schnecken, die bernsteinfarbenen Lichter in die Weite des Kars gerichtet, das wohl viele Jahre seine Heimat war. Gerne würde ich länger bei ihm verweilen, das Glück des einsamen Bergjägers genießend. Doch der Abend mahnt zum Aufbruch, zum Abstieg ins Tal.

Unmöglich kann ich den Widder in der steilen Halde fortbewegen. So löse ich die weiße Decke von Blättern und Träger und trenne das Haupt vor dem ersten Wirbel vom Wildkörper. Haupt mit ›cape‹, für die spätere Präparation, werden auf dem ›packboard‹ verschnürt. Dieses rucksackähnliche Traggestell ist in dünnbesiedelten und daher wenig erschlossenen Gebieten zum Abtransport von Wildbret unerläßlich.

Zunächst aber lasse ich die Schwerkraft arbeiten. Ein leichtes Antippen nur, und der Wildkörper setzt sich rollend in Bewegung. Immer schneller kullert er die steile Steinrassel hinunter, jetzt fliegt er über einen Felskopf hinaus, verschwindet, taucht viel tiefer wieder auf, gefolgt von losem Gestein, und ist nicht mehr zu sehen. Eine Weile lausche ich noch dem Rasseln des Kieses, dem Poltern der Felsbrocken, um die Richtung halten zu können, dann ist es wieder still im Kar.

Es dämmert bereits, als ich ihn tief unten im Bachbett finde. Der Hunger ist nun nicht mehr zu bändigen. Seit dem Frühstück hatte ich nur noch Erd- und Haselnüsse geknabbert, nun werden die Knie allmählich weich. Das Aufbrechen ist vom Heißhunger beflügelt, von der Gier nach dem Herzen des Widders. Zum Feuermachen hatte ich weder Zeit noch Brennholz, andrerseits aber auch noch nie Probleme, rohes Fleisch zu verdauen. Erst jetzt wird mir klar, welch weiter Rückmarsch mir noch bevorsteht – zehn, fünfzehn oder noch mehr Kilometer? Ohne das herzhafte Mahl wären die nicht zu schaffen, denn nun wird es anstrengend. Von dem in der Decke zerwirkten Widder nehme ich zunächst mit, was ›packboard‹ und Träger gerade noch verkraften können, dann geht's los.

Im Frühherbst – jener denkwürdige Tag war der 1. September – werden die Tage in der Arktis zwar schon merklich kürzer, aber die Dämmerung zieht sich über mehrere Stunden hin. So ist es noch hell genug in der Schlucht, um im Bach von Stein zu Stein zu balancieren und ihm später am breiteren Ufer zu folgen bis hinunter ins breite Tal des Flusses. In der fast baumlosen Landschaft kann man sich, sofern kein Nebel aufkommt, kaum verirren. Phantastisch klar ist die Luft, und so weisen einige markante Berggipfel jenseits des Flusses den Weg. Bizarr und doch erhaben stehen sie vor dem allmählich dunkelnden Firmament.

Doch die Begeisterung über die herrliche Landschaft wie über den unerwarteten Jagderfolg weicht immer mehr dem Bewußtsein der Strapazen des Heimwegs. Die Füße brennen, das Rückgrat schmerzt. Ohne das nahrhafte Widderherz hätte ich wohl längst schlappgemacht. Das Haupt hat sich auf dem ›packboard‹ verschoben, und eine Schnecke drückt mir ins Genick, aber ich bin zu faul, die Ladung abzunehmen und neu zu ordnen. Versuche mich vielmehr abzulenken und lasse die Ereignisse des Tages nochmals Revue passieren. Warum nur, fragte ich mich damals immer wieder, war der Widder allein auf das Geräusch des losgelösten Steins sofort abgesprungen, ohne zu verhoffen und zu äugen? Mit Jägern konnte er in dieser menschenleeren Gegend doch kaum schlechte Erfahrungen gemacht haben. Und von Wölfen hat er so hoch oben doch auch nichts zu befürchten, die werden ihm erst im Winter in den Tallagen und bei entsprechender Schneehöhe gefährlich. Erst viel später, während der Jagd auf Steinwild im mongolischen Altaigebirge, kam ich auf die Idee, daß wohl Furcht vor Steinschlag diese spontane Reaktion ausgelöst haben könnte. Ein Verhalten, das sich vielleicht erst bei älterem Wild auf Grund von Erfahrungen ausbildet; denn im Altai fanden wir in steinschlaggefährdeten Lagen überwiegend Schädel jüngerer und mittelalter Steinböcke, von Altersklassen also, die von anderen Todesfaktoren noch wenig betroffen sind.

Durch seine sofortige Reaktion wäre der Widder auch mir fast entkommen. Daß ich ihn unter diesen Umständen, nämlich in voller Fahrt, doch noch erwischt habe, wundert mich heute noch. Eines der drei Geschosse, angetrieben durch die starke Pulverladung dieser Magnum-Patrone, hatte den Widder schräg von hinten durchschlagen und beim Austritt auf der anderen Seite den Vorderlauf herausgerissen, was zum sofortigen Verenden geführt hatte. Heinis Winchester-Büchse ist mir seit diesem Jagderlebnis ans Herz gewachsen.

Die Schritte werden kürzer, immer häufiger lehne ich mich zur Rast an die vom Gletscher im Flußtal zurückgelassenen Felsblöcke. Endlich zeigt sich im Fernglas ein winziges knallrotes Pünktchen im gegenüberliegenden Berghang, mein Zelt. Die Dunkelheit senkt sich unmerklich in das Tal, während ich das letzte, aber schwierigste Stück des Rückmarsches angehe, den Aufstieg zum Zelt. Die ungewohnte Last drückt unerträglich, steilere Stellen sind nur noch auf allen Vieren zu bewältigen. Die Bürde wird noch schwerer durch das Feuerholz, das ich jetzt dazuladen muß, bevor ich aus der Weiden- und Erlenbuschzone in die baumlose Hochtundra steige.

Es gibt Tage, die man ein Leben lang nicht vergißt. Ein solcher endete am knisternden Feuer vor dem Zelt, kurz vor Mitternacht war es endlich geschafft. In selten erlebter Klarheit schiebt sich der Vollmond über das Panorama der Berggipfel in den dunkelblauen Nachthimmel. Sein fahles Licht verdrängt allmählich die Dämmerung im Norden. Der gute ›Crown Royal‹-Whisky, eigens für solch weihevolle Stunden reserviert, tut ein übriges, das romantische Erleben zu vertiefen. Unfähig, mich noch aufrecht zu halten, genieße ich im Liegen ein gebratenes Rippenstück. Schafjägern ist diese Delikatesse wohlbekannt.

Bevor mich die Müdigkeit vollends übermannt, erinnere ich mich der Grislybären und verstaue Wildbret und vor allem das Haupt des Widders im Zelt. Während des Rückmarsches hatte ich zweimal frische Bärenfährten gekreuzt, und der nun endlich erbeutete Widder soll mir nicht gestohlen werden. Das hätte gerade noch gefehlt. Der Eingang bleibt

Immer wieder lockte die herrliche Bergwelt Alaskas, auch wenn der Jagderfolg ausblieb

Nur junge Widder bekam ich zu Gesicht   Die Erinnerung ans Paradies

weit offen, so wird ein eventuell suchender Bär das Zelt nicht zerreißen. Die geladene Büchse liegt neben dem Schlafsack. Allmählich verglimmt das Feuer vor dem Zelt. Senkrecht steigt der Rauch in die Unendlichkeit auf.

Die Büchse hatte in jener Nacht allenfalls psychologische Bedeutung vor dem Einschlafen. Danach wäre sie wertlos gewesen, denn der Bär hätte mich samt Widderhaupt verschleifen können, so bleischwer war der Schlaf. Es ist fast Mittag, als ich endlich erwache. In erhabener Ruhe liegt die Berglandschaft in der Sonne, und es ist unbeschreiblich still. Nur der melodische Ruf eines Kolkraben ist zu hören. Ein zweiter gesellt sich hinzu, und die beiden führen ihre Flugkünste vor. Herrliche Kapriolen, Sturzflüge, manchmal Rücken nach unten, Saltos, jeweils begleitet von akustischen Darbietungen aus ihrem reichen Stimmrepertoire. Die abgenagten Knochen an der Feuerstelle haben wohl ihr Interesse erregt.

Auch wenn Knochen und Muskeln noch so weh tun, ich muß den ganzen Weg nochmal zurücklegen, um, wie es das Gesetz verlangt, den Rest des Wildbrets zu bergen. Und dieses ist selbst zu verwerten, es kann allenfalls an Bekannte verschenkt, darf aber keinesfalls verkauft werden. Diese Regelung hat sich hier, im Bereich des freiheitlichen Lizenzjagdsystems, in dem es keine persönliche Bindung des Jägers zu einem Jagdrevier gibt, sehr bewährt. Sie dämpft den Jagddruck enorm, denn wer käme bei solchen Auflagen auf die Idee, einen zweiten Widder oder gar Elch zu schießen?

Doch es ist nicht das Auge des Gesetzes, das mich wieder in die Kautschukstiefel schlüpfen und losmarschieren läßt; dieses hätte mich in dieser entlegenen Gegend wohl kaum entdeckt. Nein, das Schaffleisch schmeckt viel zu gut, als daß ich davon etwas hätte verkommen lassen. Die Freunde in Kotzebue und Nome warten darauf, und ich muß hier davon leben, bis der Pilot mich rausholt. Wer weiß, was da noch alles passieren kann.

Aber dann habe ich endlich Zeit, mich um das Haupt des Widders, um die Trophäe zu kümmern. Dem Präparator macht diese Arbeit nach erfolgreicher Jagd immer besondere Freude: das Auslösen des ›capes‹, das Spalten der Lefzen und Augenlider, das Umstülpen der Lauscher. Alles wird gut eingesalzen und im Schatten des Zelteingangs gelagert. Im Geiste sehe ich ihn bereits zu neuem Leben erwachen. Wenn jetzt nichts mehr schiefgeht, wird er mich als Präparat, als ›headmount‹, viele Jahre an diese traumhafte Jagd erinnern.

Traumhaft sind auch die dicken, wachsgelben Hörner des Widders. Nicht nur volle Krümmung hat das rechte, sondern noch ein Viertel mehr, ›five quarter curl‹, wie man hier sagen würde. Das linke ist etwas kürzer, die Spitze fehlt, es endet stumpf und zerfasert. Diese Schnecke ist nicht etwa zufällig abgebrochen, sondern sie wurde vom Widder bewußt gestutzt. Sie war im Laufe der Jahre in sein Gesichtsfeld gewachsen, hatte seine Sicht behindert. Ältere Widder bearbeiten in der Regel ihre zu langen Hörner, indem sie diese unsanft an Felsen schlagen. Welche Schläge so ein Kopf ohne Gehirnerschütterung auszuhalten vermag, das zeigen noch deutlicher die Kämpfe der mittelalten Widder, wenn sie sich um einen Rang in der Hierarchie des Rudels bemühen. Sie nehmen dazu einige Meter Anlauf, dann krachen die Schädel an der Hornbasis gegeneinander, selbst auf weitere Entfernungen hörbar.

Wie alt ist dieser Widder? Im gemäßigten und borealen Klima, also in Gebieten mit ausgeprägten Jahreszeiten, wachsen die Hörner von Schalenwild in jährlichem Rhythmus. Im Sommer wird mehr zugelegt, im Winter fast gar nichts. So bilden sich deutlich erkennbare Jahresringe, wie sie auch beim Dickenwachstum der Bäume zu beobachten sind. Im tropischen und subtropischen Klimabereich ohne ausgeprägte Jahreszeiten ist dagegen fast nichts zu erkennen, weder an Hörnern noch am Holz. Mit diesen Fragen hatten wir uns am Wildlife College in Ostafrika eingehend befaßt. Es gibt dort wohl auch Regen- und Trockenzeiten, aber keine Jahreszeit ist so lebensfeindlich wie der nördliche Winter. Die Hörner der Antilopen und Büffel wie auch die meisten Bäume wachsen daher in Afrika kontinuierlich.

Beim Auszählen der Jahresringe findet sich zu meiner Überraschung der Einschlag eines weiteren meiner Geschosse. Hinten, nahe der Hornbasis ein kleiner Krater mit den typischen Bleispuren. Kein Ausschuß, das Geschoß hatte sich wohl im Knochenzapfen des Horns zerlegt – wiederum ein Beweis für die massive Bauweise der Widderschädel.

Die rechte, vollständige Schnecke beginnt an der Spitze mit dem schlanken Hornstück, das der Widder einst als junges Böckchen getragen hatte. Im zweiten Jahr verdickte sich das Horn bereits. Dann, in den ›Flegeljahren‹ des Widders, hatte das Horn den größten Längenzuwachs. Die Schnecke wurde dabei immer dicker und erhielt ihr charakteristisches Profil aus Schmuckringen. Nun war er erwachsen und mußte sich im Rudel gegenüber seinesgleichen durchsetzen. Deutlich zeugen davon die beiden folgenden Jahrringe. Sie standen ja damals unmittelbar über der Stirn, dienten als Prellbock im erwähnten Rangordnungskampf. Ihr Profil ist ruiniert und flach wie das eines abgefahrenen Autoreifens. Doch dann war die Sache offensichtlich gelaufen. Die folgenden Jahrringe zeigen kaum Spuren solcher Schlägereien. Der Widder war nun bekannt und wurde respektiert, er mußte nicht mehr zuschlagen.

23 Kessy, die Massai

24 Aufbruch vom College
zur Lehrsafari

25 Das Lager unter mächtigen Affenbrotbäumen

26 Die Lagerküche

Viel unseres heutigen Wissens über die Biologie der Wildschafe verdanken wir dem kanadischen Wildbiologen Valerius Geist, der sich viele Jahre mit seinen Studienobjekten befaßt hat. Er sieht diese frühzeitige Festigung der Rangordnung als Vorteil im Hinblick auf die Fortpflanzung. Im Spätherbst steigen die Widder aus ihren felsigen Sommereinständen tiefer und mischen sich unter die Rudel der weiblichen und jungen Schafe. Die Brunft spielt sich, ähnlich wie beim Gamswild, erst im November ab, also in diesen Regionen zu einer Zeit unwirtlicher klimatischer Verhältnisse und daher hohen Energieverbrauchs. Insofern ist es vorteilhaft, daß keine lebensnotwendigen Reserven mehr für Rangkämpfe vergeudet werden.

Zur Fortpflanzung selbst tragen diese jüngeren Raufbolde jedoch alle noch nicht bei, jedenfalls nicht in unbeeinträchtigten Populationen. Diese ist den älteren, gesetzten Widdern vorbehalten, den ranghöchsten im Rudel. Nur wenige erreichen dieses Alter von etwa zehn Jahren. So konnte Geist beobachten, daß ein und derselbe Widder, der älteste eines Rudels, über 90 % der Schafe beschlug. Fast alle seiner jüngeren Geschlechtsgenossen mußten sich demzufolge in Keuschheit üben.

Ich zähle weiter. Die Ringe werden nach dem zehnten Jahr noch schmaler, dann nimmt auch der Umfang der Schnecke etwas ab – ein Zeichen, daß der Höhepunkt des Lebens überschritten ist. Die meisten ranghöchsten Widder können ihr Privileg der sexuellen Betätigung nur während einer Brunftzeit genießen. Denn der Streß, den Harem zu bedienen, zehrt ihre letzten Reserven auf, so daß sie den folgenden Alaska-Winter nicht überstehen bzw. von Wölfen gerissen werden. Es geht ihnen so ähnlich wie den Lachsen, die am Ende ihres mehrjährigen Daseins im Meer zur Fortpflanzung wieder in den Fluß zurückfinden, in dem sie einst geboren wurden, und unmittelbar nach dem Laichen eingehen.

Mein Widder ist noch älter; der 11. und der 12. Ring sind deutlich zu erkennen, der 13. ist sehr schmal und jetzt im Frühherbst noch unvollständig. Wäre es auch ohne mein Zutun sein letzter gewesen? Mit größter Wahrscheinlichkeit, denn nur ganz selten erreichen Schneewidder dieses oder gar ein höheres Alter. Auf den vor drei Tagen gefundenen Schnecken waren zehn Jahresringe zu erkennen.

Diese Altersbestimmung am Horn ist natürlich exakt, im Gegensatz zum Abschliff der Backenzähne, der zwar auch mit dem Alter zunimmt, aber doch erheblichen individuellen Schwankungen unterworfen ist. An solchen horntragenden Wildarten mit genau bekanntem Alter läßt sich dies am besten beweisen.

Ein dreizehn Jahre alter Schneewidder – das hätte ich mir wahrlich nie träumen lassen, denke ich beim Abstieg in die Erlenbuschzone, um

Brennholz fürs abendliche Feuer zu holen. Habe nun Zeit, viel Zeit. Der Erfolgsdruck, der jahrelang unbewußt die Schafjagden beeinträchtigte, ist gewichen. Lange schaue ich einem Trupp von Birkenzeisigen zu, die sich an vorjährigen Erlenzapfen gütlich tun. Einige ganz hellfarbene sind dabei, sie erinnern mich an das in der Schulzeit viel benutzte Vogelbuch, in dem Vögel mit ›frostigem Aussehen‹ als eigene Art, als ›Polarbirkenzeisig‹ ausgewiesen waren. Springers jahrelange Untersuchungen an amerikanischem und russischem Balgmaterial haben jedoch gezeigt, daß es sich dabei lediglich um eine Farbvariation einer einzigen Art, nämlich des zirkumpolar, also über die ganze Arktis verbreiteten Birkenzeisigs handelt. Diese helle, ›frostige‹ Phase dominiert in Sibirien, und von dort könnten die vor mir im Gezweig turnenden Vögelchen durchaus herübergeflogen sein. Bis auf zwei Meter lassen sie mich herankommen, haben vielleicht noch nie zuvor einen Menschen gesehen.

Sie bedeuten mir viel, diese munteren Bewohner der Arktis. Im Wissen, daß die nächsten Menschen vielleicht Hunderte von Kilometern entfernt leben, entwickelt sich eine besondere Beziehung zu den Tieren, den einzigen Mitlebewesen weit und breit. So bin ich keineswegs einsam. Tiere wurden meine Kameraden. Die beiden Kolkraben, die mehrmals täglich vorbeischauen. Schneeammern, die zutraulich die Umgebung der Feuerstelle nach Brosamen vom Frühstück absuchen. Sinnbild des Paradieses, nach dem sich der zum Leben in Großstädten genötigte, zivilisationsmüde Naturfreund so sehr sehnt – und das bei der rasch zunehmenden Menschendichte für immer verloren ist, so leidenschaftlich und zunehmend militant einzelne Teilaspekte auch zurückgefordert, einige Symptome gestörter Beziehung zur Natur kuriert werden sollen. Absoluter Friede mit allen wildlebenden Tieren, lautet eine solche Forderung, die natürlich auch ein Verbot der Jagd einschließt. In seltsamer Verkennung der Realität übrigens. Denn solange der Mensch noch ausschließlich oder weit überwiegend von der Jagd lebte – und das tat er über die weitaus längste Zeit seiner rund zwei Millionen Jahre alten Geschichte –, so lange lebte er in Harmonie mit der Natur. Das Angebot an Jagdbeute regulierte weitgehend seine Siedlungsdichte, und er hatte noch gar keine Möglichkeit, den Lebensraum seiner Wildtiere zu zerstören, auf die er so dringend angewiesen war.

Das rauchende Holzfeuer und ein darin brutzelndes Stück vom Hals des Widders bringt mich diesem paradiesischen Urzustand recht nahe. Überraschend saftig und keineswegs zäh, wie ich das bei dem Alter des Widders erwartet hätte, ist sein Wildbret. Unvergleichlich ist der Geschmack des Schaffleisches, er erinnert an duftende Kräuter, reine Luft und unbeschwertes Leben in der Bergwelt. Zu bedauern sind Leute, die aus gesundheitlichen Gründen kein Schaffleisch vertragen, aber ebenso die Jäger, die am erbeuteten Wildbret kein Interesse haben. Denen es einzig und allein um die Trophäe geht, genauer gesagt um deren Länge und damit um die Chance, im ›Rekordbuch‹ namentlich erwähnt zu werden.

Ich habe die Schnecken meines Widders nie vermessen. Heini mußte dies später wohl gemacht haben, denn er meinte, sie könnten eventuell die erforderliche Länge haben, um ins Buch zu kommen. Wenn mich etwas auf dieser Welt nicht interessiert, dann dies. Aber was hatte mich bewogen, ausgerechnet diesen Widder zu erbeuten? Warum hatte ich nicht den mit der Dreiviertelschnecke vom ersten Tag erlegt? Legal wäre der auch gewesen und sein Wildbret sicher zarter. Bin ich nicht auch einer der laut Meinungsumfragen von der Öffentlichkeit so wenig tolerierten Trophäenjäger? Vielleicht doch. Vor allem insofern, als ich *jedes* Geweih oder Gehörn als Erinnerung an einen erfolgreichen Jagdtag schätze. So auch jeden Knopfer oder Jährlingsbock des früher passioniert bejagten Rehwildes. Aber besonders interessant fand ich von jeher sehr altes oder gar überaltertes Wild.

Warum gerade das? Da ist zunächst einmal der Reiz der Seltenheit, denn wirklich alte Tiere sind in jeder, auch der nicht bejagten Population sehr selten. Ein Blick auf die Lebenskurve verdeutlicht, wie wenige Tiere das von Art zu Art unterschiedliche Höchstalter erreichen können. Von den Hunderten meiner Rehböcke sind vielleicht vier oder fünf uralte, erkenntlich am völlig heruntergeschliffenen Gebiß.

Zum zweiten sind diese ›Senioren‹, sofern sie noch gesund sind, natürlich sehr erfahren, manchmal ausgesprochen schlau und mit allen Wassern gewaschen. Bei älterem Rehwild konnte ich dies mehrfach beobachten, der Widder hatte es mich jetzt wieder gelehrt, und die deutlichste Lektion zu dieser Frage sollte mir später noch der ›Berggeist‹ erteilen, ein uralter Steinbock im Altaigebirge. Solches Wild zu bekommen, ist nicht einfach, aber eben nach meinem Geschmack. Es gelingt aus den beiden genannten Gründen ohnehin selten genug. So habe ich trotz zweijähriger einschlägiger Tätigkeit in Ostafrika nie einen uralten Kaffernbüffel mit völlig abgewetzten Hörnern und ebenholzschwarz poliertem Helm erwischt, wie etwa Anno Hecker, einer meiner Vorgänger im Amt.

Und schließlich haben Tiere dieses Alters im allgemeinen den Höhepunkt ihres Lebens längst überschritten, was sich übrigens auch an ihrer Trophäe zeigt. Das jährlich neu gebildete Geweih von Bock oder Hirsch verliert im hohen Alter an Masse, auch Länge und Endenzahl gehen zurück. Ähnliches gilt für die lebenslang wachsenden Hörner von Schafen oder Antilopen. Bei nachlassendem Zuwachs überwiegt schließlich die

Abnutzung, das Horn wird kürzer und dünner. Ein Oryxbulle, erlegt in Südwestafrika, veranschaulichte diesen Prozeß besonders deutlich. Seine früher einmal wohl über einen Meter langen Hörner waren auf wenig mehr als die Hälfte heruntergeschliffen und die Spitzen zerfasert vom Ausgraben der Wurzeln in Trockenperioden. Die halbe Nacht gedachten wir damals noch feiernd dieses Methusalems. Solche Tiere haben im allgemeinen auch für die Fortpflanzung keine Bedeutung mehr.

Just zu der Zeit, als diese Vorstellungen über die Schafjagd am anderen Ende der Welt in Form der Erstauflage meines Buches ›Die Sache mit der Jagd‹ in Druck gingen, konnte ich sie endlich selbst nachvollziehen. Inzwischen hat sich auch der Gesetzgeber hier dieser Gedanken angenommen und die Anforderungen höher geschraubt. Es dürfen nur noch ältere Widder mit mindestens Vollschnecke erlegt werden. Valerius Geist hatte sich durchgesetzt, gegen erheblichen Widerstand der Jäger, die dadurch ihre Jagdstrecke beschnitten sahen; denn ›full curl‹ gab es ja nur wenige. Um so größer die Überraschung nach einigen Jahren: Es kamen wieder ähnlich viele Widder zur Strecke wie früher, aber jetzt alle mit Vollschnecke und darüber. Ein Zeichen, daß in einigen Gebieten, vor allem der Alaska-Range im Süden, der Jagddruck doch recht hoch ist und die Widder daher bei der früheren Regelung der Dreiviertelschnecke nicht mehr alt wurden.

Dies hatte sich übrigens offensichtlich nur auf das Erscheinungsbild der Widder, aber nicht erkennbar auf deren Fortpflanzungsleistung ausgewirkt. Es wurden Fälle bekannt, wonach selbst zweijährige Widder Schafe erfolgreich beschlugen und die Lämmer keine Unterschiede zu denen älterer Väter aufwiesen. Es scheinen wohl in den meisten Tierpopulationen Mechanismen wirksam zu sein, um Ausfälle durch Naturkatastrophen einerseits und Räuber bzw. Jagd andrerseits auszugleichen. Ein interessantes Thema, das mich in den nächsten Jahren während meiner Tätigkeit für das Bundeslandwirtschaftsministerium noch sehr beschäftigen sollte.

Am Morgen weckt mich das Trompeten von Kranichen! Welcher Naturlaut kann den Wechsel der Jahreszeit eindrucksvoller ankündigen? Der Zug hat begonnen. Es sind sibirische Sandhügel-Kraniche, nahe verwandt der europäischen Art, die ungeachtet des ›Eisernen Vorhangs‹ die Beringsee überfliegen, um mit ihren amerikanischen Artgenossen im Süden dieses Kontinents zu überwintern. Immer wieder verfliegt sich ein Keil von der küstennahen Hauptroute in mein Gebirgstal. Manche kreisen in großer Höhe, scheinen den Irrtum zu bemerken und drehen nach Süden ab.

Lange schaue ich ihnen zu. Doch sie mahnen auch mich an die Reise nach Süden, ihre Stimmen kündigen hier im Norden den baldigen Winter an, hatten schon oft den ersten Schnee im Gefolge. Bisher hatte ich großes Glück mit dem Wetter, es war noch recht warm für diese Jahreszeit und meist ziemlich windstill. Aber das kann sich rasch ändern. Zwei Tage soll es noch halten, wünsche ich mir. Morgen müßte mich Art herausholen, sofern meine Zeitrechnung stimmt. Allerdings nur, wenn kein hoher Schnee liegt, sonst kann er nicht landen.

Die Baird's Strandläufer, benannt nach demselben Forscherpionier, der diesem Teilgebirge den Namen gab, leben unweit meinem Zelt im moosdurchwachsenen Geröllfeld, doch sie werden auch schon unruhig. Aufgeregter als sonst picken sie in den nassen Schlenken, füllen ihre Reserven vollends auf, denn ihnen steht ein unendlich langer Zugweg bevor. Er führt sie von Nordalaska bis nach Patagonien im südlichen Südamerika. Ihre Schwingen sind daher relativ länger als die der meisten Watvögel und überragen den Stoß deutlich. Im Gegensatz zu mir sind diese Weltenbummler unabhängig von menschlicher Hilfe, sie können jeden Moment starten.

Angestrengtes Lauschen am nächsten Morgen. Wird er kommen? Es weht ein kalter Wind, aber es ist noch kein Schnee gefallen. Obwohl ich weiß, daß er kommt, eine gewisse Spannung bleibt doch, begründet in dem Restrisiko, daß ihm etwas passiert sein könnte. Dann muß ich eventuell noch lange ausharren. Für diesen Fall steht das Zelt noch, die wenigen anderen Habseligkeiten sind bereits provisorisch verpackt.

Tatsächlich, er kommt! Zufällig sehe ich die kleine Kiste durch den Bergsattel schweben, der Wind hatte das Motorengeräusch völlig verschluckt. Seit Tagen der erste Mensch, dort oben im Flugzeug. Art kreist noch einmal, nimmt Maß, peilt wieder die einigermaßen blockfreie Passage an. Erstaunlich, was so ein Vehikel aushält, das nach mehreren Sprüngen über die Tundra allmählich zum Stehen kommt.

Art starrt auf den Widderschädel neben dem Gepäck. Der scheint ihn mehr als alles andere zu interessieren. Er stellt sogar den Motor ab, klettert aus seiner engen Kabine.

»Gosh, what a dandy!« Die wuchtigen Schnecken in seinen Pranken, will er die ganze Geschichte hören. Er ist kein Jäger im klassischen Sinne und schon gar kein Trophäenjäger. Aber hier in diesem dünnbesiedelten Land hat noch fast jeder eine ziemlich ursprüngliche Beziehung zum ›wildlife‹, zu den wildlebenden Tieren in weitgehend unberührter Natur. Jeder kann sich im Herbst eine Lizenz kaufen, um mit Elch, Karibou, dem amerikanischen Rentier, oder Schaf den Fleischbedarf für den kommenden Winter zu sichern. Jagd ist hier nicht Sache einiger weniger, wie zwangsläufig in dicht besiedelten Gebieten, und schon gar kein Privileg. Sie ist Sache aller, und ich habe hier noch nie jemanden getroffen, der prinzipiell die Jagd abgelehnt hätte, solange ich auch in Alaska lebte.

Diesmal wird es eng in der kleinen Kiste. Vom Schaf ist doch noch viel übrig, und ich sitze nun um einiges höher hinter dem Piloten und muß das Genick einziehen. Nun, Art wird wissen, was er seiner Maschine zumuten kann. Stotternd setzt sich der Propeller in Bewegung, wir kommen in Fahrt, immer schneller, geradewegs auf die Steilkante zu. Jetzt muß es noch einmal klappen, denke ich, und schon gähnt unter uns die Schlucht, aus der ich immer Wasser und Brennholz holte.

Nun wäre es an der Zeit, einen tiefen Zug aus der Whiskyflasche zu nehmen, doch die hat die Jagd nicht überlebt. Nebst anderen Resten des kleinen Jagdlagers ruht sie leer im Rucksack unter mir. Ich habe im Paradies nichts zurückgelassen außer einem kleinen Fleck verbrannter Erde. Auch über ihn wird in Kürze der Winter sein weißes Leichentuch decken.

Plaudereien am Kamin

»Wann wirst du wieder auf Schafjagd gehen?« will ›Pussycat‹ wissen. Aufmerksam hatte sie dem Bericht gelauscht. Ich weiß, ihre fast bittende Frage war in erster Linie begründet in dem Interesse an dem schmackhaften Wildbret. Doch ich winke ab. Das alles hatte sich vor elf Jahren abgespielt, und ich sehe keine Veranlassung, diesen Gewaltakt heute zu wiederholen. Dieser eine Widder sollte es sein, nur dieser eine.

Es war barbarisch kalt geworden in Zentralalaska, und es sollte noch kälter werden, prophezeiten die Meteorologen, bis $-50\,°C$ und darunter. Im vorangegangenen, ungewöhnlich warmen Sommer hatten einige von ihnen ganz anderes prophezeit. Den Treibhauseffekt nämlich, der jetzt voll zum Tragen käme, nachdem der Mensch durch seine Wirtschaft die Erdatmosphäre derart mit Kohlendioxid angereichert habe, daß es zum Wärmestau kommen müsse. Es würde nun immer wärmer auf der Erde, orakelten die Wissenschaftler, unter Berufung auf die relativ milden Winter in Alaska während der letzten Jahre.

Und jetzt dieser Winter 1988/89! Niemand, der frühmorgens versucht, sein Auto in Gang zu bringen, denkt mehr an Treibhauseffekt. Das gelingt nur noch, wenn der Motor elektrisch angewärmt wurde. Hierzu haben fast alle Häuser in Fairbanks eine Steckdose an der Außenwand für den Kabelanschluß zum Motorblock.

Um fünf Uhr morgens leitet ›Pussycat‹ durch Knopfdruck vom Nachttisch aus die Erwärmung ihres Fahrzeugs ein. Noch funktioniert der Flugverkehr, und so muß sie jeden Morgen um sechs Uhr für Alaska Airlines Dienst tun – während ich den beschaulichen Tagesablauf des Schriftstellers auf mich zukommen lassen kann. Erst gegen zehn Uhr beginnt der Morgen zu dämmern.

Am Nachmittag, wenn die Sonne kurz über den Horizont lugt, marschieren wir gelegentlich auf dem dick zugefrorenen Chena-Fluß zum ›Pumphouse‹. Alles in diesem ›Saloon‹ erinnert noch an die Atmosphäre zur Gründerzeit von Fairbanks zu Anfang dieses Jahrhunderts. Verblichene Photos im Schummerlicht stilgerechter Lampen zeugen von der gerade neun Jahrzehnte alten Geschichte dieses Landes. Hier hatten einst hart arbeitende Goldsucher etwas Heimeligkeit gesucht, Abwechslung vom Alltag, Komfort in roten Polstersesseln. Hier gab es Schauboxkämpfe und Musik, Alkohol und leichte Mädchen. Genügend Möglichkeiten also, das hart erarbeitete Geld bzw. Gold wieder loszuwerden. Der Traum vom Glück, vom rasch erworbenen großen Reichtum, ging daher für kaum einen der Glücksritter in Erfüllung, die um die Jahrhundertwende zu Tausenden in die unwirtliche arktische Wildnis strebten.

Schräg gegenüber dem mächtigen Kodiakbären, der auf den Hinterbranten stehend das Treiben am Eingang zum ›Saloon‹ überragt, ist unser Stammplatz auf dem roten Plüschsofa. Der geeignete Ort für schöpferische Pausen, für die notwendige Abwechslung von der Arbeit in Schreibstube und Universitätsbibliothek. Über dem Sofa hängt ein verblichenes Photo von Ernest Hemmingway, seinen Lieblingsfisch, den Blauen Marlin, jagend auf hoher See vor der ostafrikanischen Küste. ›Pussycat‹ schwärmt von diesem berühmten Schriftsteller, dessen Temperament und Äußeres sie an ihren Vater erinnert. Einige seiner Bücher hatte sie gelesen.

»Seinen Sohn Pat habe ich gut gekannt,« bemerke ich nebenbei.

»Was, du? Wann? Wo?«

»In dem Land, in dem Ernest, der Vater, einst sein bekanntes Buch ›Die grünen Hügel Afrikas‹ schrieb, in Ostafrika.«

»Was, dort warst du auch?« ›Pussycats‹ Neugier ist kaum mehr zu bremsen. Aber ist das nicht etwas viel verlangt, sich in einer Umgebung von Kälte, Eis und Schnee in der Winternacht der Arktis zurückzuversetzen in den ewigen Sommer am Äquator?

Der Rückmarsch führt durch frostige Nacht in gespenstisch flackerndem Nordlicht. Doch in der behaglichen Atmosphäre ihres Wohnzimmers tauen die Erinnerungen wieder auf. Erinnerungen an eine ganz andere Welt.

Afrika –
dunkel lockende Wildnis

Sternklare, tiefschwarze Tropennacht, flimmernde Mittagshitze über unendlicher Steppe, gründämmernder Regenwald und hellgleißende Gletscher über dunklen Gewitterwolken – das ist Afrika.

Die schwarze Wildnis ruft durch Myriaden schriller Zikaden, drohendes Grollen der Löwen, gellende Trompetenstöße der Elefanten an der Tränke, Höllenspektakel der Schakale beim untergehenden Vollmond.

Dem Ruf zu folgen bedeutet tagelange Safaris im Staub der Steppe bei sengender Hitze, Rast im bunten Gewimmel ländlicher Märkte, endloses Palaver am nächtlichen Lagerfeuer, schwarze Haut und weißblitzende Zähne, Sorglosigkeit und fröhliches Gelächter.

Sie war groß und schlank, lehnte lässig am gegenüberliegenden Ende der Theke in der Bamboo-Bar in Moshi. Durch helleren Teint und fast europäisch wirkende Gesichtszüge unterschied sie sich deutlich von den übrigen Gästen der Bar, nämlich kleinwüchsigen, schwarzhäutigen Chaggas, die die Gegend um den Kilimandscharo besiedeln.

Fast geringschätzig sah sie auf diese herab. Sie war stolz und reserviert, ganz anders als die übrigen schwarzen Schönen. Sie war eine Massai, erfuhr ich, nachdem es über ein Bier endlich zum Gespräch gekommen war, also Angehörige jenes kriegerischen Stammes, der vor rund 6000 Jahren die weiten Steppen Ostafrikas in Anspruch nahm, nachdem er die ursprünglichen Bewohner in die bergigen Randgebiete vertrieben hatte.

Kessy blieb nun bei mir, während meiner fast zweijährigen Tätigkeit in Ostafrika, und das war gut so. Denn damals, Anfang der 70er Jahre, entlud sich in Tansania die während der vorangegangenen Kolonialzeit angestaute Aggression der Afrikaner gegen die Weißen in mancherlei Gewaltakten. Bereits der Verdacht rassistischer Einstellung konnte dazu führen, einen Europäer kurzfristig aus dem Lande zu jagen, ›within 48 hours‹. Oder es konnte bei spontaner Reaktion zu Mord und Totschlag kommen, wovon auch zwei Entwicklungshelfer betroffen waren. In beiden Fällen war kein rational erklärbares Motiv erkennbar.

Kessys Begleitung bewahrte mich vor jeglicher Verdächtigung, ein Rassist zu sein. Ich wurde akzeptiert von den Afrikanern, zumindest toleriert. Außerdem war es so natürlich wesentlich einfacher und angenehmer, die Landessprache Kisuaheli zu lernen. Denn darauf bestand Kessy, auch wenn ihre Englischkenntnisse für die Verständigung ausgereicht hätten. Es war nicht einfach, das mit keiner europäischen Sprache auch nur annähernd verwandte Kisuaheli zu lernen, aber es machte sich vor allem auf Safaris in entlegene Gebiete, in denen kein Mensch mehr Englisch sprach, sehr bezahlt.

Unterrichtssprache am ›College of African Wildlife Management‹ war jedoch Englisch. Dies war wohl, neben meiner Promotion über ein wildbiologisches Thema, ausschlaggebend, daß ich für dieses Entwicklungshilfe-Projekt vorgeschlagen und vom Dienst in der baden-württembergischen Staatsforstverwaltung freigestellt wurde. Ich sollte das vor zehn Jahren von deutschen Forstleuten begonnene und seitdem von diesen geleitete Projekt abschließen. Dann sollte das College ganz in afrikanische Hände übergeben werden. Für mich beinhaltete dieser Auftrag zudem die Gelegenheit, die afrikanische Tierwelt kennenzulernen – und wieder einmal das Dasein in der Zivilisation zu vertauschen mit einem Leben in weitgehend ursprünglicher Natur. Unwiderstehlich lockte die dunkle Wildnis.

Auf Hemingways Spuren

Fast senkrecht steigt die aufgehende Sonne über die Steppe und vertreibt rasch und ohne eigentliche Dämmerung die Nacht. In der glasklaren Luft beleuchten ihre rotgoldenen Strahlen grell die Koppjes, riesige runde Granitblöcke, wie von Riesenhand aufgeschichtet. Dazwischen einzelne dunkle Gesichter, meine Studenten, die Steppe nach Büffelherden absuchend.

Ihr Anblick beflügelt meine Phantasie. Genauso wie diese mögen hier schon vor zwei Millionen Jahren die Urahnen des Menschengeschlechts ihrer Beute aufgelauert haben. Wir befinden uns an prähistorisch bedeutsamer Stätte, nämlich nahe der Oldoway-Schlucht am Rand der Serengeti, berühmt durch die Funde der ältesten, menschlichen Wesen zugerechneten Gebeine.

Das weiß ich seit gestern abend vom Kollegen Pat Hemingway, einem der drei (anerkannten) Söhne des Schriftstellers Ernest. Wie üblich hatte er sich gründlich auf die Safari vorbereitet, in diesem Fall die neueste Literatur über den Ursprung der Menschheit durchgeackert. Im Gegensatz zu seinem berühmten Vater hat er nie geschrieben. Wie dieser hat er jedoch die Gabe einer überaus anschaulichen Darstellung, auch von komplizierten Zusammenhängen. So war er nicht nur bei den Studenten sehr beliebt, auch ich mischte mich als junger Kollege gelegentlich unter die Zuhörer, um etwas ›Know how‹ mitzubekommen, um meinen Unterricht interessant gestalten zu können.

Hier hatten sich, erläuterte er im Schein des Lagerfeuers auf dem Klappstuhl vor seinem Zelt sitzend, die affenähnlichen Vorfahren des Menschen erstmals auf ihre Hinterbeine erhoben. Sie hatten damit die Vorderbeine frei zur Entwicklung handwerklicher Fähigkeiten, die über den weitaus größten Teil der Menschheitsgeschichte lediglich der Verbesserung des Jagderfolgs dienten. Denn von seiner körperlichen Konstitution her ist der Mensch kein erfolgreicher Jäger, verglichen mit tierischen Jägern ähnlicher Größe. Er ist bei weitem nicht so schnell wie diese und hat weder die Körperkräfte noch das Gebiß oder die Krallen, um größere Beutetiere zu überwältigen und zu töten. Der Mensch konnte als Jäger nur mit dem Großraubwild konkurrieren, oder auch sich gegen dieses erfolgreich zur Wehr setzen, wenn es ihm gelang, seine jagdlichen Fähigkeiten zu verbessern. Zunächst durch Steinwurf, dann durch die Herstellung von Steinaxt, Speer, Pfeil und Bogen. Man geht heute davon aus, daß sich auch die Sprache in erster Linie unter dem Zwang zu gemeinschaftlichen Aktionen zur Verbesserung des Jagderfolgs entwickelt hat, vor allem wenn es auf größere und schnelle Wildarten ging.

Die Frage, warum gerade hier und zu jener Zeit, also vor zwei Millionen Jahren, jene bemerkenswerte Entwicklung von affenähnlichen Vorstufen zum Menschen ablief, glaubt man heute aus geologischer Sicht beantworten zu können. Die durch die Kontinentaldrift bedingten tektonischen Veränderungen im Osten des Kontinents führten unter anderem zum Einbruch des ostafrikanischen Grabens wie auch zur Entstehung der Vulkanberge des Kilimandscharo, Mount Kenia und Mount Meru. Sie bedingten – erdgeschichtlich betrachtet – auch einen raschen Wechsel der Lebensräume. Regenwälder verschwanden, und damit die Biotope für rein pflanzenfressende affenartige Tiere. Diese starben aus – sofern es ihnen nicht gelang, in entwicklungsgeschichtlich gesehen kurzer Zeit das überwiegend aus Tieren bestehende Nahrungsangebot der Steppenlandschaft zu nutzen, also zum primitiven Jäger zu werden. Tatsächlich fand man während mehrerer Grabungen im Laufe dieses Jahrhunderts in den Schichten der Oldoway-Schlucht übereinander die Reste affenähnlicher Vorstufen des Menschen bis zu solchen, die eindeutig dem Homo sapiens zuzuordnen sind.

Diese Hypothese zur Entstehung des Menschen mag mancherlei kritische Fragen aufwerfen. Bemerkenswert ist jedoch, daß man inzwischen an einem ganz anderen Ort ähnliche Reste menschlicher Wesen fand, die ebenfalls aus dem Tertiär stammen, wie die Funde von Oldoway. Diese zweite ›Wiege der Menschheit‹ stand in China am Rande der ebenfalls durch Kontinentaldrift entstandenen asiatischen Faltengebirge. Auch hier müßten sich folglich die Lebensräume der affenartigen Lebewesen rasch verändert haben, und es könnte ein Selektionsdruck in der geschilderten Weise ausgeübt worden sein.

War der Mensch also zweimal, vielleicht gar dreimal unabhängig voneinander, aber im selben erdgeschichtlichen Zeitraum und durch dieselben geologischen Vorgänge entstanden? Hatte sich aus dem Oldoway-Menschen lediglich die negroide Rasse entwickelt, die den größten Teil des afrikanischen Kontinents besiedelte? Waren aus den Himalaja-Urahnen die Mongolen hervorgegangen, die sich zunächst über Ostasien, dann in mindestens zwei Wellen auf dem amerikanischen Kontinent ausbreiteten, als Indianer und später Eskimos? War schließlich die dritte ausgeprägte Menschenrasse, die Indogermanen, vielleicht südlich des ›Dachs der Welt‹ im nördlichen Indien unter vergleichbaren Voraussetzungen entstanden?

Wohl stehen die fossilen Belege hierfür noch aus, doch sind sich die Anthropologen insofern einig, daß sowohl der ›weiße Mann‹, also die Europäer, als auch die Aboriginals Australiens, um das andere Extrem zu nennen, ihre gemeinsame völkergeschichtliche Wurzel in diesen Indogermanen haben. Von ihrer vermutlich im südlichen Asien gelegenen Urheimat waren die Vorfahren der Europäer nach Westen vorgedrungen. Andere Sippen hingegen hatten über die während der Eiszeiten sich bildenden Landbrücken Australien erreicht, waren danach aber von der übrigen Welt und damit von weiterer Entwicklung über Zigtausende von Jahren abgeschnitten gewesen.

Wenige Monate später sollte ich anläßlich einer Kongreßreise nach Australien Gelegenheit bekommen, diese Aboriginals, also unsere steinzeitlichen Vorfahren, selbst zu sehen. Sie glichen wirklich verblüffend den Rekonstruktionen in den Büchern über die Steinzeit, für die ich als Jugendlicher so geschwärmt hatte. Und nun begleitete mich sogar während der Jagd auf Wasserbüffel in Nordaustralien so ein Aboriginal! Ob er ahnte, welche Freude er mir machte, als er mir beim Abschied ein Steinbeil schenkte?

Wehrhaftes Wild

Wie die damals mit ihren primitiven Waffen wehrhaftes Wild zur Strecke bringen konnten? Das ist mir wieder einmal unbegreiflich, als ich Schritt für Schritt das trockene Gras nach Schußzeichen absuche. Ich weiß, ich hatte das Herz verfehlt, ich hätte länger warten sollen. Ich wollte eben den alten Bullen, der sich am Rande der Herde niedergetan hatte. Einige andere, jüngere hätten frei gestanden.

Es ist mein erster Kaffernbüffel, und ich bin froh, daß mich der kanadische Kollege George Rose begleitet. Ich sollte die Studenten ja auch in die Praxis der Jagdausübung, vor allem auf gefährliches Wild, einführen, hatte aber selbst noch keinerlei Erfahrung, jedenfalls nicht mit afrikanischem Wild. Theoretisch hatte ich schon einiges mitbekommen von Hemingways langjährigen Erfahrungen als Jagdführer. Aber die Praxis kann dann doch manchmal anders aussehen. So triumphierte ich viel zu früh, als ich am Anschuß etwas Lungenschweiß fand, beim heimischen Reh- und Rotwild stets ein sicheres Zeichen eines tödlichen Schusses.

Nicht so beim offensichtlich härteren afrikanischen Wild, und vor allem nicht beim Kaffernbüffel. Der Bulle war wie gesund mit der Herde abgesprungen und im Dickicht untergetaucht. George runzelte die Stirn und riet von einer sofortigen Nachsuche dringend ab. Das Mittagessen im Lager wollte mir trotz der langen Morgenpürsch nicht recht schmecken. Meinem Appetit keineswegs förderlich war dann Georges Bemerkung, er glaube inzwischen, ich sei ein sehr routinierter Jäger – so daß ich den Büffel eigentlich alleine nachsuchen könne . . .

Da hatte ich es. Den Beginn meiner jagdlichen Lehrzeit in Afrika hatte ich mir doch etwas anders vorgestellt. Ausgerechnet eine Büffelnachsuche! Einiges hatte ich hierüber inzwischen gehört und gelesen, danach ist jedenfalls größte Vorsicht am Platze.

Die Landschaft ist ziemlich übersichtlich, das Plateau nur mit einigen Schirmakazien bewachsen. Der Büffel kann daher nur in einem der Tälchen stecken, die allerdings mit hecheldichter Buschvegetation bestockt sind. Die Waffe des Vormittags, Kaliber 9,3×64, habe ich vertauscht gegen eine schwere .458 Winschester Großwildbüchse. In einiger Entfernung neben mir fährt, mit einigen Studenten besetzt, langsam ein Landrover, auf den ich notfalls aufspringen kann, falls es schiefgeht – dachte ich mir.

Die Suche nach weiterem Schweiß muß ich bald aufgeben, es findet sich viel zu wenig; die Fährte ist ohne Hund nicht zu halten. Dagegen erlebe ich gleich darauf fast hautnah, warum in den meisten Gebieten Afrikas keine Schweißhunde eingesetzt werden können: Eine fast zwei

Meter lange Schwarze Mamba, die wohl giftigste Schlange überhaupt, kreuzt meinen Weg. Vielleicht hat sie mich nicht entdeckt, oder ich war nicht nahe genug, um einen schreckbedingten Angriff auszulösen; jedenfalls verschwindet sie wieder im höheren Gras. Diese Mamba war, nebenbei bemerkt, die einzige Schlange, die ich während des fast zweijährigen Afrikaaufenthalts zu Gesicht bekam.

Weiter, trotz brütender Nachmittagshitze. Immer wieder lege ich Pausen ein im Schatten der Schirmakazien. Ich bin das Klima noch nicht gewöhnt, andrerseits weiß ich, daß die meisten Unfälle bei Büffelnachsuchen mit verursacht werden durch nachlassende Konzentration. Hemingway selbst war erst vor einigen Jahren einem annehmenden Büffel um Haaresbreite entgangen – und hat sich seither nicht mehr an diesem Teil des Lehrprogramms beteiligt.

Die Situation hier ist ähnlich. Es bleibt mir nichts anderes übrig, als vom Plateau aus Meter um Meter der unterschiedlich breiten Dickungsstreifen mit dem Fernglas zu durchleuchten. Ohne irgendeine Ahnung, wo sich der Büffel eingeschoben haben könnte. Ist er schon verendet, oder lauert er mir irgendwo auf?

Die Sonne steht schon tief, als mir Ngog Nje, ein Diplomand aus Kamerun, ein Zeichen zuwinkt. Auf dem Dach des Landrovers sitzend, kann er niedrigere Partien im Gestrüpp von oben einsehen.

»Over there, I see him, he is dead!« (Dort drüben sehe ich ihn, er ist tot) erläutert er dann. Ich kann von unten in der angedeuteten Richtung nichts erkennen, zu dicht ist der Busch.

»Are you sure?« Jawohl, er sei absolut sicher, der Büffel sei verendet, er bewegt sich überhaupt nicht mehr. Ich sehe keine Veranlassung, an der Aussage des mir als zuverlässig bekannten Studenten zu zweifeln, und arbeite mich in der aufgezeigten Richtung langsam durchs Gestrüpp.

Immer noch ist auch mit dem Fernglas nichts zu entdecken, was einem verendeten Büffel gleichen könnte. Aber was glitzert da im Blätterwerk? Im selben Moment, als ich darin das Auge des auflauernden Büffels erkenne, setzt dieser unter dumpfem Grollen zum Angriff an . . .

Dann geht alles rasend schnell. Der Schuß war wohl nur ein Reflex. Zu meiner Überraschung erreichte ich den Landrover, unverletzt, lediglich von Dornen zerkratzt.

»Was ist los?« frage ich die verdutzten Studenten. »The buffalo was not dead« (Der Büffel war nicht tot), korrigiert Ngog Nje seine frühere Aussage. Nun, das hat niemand deutlicher zu spüren bekommen als ich. Aber was ist jetzt mit ihm? Niemand weiß es. Sie hätten den Schuß gehört, dann sei ich aus der Dickung gestürzt. Vom Büffel keine Spur mehr, nichts zu sehen, nichts zu hören.

Also durchladen und wieder rein, mit reichlich mulmigem Gefühl in der Magengegend. Doch, tatsächlich, da liegt er! Verendet. Ziemlich genau dort, wo er mir aufgelauert hatte. Er war also nicht weit gekommen. Kein Wunder, nachdem ich schließlich den kleinfingerstarken Einschuß finde: handbreit über dem massigen, ebenholzschwarzen Helm, genau im Genick. Wie wir später feststellen, hatte das 30 Gramm schwere Vollmantelgeschoß den ganzen Wildkörper durchschlagen und war im Bekkenknochen steckengeblieben. Ich halte es heute noch in Ehren.

Kurze Totenwacht bei meinem ersten Büffel, allerdings mit sehr gemischten Gefühlen. Dieser entscheidende letzte Schuß war ein reiner Zufallstreffer gewesen, der wohl wichtigste meines Lebens. Ein Schnappschuß, denn zum Zielen hatte es nicht mehr gereicht. Der Erfolg war wohl lediglich meiner damaligen ständigen Übung im Flintenschießen zu verdanken.

Draußen warten die Studenten. Auch wenn mir nicht danach zumute ist, ich muß die Lehrtätigkeit aufnehmen, gleich am eigenen ›Gesellenstück‹. Alle fünf – so viele pflegten wir jeweils zu einem Pürschgang mitzunehmen – bekommen am Beispiel des ersten Schusses demonstriert, wie man es *nicht* machen soll. Zu hoch und zu weit hinten, hatte das Geschoß nur Lunge und Pansen durchschlagen. Vielleicht hätte der Büffel sogar überlebt, denn zwei Jahre zuvor war einer erlegt worden, in dessen Lunge die Studenten beim Zerwirken eine Bleikugel beträchtlichen Kalibers fanden. Vermutlich aus einem aus Wasserleitungsrohr oder Lenkradsäule gebastelten Wilderergewehr verschossen, war das Geschoß inzwischen ins Gewebe eingewachsen und die Wunde verheilt.

Ich zeige den Studenten die Lage des Herzens, das es zu treffen gilt, nämlich oberhalb des Vorderlaufs, im Winkel von Oberarm und Schulterblatt. Es liegt also sehr tief in dem mächtigen Wildkörper.

Fasziniert sind die Studenten vom zweiten Schuß. »So fängt man einen angreifenden Büffel ab«, erkläre ich ihnen selbstbewußt. Ich muß schauspielern, um ihnen Mut zu machen für die kommenden Jagdtage. Denn jeder Student soll im Laufe seiner Ausbildung mindestens ein Stück wehrhaften Wildes, Büffel oder Elefant, selbst erlegen. Vor beiden haben die meisten aber fürchterliche Angst. Was nicht weiter verwundert, denn viele hatten bis zum Abitur in Städten gelebt und bekamen die heimischen Wildtiere erst jetzt während der College-Safaris zu Gesicht. Da sie später beruflich auf irgendeine Weise mit ›Wildlife Management‹ befaßt sein werden, müssen sie auch in der Lage sein, etwa einen bösartigen Büffel- oder Elefantenbullen zum Schutz der Bevölkerung zu erlegen. Für die später als Berufsjäger bzw. Jagdführer Tätigen gilt Erfahrung auf diesem Gebiet natürlich in besonderem Maße.

Enorm wichtig ist, erkläre ich ihnen, nicht auf den Helm, also die den ganzen Schädel schützende breite Hornbasis zu schießen. Kaum ein Geschoß wird diesen durchschlagen und tödlich ins Gehirn dringen; es wird vielmehr abprallen und als Querschläger durch die Gegend fliegen. Nein, oberhalb des Helms im Nacken muß der Schuß sitzen, wenn der Büffel bereits das Haupt zum Angriff gesenkt hat ...

Einige Studenten kannten dies bereits vom Lehrbuch. Immer wieder einen Finger ins Einschußloch steckend, palavern sie auf Kisuaheli und Englisch, wie ihr ›Bwana Kuno‹ schießen könne. Sie nannten mich bei meinem Spitznamen aus der Forststudentenzeit, abgeleitet vom ›alten Oberförster Kuno‹ aus der Oper ›Der Freischütz‹. Denn sie hatten offensichtlich linguistische Schwierigkeiten, meinen wirklichen Vor- und Zunamen auszusprechen. Jedenfalls trug dieses Ereignis sehr zum Vertrauen der Schüler in ihren Lehrer bei, und gegen Ende der Safari konnte ich immerhin konstatieren, daß die mir zugeteilten Studenten alle ihren Büffel erlegt, zumindest entscheidend dabei mitgewirkt hatten.

Die Sonne steht schon tief, als der vom Fahrer des Landrovers organisierte Unimog eintrifft, besetzt mit weiteren Studenten, die nun alle beim Zerwirken des Büffels helfen. Dieser ist das erste erlegte Stück Wild seit vielen Monaten, denn 1973 war ein generelles Jagdverbot über Tansania verhängt worden. Also etwa zur gleichen Zeit wie im schweizerischen Kanton Genf, jedoch aus ganz anderen Motiven. Nicht solche des Tierschutzes waren hierfür maßgebend und auch nicht ökologische, von denen man damals noch kaum sprach. Die Jagd war verboten worden unter rein politischen, um nicht zu sagen rassistischen Gesichtspunkten! Jagd, vor allem Trophäenjagd, galt als Relikt der Kolonialzeit und wurde schon deshalb von der inzwischen autonomen afrikanischen Regierung sehr kritisch betrachtet. Zudem jagten fast nur Europäer und Amerikaner, geführt von sogenannten ›White hunters‹, also Weißen, im Gegensatz zum sonstigen, meist afrikanischen Personal solcher Jagdsafaris. Zwar nannten sich die Jagdführer in den 60er Jahren, um nicht als Rassisten zu gelten, nicht mehr ›White hunters‹, sondern ›professional hunters‹, also Berufsjäger, doch wurden sie schließlich Opfer einer weiteren Anschuldigung. Man warf ihnen vor, die aus den Naturgütern, also Wildbeständen des Landes erwirtschafteten Gelder im Ausland anzulegen – aus der Sicht der Betroffenen bei der zunehmenden Kommunisierung und Rassendiskriminierung andrerseits verständlich. Durch ein Jagdverbot bis auf weiteres konnte man derlei Transaktionen natürlich am wirkungsvollsten unterbinden, und wenn die nun brotlos gewordenen Weißen dadurch das Land verlassen mußten, so war man auch einem politisch gewollten Ziel nähergekommen.

144

27 Das jagdliche Lehrprogramm galt diesmal den Kaffernbüffeln

28 Unterricht am Objekt

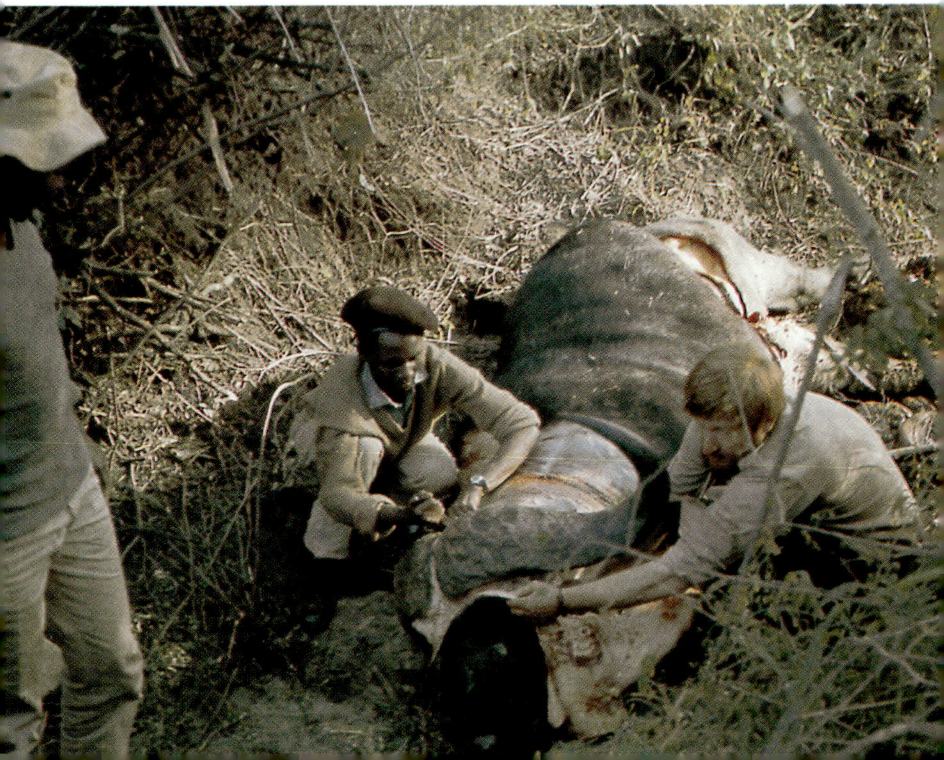

29 Der Schutz landwirtschaftlicher Produkte machte örtliche Eingriffe in die Population der Elefanten notwendig

30 Dann kam eine Delegation aus dem Dorf, um sich hierfür zu bedanken

In dieser Situation hatte ich meinen Dienst in Tansania angetreten, und es war zunächst höchst fraglich, ob wir das Lehrprogramm durchziehen könnten, oder ob ich überhaupt bleiben würde. Daß ich blieb und daß die Arbeitsbedingungen sich zunehmend verbesserten, das verdanke ich in erster Linie einem väterlichen Freund, nämlich Dr. Andreas v. Nagy. Wohnhaft am nahegelegenen Mount Meru, betreut er dort ein großes Revier und konnte somit neue Aspekte in die Diskussion um die Zukunft von Wild und Jagd in Tansania bringen. Dank seiner guten Kontakte zu Staatspräsident Nyerere und seiner Beraterfunktion am College konnte er wesentlich dazu beitragen, daß wir – durch Ausnahmegenehmigungen vom allgemeinen Jagdverbot – auch den praktischen Teil der Ausbildung durchführen konnten. Für seine Verdienste um sinnvolle Wildbewirtschaftung erhielt v. Nagy später vom Deutschen Jagdschutz-Verband den Titel ›Wildmeister‹ zuerkannt. Rückenwind erhielten wir dann auch noch von den Regierungen anderer afrikanischer Länder, vor allem vom benachbarten Kenia, die drohten, ihre Studenten abzuziehen, falls am College nur noch theoretisiert würde.

Nun war sie also doch zustande gekommen, die dreiwöchige Safari nach Loliondo, nahe der kenianischen Grenze. Jetzt zerwirken die Studenten unter meiner Anleitung den ersten Büffel. Begeistert laden sie die Fleischmassen auf den Unimog. Sie sollen, so die ausdrückliche Anweisung der Regierung, zu Trockenfleisch, vergleichbar dem südafrikanischen Biltong, verarbeitet und an die umliegende Bevölkerung verteilt werden. Dies erläutere ich meinen Mannen während der Heimfahrt. Doch deren Gesichter werden länger und länger. Im Lager angekommen, formuliert dann ihr Sprecher, was alle bewegt: »Bwana Kuno, can't we eat a little bit of that Buffalo?« (..., dürfen wir nicht wenigstens ein wenig von diesem Büffel essen?). So schwer es fällt, ich muß ihnen noch einmal die dieser Safari gemachte Auflage verdeutlichen: »Ihr lebt hier in einem kommunistischen Land, da gehört alles allen. Dieser Büffel ist für die Ujamaa (= Kommune) Loliondo bestimmt.«

Aber dann tun sie mir doch leid. Monatelang hatte es kein Wildbret mehr gegeben, sie hatten sich in der College-Kantine mit spärlichen Portionen zähen Fleisches der klapperdürren Zebukühe begnügen müssen. Vielleicht wäre es auch gut, sie ›genossen zu machen‹ für die nächsten Büffeljagdtage, denke ich. Und schließlich müssen ja einige morgen arbeiten, das heißt, die Fleischmassen zum Trocknen in schmale Streifen schneiden. So gebe ich denn, getreu der biblischen Anweisung, ›dem Ochsen der da drischt, das Maul nicht zu verbinden‹, die Erlaubnis zum Verzehr eines Appetithäppchens. Eines kleinen, wohlgemerkt, betone ich, worauf sie sichtlich erleichtert abziehen.

Mir hingegen fehlt zum Abendessen, so gut es auch vom Butler und Faktotum Marco zubereitet war, immer noch der Appetit. Ich erzähle George die ganze Story, krieche dann früh ins leichte Safaribett und verdaue immer noch am Ereignis des Tages. Heute hat es gerade noch geklappt, wie wird's morgen gehen? Dieser erste Büffel hat mir gleich den nötigen Respekt eingeflößt.

Das war, rückblickend betrachtet, eigentlich ganz gut, denn so wurde ich nicht leichtsinnig. Nach dem Schock des ersten Erlebnisses konnte ich nicht mehr dem Klischee des White Hunters entsprechen, der sonnengebräunt und khakibekleidet lässig an die Theke des Safari-Hotels gelehnt, den Touristen mit der Erklärung zu imponieren versucht, der Reiz des Daseins liege letztlich im Kampf mit dem verwundeten Büffel. Leute dieser Auffassung pflegen allerdings nicht alt zu werden, denn irgendwann gewinnt der Büffel, wenn die Gefahr mutwillig heraufbeschworen wird. Ausnahmen bestätigen auch in diesem Fall nur die Regel.

Eine solche Ausnahme ist Muhere, ein Afrikaner des kriegerischen Stammes der Kikuyu aus dem benachbarten Kenia. Ein Draufgänger sondergleichen, der überhaupt keine Furcht zu kennen scheint. Dr. A. v. Nagy hat ihn als Leib- und Nachtwächter eingestellt, und seitdem wurde in seinem Anwesen nie mehr eingebrochen. Mit seiner Panga, einem fast armlangen Buschmesser, versteht er meisterhaft umzugehen, und das scheint nicht nur lichtscheues Gesindel zu respektieren, das bekam auch schon so mancher Büffel zu spüren.

Gelegentlich wurde er mir als Begleiter mitgegeben, wenn ich im Bergwald des Meru jagte, zum Schutz gegen eventuell überraschend angreifende Büffel. Solche Situationen kann es geben, wenn sich dieses Wild in unübersichtlicher Vegetation plötzlich auf kurze Entfernung mit dem Menschen konfrontiert sieht. Aus reiner Schreckreaktion greift dann auch ein gesunder Bulle sofort an. Mit Muhere fühlte ich mich jedoch stets sicher. Zwar habe ich ihn selbst nie im Einsatz gesehen – bei meinem einzigen am Meru erlegten Büffel war er nicht notwendig –, doch viel darüber gehört. Er genießt in dieser Hinsicht einen fast legendären Ruf, hatte damals bereits mindestens drei Menschen, darunter auch seinem Diensttherrn v. Nagy, das Leben gerettet. Ein Fall möge seine Kampftaktik veranschaulichen:

Nagys Neffe Bandi führte im Bergwald einen Jagdgast, der schließlich auf einen Büffel schoß, ihn aber nur weidewund traf. Als sie ihn nachsuchten, brach dieser unvermittelt aus der dichten Vegetation und griff sofort an. Bandis Schnappschuß traf nur den Helm des Büffels, blieb also wirkungslos. Im nächsten Moment wurde Bandi zu Boden geschleudert und mit Hörnern und Vorderläufen bearbeitet. In der jähen Erkenntnis,

Dr. v. Nagy, sein Leibwächter Muhere und sein Neffe Bandi nach der Büffeljagd im Bergwald des Meru (Zeichnung von Peter Balogh)

sein letztes Stündlein sei gekommen, schrie er dem Jagdgast zu, doch endlich zu schießen. Doch der sah wohl, sicher in Deckung eines Baumes, keine Veranlassung, in das Drama verwickelt zu werden. Statt seiner reagierte nun Muhere, sprang auf den Büffel zu, schlug ihm mit blitzschnellen Schlägen kreuz und quer über Gesicht und Nacken. Der ließ ab von Bandi, wandte sich dem neuen Gegner zu, versuchte ihn mit seinen weit geschwungenen Hörnern zu erwischen und durch die Luft zu wirbeln. Doch der Kikuyu war jedesmal schneller, wich dem Schwung des schweren Büffelhauptes aus und versetzte ihm weitere Hiebe mit der Panga. Der Bulle wurde dadurch zwar nicht ernsthaft verletzt, aber zunehmend verwirrt. Schließlich gelang es Muhere sogar, ihm seinen Mantel über den Kopf zu werfen. Im Entsetzen über die plötzliche Finsternis galoppierte der Büffel davon. Man fand ihn später, verendet an der Wirkung des Schusses. Bandi mußte einige Zeit im Krankenhaus verbringen.

Dem Kikuyu hingegen hatte das Ganze wohl wieder einen Mordsspaß gemacht. Endlich war er wieder zum Zug gekommen. Ich erinnere mich noch gut an seine funkelnden Augen, die blitzenden Zähne im schwarzen

147

strahlenden Gesicht, wenn wir an Büffel kamen. Dann hatte er allerdings große Schwierigkeiten, sein Terrier-Temperament zu zügeln und war insofern kein bequemer Begleiter. ›Pika, pika!‹ zischelte er mir laufend ins Ohr. Ich soll endlich schießen, damit er Arbeit bekäme. Er wäre wohl der geborene Torero gewesen ...

Mitten in der Nacht erwache ich, jedoch nicht von den mannigfachen Stimmen der Tropennacht. Nein, da palavern doch Studenten? Was die jetzt nur zu lärmen haben? Alkohol ist verboten im Camp. Hat da einer Geburtstag? Durch den etwas geöffneten Reißverschluß des Zelteingangs sehe ich in einiger Entfernung ein großes Feuer, und da hocken sie herum, schwatzen und lachen. Schließlich schlafe ich wieder ein.

Es ist noch stockdunkel, als uns Marco mit dem üblichen »Bwana, chakula tayari« zum Frühstück weckt. Drüben bei den Studenten Totenstille, nichts rührt sich. Auch nicht wenig später, als wir wie vereinbart um 6 Uhr losmarschieren wollen. Kein Student, statt dessen ein gewaltiger Aschehaufen, an einigen Stellen noch dunkelrot glimmend oder bläulich rauchend. Ja, und wo ist denn der Büffel von gestern? George und ich sehen uns sprachlos an. Der Schädel ist noch da, einige große Knochen, ein paar Fetzen Haut – sonst nichts mehr!

George fängt sich als erster. »Den haben die sicher gegessen«, meint er, vielleicht auf Grund früherer Erlebnisse. Aber das ist doch unmöglich, solche Fleischmassen?

Wir trommeln den Studentensprecher aus dem Zelt. »Sorry, Sir, I overslept.« Daß er verschlafen hat, wissen wir. Auf, los jetzt, die anderen wecken und antreten! Doch das ist leichter gesagt als getan. Im nächsten Zelt bietet sich ein Anblick, den ich wohl nie vergessen werde. Da liegt einer halbnackt auf seiner Pritsche, und unter der untersten Rippe wölbt sich die Magengegend auf, als hätte er einen Fußball verschluckt. Er könne nicht aufstehen, und das klingt glaubhaft. Den anderen geht es nicht viel besser, viele fühlen sich elend.

An diesem Morgen wird es nichts mit der Jagd, aber ich bin um eine Erfahrung reicher. Afrikaner können unglaubliche Mengen Fleisch vertilgen. Dies ist wohl als Anpassung an das heiße Klima zu verstehen, in dem andernfalls eben viel Wildbret der erbeuteten Tiere verrotten würde. Bis zu 12 Kilo könne sich ein Schwarzer in einer Nacht einverleiben, erläutert George, und mir wird einiges verständlicher.

Einige Köche und Fahrer hatten sich noch eingefunden, so daß wohl etwa 30 Mann an dieser Freßorgie beteiligt gewesen sein mögen. Dabei war es offensichtlich gar nicht so sehr darum gegangen, den Hunger zu stillen, das Ganze hatte ja erst nach dem Abendessen begonnen. Auch mit eventuellem Proteinmangel über einige Zeit hinweg läßt sich die Vertilgung solcher Mengen nicht erklären.

Fleischessen gilt vielmehr auch als Akt der Geselligkeit. Ähnlich wie Kinder ihre Würstchen am Spieß braten, lassen die Afrikaner das in Streifen geschnittene Fleisch über der Glut garen. Fröhliches Palavern ist dabei ebenso wichtig wie das Essen. Das ganze erinnert mich etwas an unsere heimatlichen Studentenkneipen. Spätestens um Mitternacht verspürt kein Studiosus mehr wirklichen Durst, dennoch geht der Bierkonsum unvermindert weiter, und manch einer trinkt einen ›über den Durst‹. In der vergangenen Nacht haben hier viele einiges über den Hunger gegessen, mit der Folge katerähnlicher Beschwerden. Fleischessen wird aber auch als eine Art sportlicher Leistung betrachtet, und dadurch wirkt der Vergleich mit der Studentenkneipe noch treffender. Wie dort der Student, der alle anderen im Trinken der ›Bierjungen‹ schlägt, so zählt hier derjenige etwas, der die größten Fleischmassen verdrücken kann. Solch ein Prädikat, ›a good meateater‹, kann selbst mangelnde Qualifikation auf anderen sehr wichtigen Gebieten, etwa beim Fußballspielen, wieder wettmachen.

Erst gegen fünf Uhr früh hatten die letzten die Segel gestrichen, nachdem selbst die Rippenknochen, über dem Feuer knusprig geröstet, wie Salzstengel verspeist waren. Zu solchen kulinarischen Genüssen sind die meisten Afrikaner durch ihr beneidenswert kräftiges Gebiß befähigt. Noch gut ist mir das mahlende Geräusch ihrer Kauwerkzeuge beim Zerkleinern trockener, steinharter Maiskörner in Erinnerung. Man braucht daher wenig Zahnärzte in Schwarzafrika . . .

Um zehn Uhr versuchen wir es noch einmal mit dem Appell, dem nun fast alle folgen, wenngleich mit bedächtigen Bewegungen. Einige erinnern an vollgefressene Geier, die vorübergehend ihre Flugfähigkeit eingebüßt haben. George als der dienstältere Instruktor verpaßt ihnen die verdiente Standpauke, die sie mit verlegenen Gesichtern quittieren. Es habe halt so gut geschmeckt, entgegnet der Sprecher auf die Frage nach dem Motiv für die Völlerei. Sie geloben Besserung, und es klingt überzeugend. Tatsächlich wurden mir auch von späteren Safaris keine solchen Exzesse mehr bekannt, wohl auch bedingt durch die von nun an gleichmäßigere Fleischversorgung.

Jeden Morgen nach Sonnenaufgang erscheinen hoch über dem Lager die ersten Geier, kreisen ohne Flügelschlag, breit wie ein Brett, schrauben sich in weiten Spiralen allmählich tiefer, locken damit andere an und versammeln sich schließlich in den Bäumen um das Lager. Hier fällt nun laufend etwas für sie ab. Fast täglich kehrt eine Gruppe mit einem erlegten Büffel zurück, der dann anschließend von der jeweils für die Fleischverarbeitung eingeteilten Gruppe versorgt wird. Die Luft ist jetzt im März so trocken und tagsüber so heiß, daß wir kein Salz zur Konservierung des Fleisches brauchen. Zu langen Streifen geschnitten, trocknet dieses rasch über den aus Ästen gebastelten Gerüsten. Lediglich den Fliegen gilt es zu wehren, am wirkungsvollsten durch kleine, ständig qualmende Feuer.

Nach zwei bis drei Tagen haben die Streifen so viel an Gewicht und Volumen verloren, daß das Fleisch eines ganzen Büffels in einen großen Sack paßt, der sich spielend von einem Mann transportieren läßt. Allmählich türmen sich abseits des Lagers die ausgebeinten Knochen. Über jede neue Lieferung fallen die Geier gierig her, versuchen dem Gebein noch etwas Freßbares abzugewinnen. Doch müssen sie die Beute teilen mit den Marabus, großen, aasfressenden Störchen, denen sie respektvoll Platz machen. Sie fürchten die Hiebe der langen, schweren Schnäbel. Aber auch unter den Marabus selbst gibt es eine bestimmte ›Hackordnung‹, also eine Reihenfolge, nach der sie sich am Fraßplatz gütlich tun dürfen. Die ranghöchsten Vögel sind bereits äußerlich kenntlich an dem langen, auffallend rot gefärbten Kehlsack. Bei rangniederen, in der Regel auch jüngeren Marabus ist er kleiner, von blasser Farbe, oder noch gar nicht ausgebildet.

Immer wieder fasziniert das gierige, flügelschlagende, krächzende Treiben. Unter den Greifvögeln haben mich Geier immer besonders beeindruckt. Als Bub las ich im ›Brehm‹ über den sagenumwobenen Bartgeier, damals noch Lämmergeier genannt. Ob er tatsächlich außer Lämmern auch kleine Kinder erbeutet hat, sei dahingestellt. Jedenfalls ist er auf Grund seiner starken Magensäfte in der Lage, Knochen zu verdauen, die tatsächlich einen Großteil seiner Nahrung ausmachen. Längst ist er in unserem Alpenraum ausgestorben. Ob ich ihn je einmal zu Gesicht bekommen werde?

Um so größer die Überraschung und Freude, als wir ihn später anläßlich einer Safari in die zwischen Meru und Kilimanscharo gelegene Ngaserai entdecken. Alle Fahrzeuge werden gestoppt, die Studenten zusammengetrommelt. Erst allmählich verstehen sie die Begeisterung ihres Bwana Kuno für gerade diesen Vogel, der in nicht allzu großer Höhe seine Kreise zieht. Er war sofort an seinem eigenartigen Flugbild zu erkennen, an den fast falkenartigen Schwingen und dem langen, keilförmig auslaufenden Stoß. Ein inzwischen weltweit selten gewordener Greifvogel, erkläre ich den Studenten, der vielleicht der Population des Hochlands von Abessinien entstammt. Solche Entfernungen sind für einen Greifvogel nichts Ungewöhnliches. Allerdings besteht schon lange der

Verdacht, daß diese Art auch irgendwo in den Felsregionen um den Kilimandscharo brütet.

Im Fernglas ist selbst der Bartstreif zu sehen, der dem Vogel seinen Namen gab. Auch ich habe nun meinen Spitznamen weg – ›bearded vulture‹, zu deutsch Bartgeier! Mein roter Bart hatte übrigens schon von Anfang an die Phantasie der schwarzen Studenten beflügelt. Am Ende der ersten Unterrichtsstunde war einer gekommen, um zu fragen, was offensichtlich viele bewegte: »Bwana Kuno, sind Ihre Haare gefärbt oder natürlich?«

Studentenleben

Die Safaris mit den dadurch vermittelten praktischen Erfahrungen, den Möglichkeiten, die afrikanische Tierwelt zu beobachten, waren wertvolle Ergänzungen des theoretischen Unterrichts in den beiden Lehrsälen des College. Die Lehrtätigkeit hat mir viel Spaß gemacht, obwohl oder vielleicht gerade weil ich selbst kein sonderlich guter Student war. Ich hatte im wesentlichen nur die Vorlesungen besucht, die mich vom Fachlichen her interessierten oder die rhetorisch und didaktisch fesselnd vorgetragen wurden.

Diese Einstellung ist bei den schwarzen Studenten hier noch ausgeprägter. Fachliches Interesse und Intelligenz sind unterschiedlich. Dazu kommt eine den Afrikanern eigene Schicksalsergebenheit, die die Bereitschaft zu besonderer Anstrengung nicht aufkommen läßt. ›Shauri a Mungu‹ – Gott (oder was der einzelne unter dem höheren Wesen verstand) hat bereits beschlossen. Es steht also schon fest, ob und wie man das Examen besteht, warum also noch büffeln? Das ist zwar nervenschonend, und so dürfte der in Europa und Amerika häufige Herzinfakt in Afrika zu den seltensten Krankheiten zählen, doch muß man diese Einstellung beim Unterricht berücksichtigen, soll er von Nutzen sein. Im Unterschied zu unseren Universitäten herrscht am College Präsenzpflicht, d.h., die von ihren Regierungen bezahlten Studenten müssen den Unterricht besuchen. Was sie dann daraus machen, ist ihre Sache.

Ein etwas merkwürdiges Verhältnis haben viele Anfänger zur Wissenschaft. Entweder kritiklose Gläubigkeit gegenüber allem, was ein ›Scientist‹, ein Wissenschaftler, von sich gibt, oder tiefe Aversion gegen diese Magier und ihre Schwarze Kunst. Hemingways Definition flößt ihnen erstes Vertrauen in ihre Lerntätigkeit am College ein: »Science is nothing else but refined common sense.« Auch mir gefällt diese Auffassung gut. Wissenschaft sei im Grunde nichts anderes als verfeinerter gesunder Menschenverstand. So sollte es jedenfalls sein ...

Für einige Fächer meiner deutschen Vorgänger, wie Wegebau und Vermessungswesen, hatten sich bereits afrikanische Lehrkräfte gefunden – bis zum Ende meiner Tätigkeit sollte ja das ganze Projekt auf diese Weise abgeschlossen werden. Ornithologie, Jagdkunde, Wildnutzung, Tierpräparation, Ballistik, Schießwesen hatte ich noch zu unterrichten, und zwar jeweils mit praktischen Übungen.

Zwei Ausbildungsstufen können am College erreicht werden. Wer nach einem Jahr sein ›Certificate‹ bekommt, kann die untere Laufbahn der Wildschutzbeamten einschlagen oder als Jagdführer tätig werden. Diejenigen, die ein zweijähriges Studium mit dem Diplom abschließen, streben die höhere Laufbahn in der Wildlife-Verwaltung an; einige avancierten bereits zu obersten Entscheidungsträgern in Wildfragen ihres Landes. Insofern ist mir sehr an einer umfassenden Ausbildung der Studenten gelegen. Viel zu viel Lebensraum haben die afrikanischen Wildtiere während der letzten Jahrzehnte bereits eingebüßt, und bei der rapide wachsenden Bevölkerung ist noch mit weit höheren Verlusten in der Zukunft zu rechnen.

Menschliche Wirtschaftsflächen stellen für die meisten Wildarten keine geeigneten Lebensräume mehr dar; insbesondere das Großwild muß weichen. Ob und in welchem Umfang Wildtiere auch in Zukunft überleben können, das wird sehr entscheidend von diesen jungen Afrikanern abhängen, die hier vor mir im Lehrsaal sitzen. Werde ich sie für ihre heimische Tierwelt, für die Erhaltung afrikanischer Wildnis begeistern können?

Afrikaner lachen gern und sind daher dankbar für jede Gelegenheit, die sich hierfür bietet. Es gilt daher, den Unterricht durch kleine Episoden oder Anekdoten aufzulockern, sobald die Aufmerksamkeit nachzulassen droht. Dies ist bei der Vorbereitung der einzelnen Vorlesungen bereits zu berücksichtigen. Das Gelächter der Kommilitonen weckt dann diejenigen, die kurz eingenickt waren, sie müssen sich ›Bwana Kuno's joke‹ vom Nachbarn wiederholen lassen und bleiben nun aufmerksam, um den nächsten im Original mitzubekommen.

Anschaulichkeit des Unterrichts ist ebenfalls sehr wichtig, und dazu muß man sich immer wieder etwas einfallen lassen. Für die Vorlesung über Ballistik, also die technischen Vorgänge beim Schuß, zum Beispiel habe ich eine großkalibrige Kugelpatrone so präpariert, daß sich das Geschoß leicht abziehen läßt. Als die Aufmerksamkeit an der trockenen Materie zu wünschen übrig läßt, leere ich die ganze Pulverladung in Form eines kleinen Kegels auf den oberen Rand des Rednerpults und nähere mich langsam mit einem brennenden Streichholz. Entsetzen in den Gesichtern der Studenten; einige in der ersten Reihe gehen unter dem

Der Lehrkörper des College
(vorne Mitte von links Hemingway,
Dr. Spinage, Verfasser, schräg rechts
dahinter ›Blacky‹)

Dr. von Nagy mit seinen Schweißhunden

Praktische Übungen im Labor des College

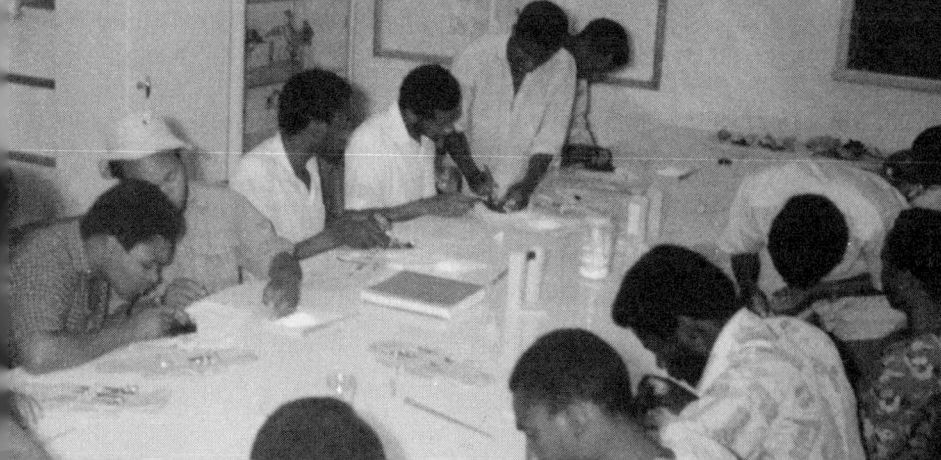

Tisch in Deckung, andere halten sich die Ohren zu. Hatten sie doch erst vorgestern beim Übungsschießen die ungeheure Wucht, den ohrenbetäubenden Knall der .458 Winchester-Patrone kennengelernt. Ganz nahe ist das Streichholz schon dem Pulver, noch näher, und jetzt – passiert gar nichts. Mit einer kleinen Stichflamme brennt das Häufchen gemächlich ab. Aber kein Student döst mehr, alle wollen jetzt wissen, wieso dasselbe Pulver vorgestern beim Übungsschießen in ihren Donnerbüchsen ganz anders reagiert hatte, was einige jetzt noch an ihrer Schulter spüren. Nun habe ich leichtes Spiel, diese Fragen zu beantworten und im Zusammenhang damit auch alle anderen relevanten innen- und außenballistischen Vorgänge zu erklären.

Diese Art der Unterrichtsgestaltung zeitigte zwar ganz gute Examina in den betreffenden Fächern, hatte aber auch zur Folge, daß die College-Leitung mir im folgenden Semester die ersten beiden Vorlesungsstunden am Montag aufbrummte. Die will kein Instruktor haben, denn da sind die Studenten im allgemeinen verschlafen und zum Teil noch verkatert. Aber es gelingt auch in diesen Fällen eine gedeihliche Zusammenarbeit, nachdem durch einen Hinweis auf ganz ähnliche Probleme während meiner Studentenzeit eine gewisse Vertrauensbasis geschaffen war.

Einmal sollte ein Student, wegen seines Alkoholkonsums bei der College-Leitung schon länger im ›Bierverschiß‹, von der Anstalt fliegen. Hena hatte im Rausch ein Bierglas bis auf das dicke Bodenstück verspeist. Der Direktor, Dr. Nyahoza, ist entsetzt. Jetzt sei das Maß voll. Der Kerl bringe nicht nur sich, sondern durch solche Beispiele auch andere in Gefahr. Da aber dieser Student im allgemeinen sehr rege am Unterricht teilnimmt und großes Interesse vor allem für ökologische Zusammenhänge zeigt, scheint es mir angebracht zu intervenieren. Nach entsprechenden Recherchen über den Vorfall erläutere ich Nyahoza, dieses Bierglasfressen sei nichts anderes als ein Studentenulk, den ich schon von Deutschland kenne. Es sei wohl auch hier um eine Wette gegangen oder nur um bloße Angeberei des manchmal noch etwas unter mangelndem Selbstbewußtsein leidenden Studenten. Auf mein Versprechen, mit Hena zu reden und um Begrenzung seiner alkoholischen Exzesse bemüht zu sein, wurde die Entlassung nicht realisiert.

Schwieriger war der ›Fall Omo‹, der die College-Leitung einige Zeit beschäftigte. Dabei war der Anlaß zum Konflikt eigentlich von lächerlicher Belanglosigkeit. Omo Ikoroda, Sohn eines Häuptlings aus Nigeria und von gewaltiger Körperdimension, begann sein Studium im Herbst 1974. Der englische Kollege Dr. Clife Spinage wollte sich wie üblich ein Bild über den neuen Jahrgang machen und verlas die Namen: »Oumou Ikouroudae?« Der erhob sich, antwortete aber nicht mit

»Yes«, wie alle anderen, sondern korrigierte die typisch englische Aussprache seines Lehrers:

»My name is Omo Ikoroda«, erklärte er selbstbewußt, und so wünsche er auch genannt zu werden.

Clife versuchte, das Problem mit einer Witzelei aus der Welt zu schaffen: »Aha, wieder so einer, der mit falschem Paß reist.« Alles lachte – zunächst.

Am Ende des Unterrichts – die meisten Studenten hatten den Hörsaal schon verlassen – versperrte der stets mit einem riesigen bunten Kaftan bekleidete Hüne dem Engländer den Weg zum Ausgang. »Hier ist mein Paß«, klärte er ihn auf, »und der ist echt.« Dann verlangte er, der Lehrer müsse sich vor der ganzen Klasse für seine unflätige Bemerkung entschuldigen.

Jetzt wurde es kritisch. Der Engländer war nämlich zur Kolonialzeit als Polizist in Kenia eingesetzt und hatte vor zwanzig Jahren noch an der Niederschlagung des ›Mau-Mau-Aufstandes‹ der Schwarzen teilgenommen. Diese mißlang, und das bedeutete das Ende der englischen Herrschaft über Kenia. Auch Clife mußte damals verschwinden – und tauchte Jahre später, nach Abschluß eines Zoologie-Studiums, im Nachbarland Tansania wieder auf. Mit ganz anderem Beruf – aber unveränderter Einstellung zu den Schwarzen.

Das alles wußte Omo natürlich nicht, aber er spürte es offensichtlich. Ich glaube, Afrikaner haben einen sechsten Sinn dafür, welcher Weiße sie akzeptiert und wer sie ablehnt oder gar haßt. Wahrscheinlich hätte derselbe Vorfall – von Pat Hemingway inszeniert – nichts als Heiterkeit ausgelöst, auch bei Omo.

Der ehemalige Kolonialpolizist dachte nicht im geringsten daran, sich vor einem Schwarzen zu entschuldigen. Dieser ließ ihn zwar schließlich aus dem Hörsaal, wandte sich aber an die nächsthöhere Instanz, um seine Forderung durchzusetzen. Damit brachte er den College-Leiter in eine mißliche Situation. Denn kein Schwarzer konnte damals einem Weißen helfen, schon gar nicht gegen einen Schwarzen. Dr. Nyahoza konnte und wollte nicht Stellung beziehen und versuchte abwechselnd beim einen, dann beim anderen zu vermitteln. Doch beide blieben stur. Mehrfach schon war die Vorlesung von Dr. Spinage ausgesetzt worden.

Eines Abends verdunkelt plötzlich die Gorillagestalt von Omo den Eingang zu meinem kleinen Büro. Ob er Platz nehmen dürfe, fragt er höflich, er müsse mit mir sprechen.

Am Rande hatte ich von seiner Affäre gehört und denke an ein Anliegen in dieser Sache. Statt dessen schwärmt er von deutschen Jagdgewehren, wie gut die seien, wie präzise und auch preiswert. Sein Loblied endet mit dem Entschluß, so ein Gewehr zu kaufen – und ich soll es ihm beschaffen.

Jetzt schwant mir nichts Gutes. Denn für das Übungsschießen und die Safaris stehen genügend Waffen zur Verfügung. Doch, er wolle es für die Jagd, er wolle eben ein eigenes Gewehr, und Geld habe er auch genug. Und bitte, eine Büchse mit wirksamem Kaliber!

Lange blättern wir in einem umfangreichen Waffenkatalog. Dadurch erhalte ich mir sein Vertrauen. Er sieht die Vielzahl von Gewehren und versteht, daß ich mit Bedacht das für ihn geeignetste auswählen muß. Zufrieden verläßt er für heute mein Büro. Ich muß Zeit gewinnen, um eventuell herauszubekommen, was er wirklich vorhat.

Das erfahre ich bereits am nächsten Tag während der Kaffeepause. Gedrückte Stimmung im Lehrerzimmer. Bleich, mit gespielter Gleichgültigkeit sitzt der Kollege Clife in seinem Sessel. Heute morgen war ihm ein Brief zugespielt worden, unterzeichnet von Omo. Seine Geduld sei zu Ende, schrieb er, er werde ihn, Dr. Spinage, jetzt erschießen...

Aus seiner früheren Tätigkeit weiß Clife, daß mit solcherlei Drohungen nicht zu spaßen ist. Was tun? Hat der bereits eine Waffe? Von meinem vorabendlichen Gespräch erwähne ich nichts, biete aber an, zu Omo etwas Kontakt zu halten. Das Waffenarsenal des College ist noch vollzählig, nichts fehlt. Zur Sicherheit werden alle Arsenalschlösser erneuert.

Lange telephoniere ich mit Dr. v. Nagy, der in solch kritischen Situationen immer guten Rat wußte. Er rät, die Polizei zu informieren, aber noch nicht einzuschalten.

Am Abend kommt Omo wieder ins Büro, um sich nach dem Stand meiner Recherchen zu erkundigen. Ich zeige ihm eine kleinere Auswahl im Katalog, und er entscheidet sich schließlich für eine Büchse im Kaliber .375 Holland & Holland. Mann, denke ich bei mir, die wird's wohl tun für deinen Zweck.

Wann die von Deutschland hier sein würde, will er wissen. Er ist inzwischen überzeugt, daß ich ihm helfen will, und hat Verständnis, daß so ein Transport seine Zeit braucht. Geld habe er genug, er könne sofort bezahlen, betont er.

Dann bringe ich ihn dazu, aus seinem Leben zu erzählen. In der Schule war er nicht ›too good‹, aber sein Vater ist sehr einflußreich, so hat er trotzdem sein Abitur bekommen. Ob ihn das Studium hier eigentlich interessiere? Eigentlich nicht sehr, bestätigt er meine Zweifel. Auch seine Kommilitonen stehen nicht mehr unbedingt hinter ihm, seit er einmal im Rausch seinen Zimmerkameraden verprügelt und das Inventar kurz und klein geschlagen habe. Daß es so nicht weitergehen könne, gab er schließlich zögernd zu. Diese Einsicht gilt es zu pflegen, denke ich, und bitte ihn, morgen abend wiederzukommen. Vielleicht kann ich ihn dazu bewegen, das College freiwillig zu verlassen.

Inzwischen steigt die Nervosität im Lehrerkollegium. Clife beschloß, seinen Vertrag mit der FAO nicht mehr zu verlängern und seine Lehrtätigkeit am College zu beenden. Aber nicht sofort, betont er, sonst kommt der Kerl auf die Idee, ich hätte Angst vor ihm gehabt.

Omo kam noch einige Male zu abendlichen Gesprächen. Er wird hinsichtlich seines Berufsziels immer unsicherer. Dann hieß es plötzlich, Omo sei mit Sack und Pack aus dem College gezogen – und betreibe jetzt eine Bar in einem Vorort von Moshi ...

In der Nacht seines Auszugs habe er in angetrunkenem Zustand noch einen Brief geschrieben, erzählten die Studenten. Den fand Clife Spinage anderntags auf der Schwelle seiner mehrfach gesicherten Haustür. Er werde ihn nicht erschießen, schrieb Omo. Aber er werde ihm und seiner indischen Kollegin Schozna Shah mit seiner Panga die Beine unterhalb der Kniegelenke abschlagen und sie dann zwingen, miteinander zu tanzen ...

Auch diese phantastische Vorstellung wurde nicht mehr realisiert, der ›Fall Omo‹ war endgültig gelöst.

Der blaue Bulle

Ein Vertrauensverhältnis zwischen Studenten und Instruktor ist dem Unterricht sehr förderlich. Besonders wichtig ist die Kooperationsbereitschaft der Studenten jedoch während der ausgedehnten Safaris in die menschenleere Wildnis, wo die Lehrprogramme und praktischen Übungen zur Wildnutzung ohne Hilfe Dritter durchgezogen werden müssen.

Eine solche Safari führt uns in das Mkomasi-Wildschutzgebiet südlich des Tsavo-Nationalparks. Clife Spinage soll in die Biologie der dort lebenden Steppen- und Savannenbewohner einführen, ich in deren sachgemäßer jagdlicher Nutzung und Verwertung unterrichten. Grant's Gazellen, Kongonis, Impalas, Oryx- und Elenantilopen galt dort unsere Aufmerksamkeit. Täglich sind wir unterwegs, erlegen das eine oder andere Stück, jedoch nicht mehr, als zur Fleischversorgung des Camps notwendig ist bzw. in der Feldküche verwertet werden kann. Es darf also kein Wildbret verrotten, so die strikte Anweisung der Regierung für die Ausnahmegenehmigungen vom immer noch andauernden Jagdverbot. Selbstverständlich befolgen wir diese Auflage zum Lehrprogramm, aber problematisch könnte es da im Falle der Elenantilope werden.

Jeden Tag beobachten wir diese größte aller Antilopen. Ausgewachsene Bullen können so schwer wie Rinder werden, auch bei dieser in Ostafrika beheimateten Unterart. In Westafrika lebt als noch größerer Vertreter die Riesen-Elenantilope, deren Bullen kolossale Hörner tragen.

Die Studenten lernen Kühe, die bei dieser Art auch Hörner tragen, wenngleich kleinere, von den Bullen zu unterscheiden und üben sich in der Ansprache des Alters. Dabei fällt uns ein offensichtlich sehr alter Bulle auf. Seinen Hörner sind abgenutzt, wirken kurz, mit starker Basis. Viel massiger und muskulöser als die jüngeren Bullen, ist er von diesen schon auf weite Entfernung zu unterscheiden. Auch seine Färbung ist anders. Im Gegensatz zu den anderen, fahlgelb gefärbten Elenantilopen ist er bläulichgrau, was wir uns zunächst nicht erklären können.

Die Pürsch auf diesen Bullen müssen wir auf den letzten Tag verschieben. Solche Fleischmassen auf einmal, das wäre zuviel für die diesmal kleine Studentengruppe, einiges würde verrotten bei der Hitze. So behalten wir ihn täglich auf möglichst weite Entfernung im Auge, beobachten seine bedächtigen Bewegungen. Seine Funktion in der Herde ist nicht klar zu erkennen. Ob er überhaupt noch eine hat? Er hält sich zwar immer auf relativ kleinem Areal auf, scheint dieses aber nicht wie ein Territorium zu verteidigen. Manchmal ist er fast allein, dann wieder umgeben von kleineren Herden ständig wechselnder Zusammensetzung.

Abends im Lager ist der ›blue bull‹ immer wieder Gesprächsthema. Werden wir ihn am letzten Tag erwischen? Oder wird etwas Unvorhergesehenes passieren, wie so oft, wenn man sich seiner Sache so sicher ist, besonders auf der Jagd? Und wer wird ihn erlegen dürfen? Sieben Studenten dieser Safari hatten beim Übungsschießen bereits Resultate erzielt, die ihren Einsatz auf der Jagd rechtfertigen. Vier davon hatten bereits ein Stück Wild erlegt, und es war auffallend, wie ruhig sie dabei blieben und ähnlich gut schossen wie auf dem Schießstand.

Nsanjama, ein Diploma-Student aus Malawi, hatte ein Zebra zur Strecke gebracht. Diese Wildart fehlte noch im großen Saal des College, dessen gut angeordnete Sammlung von Kopfpräparaten der meisten afrikanischen Wildtiere sehr dazu beiträgt, den Unterricht zu veranschaulichen. Vom befreundeten Präparator Wolfgang Schenk, damals noch in Nairobi tätig, bekamen wir später eine Form, und so konnte ich den Studenten auch die Herstellung eines Kopfpräparats demonstrieren. Wenig später hing dieses Zebra im Saal, zur Erinnerung an unsere Team-Arbeit.

In Erinnerung blieb mir auch die Pürsch auf Oryxantilopen mit Nyama. Auf allen vieren waren wir in völlig offener Steppe schließlich bis auf günstige Schußentfernung an die Herde herangerobbt. Wie gebannt stehen die sonst so scheuen Tiere und starren uns an, können sich offensichtlich keinen Reim auf diese seltsamen Vierbeiner machen. In diesem Fall halte ich es für angebracht, zur Sicherheit mit zu schießen, und wir vereinbaren das übliche Kommando »one – two – three«.

Das Ziel ist eine alte, etwas abseits und breit stehende Kuh, so daß kein anderes Tier der Herde gefährdet werden kann. Die Büchse im Anschlag, zähle ich »one« – weiter komme ich nicht, denn schon hat es gekracht neben mir. Wie vom Blitz getroffen schlägt die Oryxkuh auf die Steppe und rührt keinen Lauf mehr. Der Rest der Herde verschwindet am Horizont.

Verdutzt schaue ich in das strahlende Gesicht des glücklichen Erlegers. »Wo hast du denn hingezielt?« »Aufs Herz natürlich, wie du es uns gelehrt hast«, entgegnet er, während wir auf die Beute zugehen. Es geht mir jetzt, nachdem die Sache gut verlaufen war, nicht mehr darum, daß er die Abmachung nicht eingehalten und zu früh geschossen hatte. Aber ich kann mir das Zeichnen des Wildes bei dem angegebenen Schuß nicht erklären.

Am Blatt ist keinerlei Einschuß zu entdecken, auch kein Ausschuß auf der anderen Seite. Wir drehen das Stück mehrmals um. Nichts. Das Gesicht des Schützen wird länger und länger, zumal er für den Spott der inzwischen nachgekommenen Kommilitonen nicht zu sorgen braucht. Nyamas Schüsse sind die besten, frotzelt Mwambollah, da fällt das Wild schon vom Knall um.

Etwas Schweiß, der aus dem Windfang rieselt, läßt uns schließlich das Haupt der Oryx genauer untersuchen, und dort findet sich denn auch der Einschuß, kaum sichtbar in der schwarzen Blesse der Stirn. Ausschuß gibt es keinen, das Geschoß hatte sich wohl gänzlich im Bereich der Halswirbel und Nackenmuskeln zerlegt. – Erneutes Gelächter der Studenten über die Anatomiekenntnisse ihres Kommilitonen: Aufs Herz hatte der doch gezielt ...

Die alte Oryxkuh wird dann zum interessanten Demonstrationsobjekt für den Kollegen Spinage. Er hatte sich schon seit Jahren mit der Altersbestimmung afrikanischer Wildtiere befaßt. Die Abnutzung der Bakkenzähne erwies sich dabei als ähnlich unzuverlässiges, da individuell zu stark variierendes Merkmal wie bei unserem heimischen Schalenwild. Dies mußte er feststellen, nachdem er dünne Längsschnitte von Schneide- und Backenzähnen angefertigt und unter dem Mikroskop das im Laufe der Jahre gebildete Ersatzdentin bzw. bei Backenzähnen den Zahnzement betrachtet hatte. Dabei zeigte sich allerdings, daß die Jahresringe auch am Zahnmaterial hier in den Tropen bei kaum ausgeprägten Jahreszeiten weit weniger deutlich zu erkennen waren als etwa in der gemäßigten Klimazone Mitteleuropas mit ihrem rhythmischen Wechsel von Sommer und Winter. So hatte denn auch jeder Kollege, den Spinage bat, durchs Mikroskop zu schauen, eine andere Vorstellung über das Alter des Tieres, wenngleich die Ergebnisse meist nahe beieinander lagen und so doch eine ungefähre Altersschätzung zuließen.

Bei dieser Oryxkuh erhofft sich Spinage nun ein zusätzliches Kriterium in Form des Hornwachstums. An der Basis der langen Spieße unterhalb der Schmuckringe findet sich ein drei Finger breites Band schmaler Altersringe. Doch hier zeigt sich, zum Ärger von Spinage, dasselbe Problem. Im Gegensatz etwa zu unserem mitteleuropäischen Gamswild, dessen Alter sich an den Schläuchen genau ablesen läßt, sind hier die einzelnen Ringe nicht klar zu definieren. Der eine zählte 13, der andere 15, wieder einer nur neun Jahre.

Über eine größere Zahl als Kälber markierter Tiere, deren Alter ja dann später genau bekannt wäre, könnte man mehr Licht in das Dunkel des Ungewissen bringen. Doch an derlei langfristige Projekte war bei der damaligen unsicheren Zukunft des College nicht zu denken.

Dann kommt der letzte Jagdtag dieser Safari. Heute gilt die Pürsch dem ›blauen Bullen‹. Peacock, einen Studenten aus Botswana, der den Namen seines weißen Vaters trägt, habe ich dafür ausersehen. Er ist ein guter Schütze, der auch in kritischen Situationen bei Büffelnachsuchen die Nerven behalten hatte.

Gespannte Erwartung auch bei den übrigen Studenten. Wird es klappen? In weitem Bogen umfahren wir das Areal, in dem sich der Bulle immer aufgehalten hatte, mustern die in der lichten Baumsavanne zerstreuten Elenantilopen. Tatsächlich, dort hinten, das muß er sein. Halb verdeckt durch einen niedrigen Akazienbusch, aber selbst sein Hinterteil ist unverkennbar durch Masse und Färbung. Die anderen bleiben beim Fahrzeug.

Wir beide hätten dem verdeckt stehenden Bullen rasch ein gutes Stück näher kommen können, wären da nicht die anderen Herdenmitglieder gewesen, von denen schon einige in unsere Richtung äugen. Wenn sie rasch abspringen, wird ihnen der Bulle folgen, und dann wird es schwierig.

So müssen wir uns Zeit lassen, schlendern zunächst gemächlich dahin wie viehhütende Massai, krabbeln gelegentlich ein Stück weit auf allen vieren und wiegen so die Tiere in Sicherheit. Sie weichen uns langsam aus, ohne den Argwohn des Alten zu erregen, der immer noch hinter seiner Akazie döst. Bis auf 80 Schritt pürschen wir uns an und verharren dann, durch niedriges Gestrüpp leicht gedeckt. Es wird heiß, nur eine

160

31 Oryxherde

32 Elandbulle

33 Tagelange Reisen zu den Wildparadiesen

34 Mohammedaner beim Schächten einer Kuhantilope

leichte Brise steht uns ins Gesicht. Wir müssen warten, aber wir haben Zeit. Irgendwann wird sich der Bulle ja bewegen.

Ich skizziere die Umrisse eines Elandbullen in den Sand, zeige Peacock nochmals die Lage des Herzens in der großflächigen Partie des Blatts.

Nun sehen wir nichts mehr hinter dem Akazienbusch, und der Student geht in Anschlag. Hoffentlich wird er jetzt nicht nervös.

Endlich schiebt sich der Koloß aus der grünen Deckung, gibt das Blatt frei. Im Schuß knickt er aber nur leicht ein und poltert davon. Verdammt nochmal. Drei Schuß aus der 8 × 68 sende ich hinterher, solange ich noch etwas vom Blatt erkennen kann, höre zweimal den Kugelschlag der schweren Geschosse, dann verschluckt ihn das Gewirr aus Akaziengestrüpp.

Doch gleich darauf hören wir weit entfernt die Rufe der übrigen Mannschaft, der Unimog setzt sich in Bewegung. Offenbar haben die von der Anhöhe aus mehr gesehen. Die Nachsuche ist einfach in der offenen Baumsavanne, wenig später stehen wir vor dem Recken. Ein imponierendes Stück Wild. Bis auf Stumpen abgenutzt sind die starken Hörner. Jetzt löst sich auch das Rätsel der seltsamen Färbung: sie stammt von der bläulichen Oberhaut, denn der Alte ist nur noch schütter behaart, viele Stellen sind kahl.

Nun wird es schwierig, denn Spinage hatte darum gebeten, den Bullen, sollten wir ihn erwischen, unzerwirkt ins Lager zu bringen; er wolle verschiedene Messungen vornehmen. Doch es gelingt auch den vereinten Anstrengungen der zwölfköpfigen Mannschaft nicht, den Koloß auf die Pritsche des Fahrzeugs zu hieven. Wir müssen ihn also aufbrechen, um ihn wenigstens um die Massen von Pansen und Gescheide zu erleichtern. Die Studenten untersuchen die Wirkung der Schüsse. Peacock hatte das Herz knapp verfehlt, sein Geschoß traf den massigen Oberarmknochen und hatte sich dabei völlig zerlegt. Einer meiner Schüsse war schräg von hinten durch Leber und Pansen, der andere in die Lunge gedrungen. Weit weniger hart als ein Kaffernbüffel, war der Elandbulle daran rasch verendet.

Schließlich gelingt es mit Hilfe von zwei langen Brettern, den Wildkörper als ganzes aufzuladen. In meine Freude über diesen erfolgreichen Ausklang der Jagdsafari mischt sich allerdings zunehmend mehr die Sorge um die Erhaltung des Wildbrets. Es ist drückend heiß geworden – selbst das Palaver der Studenten scheint dadurch beeinträchtigt –, und so kann der Wildkörper nicht auskühlen.

Während der Siesta wird mir klar, daß wir die Fleischmassen unter diesen Umständen niemals bis morgen erhalten und in genießbarem Zustand zur Verwertung in die College-Kantine bringen können, wie dies geplant war. Was tun? Dann fällt mir ein, was mir ein Stuttgarter Jagdfreund, Metzgermeister, nach einem kurzen Besuch am College zugeschickt hatte. Zwei große Pakete – Wurstgewürz und Pfeffer – sowie eine Menge leerer Wursthüllen aus pergamentartigem Material sind zwar seitdem Bestandteil des Safarigepäcks, jedoch bislang noch nicht zu Ehren gekommen. Das könnte die Rettung sein: Würste! Die sind viel länger haltbar. Wenn jetzt nur der Kurt Klotz da wäre! So muß es eben ohne ihn gehen, irgendwie werden wir es schon hinkriegen.

Ein Fleischwolf findet sich in der Lagerküche. Viel schwieriger wird es sein, einige Studenten aus ihrer Siesta zu mobilisieren, die ihnen natürlich zusteht. Andrerseits weiß ich nicht, wie lange sich das Würstemachen hinziehen wird, und möchte daher möglichst bald beginnen.

Zuerst will ich es auf die elegante Tour versuchen. Durch den Zelteingang flüstere ich dem Studentensprecher Mwambollah zu, es gäbe etwas Todwichtiges zu tun, etwas, das ich mit ihm ganz allein besprechen müsse. Der erhebt sich, neugierig geworden, von seiner Pritsche und folgt mir, sein dösender Kamerad wurde immerhin hellhörig. Warum nur immer dieser Mwambollah?

Dem erkläre ich auf dem Weg zum Unimog das Vorhaben, nämlich eine Wurst zu machen, die sicherlich besser schmecke als jedes Stück Fleisch, das er je gegessen habe. Das scheint ihn zu interessieren. Ganz wichtig ist dabei, mache ich ihm klar, den großen, inzwischen am Unimog montierten Fleischwolf richtig zu bedienen, also die Kurbel zu drehen, aber nicht zu schnell und nicht zu langsam. Das muß ich deshalb schon selbst machen. Er soll mir vom teilweise abgehäuteten Eland einzelne Fleischstücke zureichen. Das tut er, schaut aber immer interessierter meiner Tätigkeit zu. Das Fleischwolfdrehen muß es in sich haben, wenn das der Bwana Kuno selbst machen will. Dann bittet er immer flehentlicher, mich ablösen zu dürfen. Schließlich willige ich ein, und begeistert dreht er die Kurbel.

So, das wäre geschafft. Inzwischen hielt es seinen Kommilitonen vor Neugier nicht länger im Zelt. Er sieht die Begeisterung des anderen und will natürlich auch kurbeln. Der ›vom Dienst‹ denkt aber gar nicht daran, sich ablösen zu lassen. Dem Neuankömmling sichere ich eine spätere Beförderung ins Amt des Kurblers zu, wenn er sich eine Zeitlang beim Zureichen der Fleischstücke bewährt habe. Sofort macht er sich an die Arbeit.

Inzwischen haben die Diskussionen am Unimog weitere Studenten aus ihrer Siesta gelockt. Was es da gäbe? Wir gründen soeben eine Wurstfabrik, erkläre ich ihnen, Firmenname: ›Kuno Sausage Limited‹.

Heiterkeit und Begeisterung. Jeder will mitmachen. Nein, nein, so geht das nicht, winke ich ab. Nur qualifizierte Leute werden eingestellt. Und die müssen sich von der Pike an hocharbeiten.

Nun habe ich genug Arbeitskräfte und kann mich auf die Betriebsleitung konzentrieren. Jeder Neueingestellte muß eine Zeitlang abhäuten, bei Bewährung darf er Fleischstreifen schneiden und später dann eine Weile kurbeln. Ebenso begehrt scheint die Arbeit der Wurstproduktion selbst zu sein, nämlich das Abfüllen des Fleischbreis in die Wursthüllen mit Hilfe eines Aluminiumtrichters. Die Aufgabe des Würzens bleibt dann auf Dauer bei Peacock, nachdem er auf diesem Gebiet aus früherer Tätigkeit in Wildnutzungsprojekten der Kalahari-Steppe einschlägige Erfahrung mitbringt.

Alles läuft wie am Schnürchen, und ich habe genügend Zeit, die Szenerie mit der Schmalfilmkamera festzuhalten. Bis zum Abend hat sich der ›blue bull‹ in eine große Zahl von Wurstringen verwandelt. Sie baumeln im heißen Steppenwind an den Zweigen der Akazien. Gekocht, geräuchert oder auch nur luftgetrocknet sind sie nun sicher vor dem Verderb und schmecken wesentlich besser als das früher aus den Büffeln gewonnene Trockenfleisch.

Jeder Arbeiter bekommt als Lohn einen Ring Wurst zugeteilt. Ich selbst schneide von meinem jede Woche nur eine Scheibe ab, um die Haltbarkeit zu testen. Das letzte Stück verspeise ich erst nach Abschluß meiner Tätigkeit in Afrika, nach der Rückkehr in den Schwarzwald ...

Überlebensstrategie für Wildtiere

Es waren herrliche Tage in noch weitgehend ursprünglicher Landschaft. Wir lebten in der Natur und von dem, was diese uns gab, von ihren Wildtieren. Es war mir sehr daran gelegen, daß die Studenten dieses ursprüngliche Leben schätzen lernten, daß sie die Safaris, überhaupt ihre Zeit am College, in guter Erinnerung behielten. Es sollte ihnen klar werden, wem sie diese Zeit und ihren künftigen Beruf verdankten, nämlich ihren heimischen Wildtieren.

Denn auf Grund einer solchen persönlichen, emotionalen Beziehung zum Wild werden sie sich später viel nachdrücklicher für dessen Erhaltung einsetzen. Beispiele aus vielen Teilen der Welt, wo passionierte Jäger gefährdete Wildarten vor dem Aussterben retteten, berechtigen zu dieser Annahme. Der amerikanische Bison verdankt sein Überleben in erster Linie Präsident Roosevelt, der Alpensteinbock dem italienischen

König Vittorio Emanuele II., und in der mitteleuropäischen Kulturlandschaft gäbe es vielerorts die größte dort noch lebende Wildart, den Rot-
hirsch, nicht mehr, hätten sich nicht Jäger und jagdlich interessierte
Forstleute so massiv für ihre Erhaltung eingesetzt.

In Afrika sind die Konflikte zwischen Wild und Mensch eher noch
schärfer, da fundamentaler. Viel härter als gewisse schalenwildbedingte
Ertragseinbußen den europäischen Wirtschaftswaldbesitzer treffen im
allgemeinen den Afrikaner die Verwüstungen, die Büffel und Elefanten
in seiner Schamba anrichten. Wovon soll er leben, wenn seine Bananen
gefressen, seine Maisfelder zertrampelt sind? Die aus seiner Sicht ver-
ständliche Forderung, die absolut nichtsnutzigen Wildtiere zu vernich-
ten, um weiteren Lebensraum für den Menschen und sein Vieh zu bekommen, wurde seit Jahrzehnten immer lauter.

Um diese radikalen Forderungen zu dämpfen und den Schadensdruck
zu mildern, hatte man früher vom College sogenannte Kontroll-Safaris
durchgeführt, die in erster Linie der Reduktion von Elefanten und Büffeln in Konfliktgebieten galten.

Auf Einladung des damaligen deutschen Projektleiters, Hans Rein-
wald, konnte ich 1969 an einer solchen Kontrolljagd teilnehmen. Es war
zugleich meine erste Reise nach Afrika überhaupt. Sie bot Einblick in die
Arbeiten am College und ließ den Entschluß reifen, hier einmal tätig zu
werden.

120 Elefanten kamen innerhalb von drei Wochen im feuchtheißen
Miombogebiet südlich von Dar es Salaam zur Strecke. Mit von der Partie
war ein Fernsehteam unter Max Rehbein, das später in dem bemerkenswert sachlichen Film ›Tod am Matandu‹ dem deutschen Fernsehpubli-
kum die Probleme in Afrika veranschaulichte. Immer wieder kamen
Delegationen der örtlichen Bevölkerung ins Camp, um sich für unseren
Einsatz zur Rettung ihrer Ernten zu bedanken. Andrerseits waren diese
Maßnahmen, so massiv sie zunächst schienen, nur von begrenzter Wirk-
samkeit.

Einen anderen Weg versuchte Professor Grzimek, indem er vorschlug,
einzelne Gebiete ganz von der menschlichen Bewirtschaftung auszuneh-
men und für die wilden Tiere zu reservieren. Die weltweite Berühmtheit
der ostafrikanischen Nationalparks Serengeti, Ngorongoro-Krater,
Tsavo oder Amboseli ist sicher in erster Linie seiner Aktivität zu verdanken. Dank seiner guten Beziehungen zum damaligen Staatspräsidenten
Nyerere konnte er auch verhindern, daß der nördliche Teil der Serengeti
für Weideland geopfert wurde. Doch wird auch die neue Regierung dem
wachsenden Druck der zunehmenden Bevölkerung auf diesem Gebiet
begegnen?

Dazu jedenfalls bedarf es starker, von ihrer Aufgabe überzeugter Persönlichkeiten. Ihnen das erforderliche Wissen über ›Wildlife Management‹ zu vermitteln, bemühen sich die Lehrer am College. Denn so einfach, wie Grzimeks ursprüngliche Vorstellung, nämlich die Tiere in einigen Reservaten in ›völligem Frieden‹ zu belassen, sind die Dinge leider nicht. Für Großwild sind solche Flächen viel zu klein. Außerdem drängt dieses von außen in diese Zonen völliger Ruhe vor menschlichen Aktivitäten, es kommt zu unnatürlich hohen Wilddichten mit entsprechender Zerstörung der Vegetation. Die durch Elefanten verwüsteten Waldbestände des Tsavo-Parks und das darauffolgende Massensterben der Dickhäuter in der Trockenheit Anfang der 70er Jahre sind klassische Beispiele gut gemeinter, aber mangelhaft durchdachter Naturschutzideen.

Die damals beginnende Aversion gegen die Jagd in weiten Kreisen einer wenig informierten Öffentlichkeit mag Grzimeks ablehnende Haltung gegen jegliche Art des Eingriffs in Tierbestände bestärkt haben. Später dachte er in dieser Hinsicht – das sei an dieser Stelle eingefügt – sehr viel pragmatischer, wovon ich mich bei einem zufälligen Zusammentreffen mit ihm in v. Nagys Landhaus selbst überzeugen konnte. Wohl unter dem Eindruck des von Nagy verwalteten Reviers am Meru gestand er der jagdlichen Nutzung selbst afrikanischer Wildtiere eine gewisse Berechtigung zu.

Um also Wildtiere auf größerer Fläche als den relativ kleinen Nationalparks – sie machen in Tansania nur drei Prozent der Landesfläche aus – zu erhalten, gilt es Kompromisse zwischen Mensch und Wild zu finden. Die sind am ehesten dadurch zu erreichen, daß möglichst viele Menschen in irgendeiner Form vom Wild profitieren, Wild sollte also vom Schädling zum Wirtschaftsfaktor avancieren. Aber wie? Im Laufe der Zeit wurden verschiedene Modelle entwickelt und zum Teil am College praktiziert.

Das Verteilen des getrockneten Büffelfleisches an die örtliche Bevölkerung war als erster Versuch in diese Richtung zu werten. Auch die bei Kontrolljagden erlegten Elefanten dienten in Gebieten christlichen Glaubens als willkommene Fleischquelle; Mohammedanern war der Genuß von Elefantenfleisch jedoch untersagt.

Klingende Münze für die Staatskasse sowie Arbeitsplätze versprach man sich aus der Verwertung anderer Wildprodukte. Zebrafelle, schön gezeichnete Decken von Antilopen und Gazellen, Hörner der verschiedensten Wildarten, die Haut der Elefantenohren und -vorderläufe wurden in einem zentralen Betrieb, dem ›Tanzania Taxidermist‹, verarbeitet und an Museen und Touristen verkauft. Das brachte einiges Geld, aber nur wenige Produkte gingen wirklich gut. Die Nachfrage nach Gehörnen und Kopfpräparaten ist sehr begrenzt und die nach den schweren Büffelhelmen noch geringer. Ihre Stapel in den Lagerhallen wuchsen ständig, der Durchschnittstourist war daran kaum interessiert.

Welche Summen aber würde ein ausländischer Jäger für solch einen Büffelhelm berappen, könnte er ihn in afrikanischer Wildnis selbst erbeuten? Ein Vielfaches des im Souvenirgeschäft zu erlösenden Preises würden dieselben Wildprodukte, nun Trophäen genannt, über eine Jagdsafari einbringen. Ganz abgesehen von den Arbeitsmöglichkeiten für Fahrer, örtliche Führer, Köche und sonstige Hilfskräfte, die eine solche zwei- bis dreiwöchige Safari erforderlich machte.

In Süd- und Südwestafrika hat diese einträchtige Form der Wildnutzung gar eine Umkehr im Denken der Farmer, eine Wende in der Landnutzung bewirkt. Weite Gebiete, in denen Wild schon seit vielen Jahrzehnten zugunsten des Viehs zurückgedrängt oder gänzlich ausgerottet war, wurden diesen ursprünglich dort lebenden Tieren zurückgegeben. Das weiße Nashorn, bis vor kurzem noch ebenso vom Aussterben bedroht wie seine anderen Gattungsgenossen, lebt jetzt wieder in bejagbaren Beständen in mehreren Gebieten Südafrikas und ist gerettet – allein durch Trophäenjagd.

Safari in eine heile Welt

Silbern steht der Halbmond im unendlich klaren tropischen Nachthimmel, sein grelles Licht verschluckt den Schein vieler Sterne und beleuchtet fahlgrün das rasch improvisierte Lager am Rand der staubigen Landstraße. Einige Studenten haben ihr Zelt aufgeschlagen, andere pennen, das Moskitonetz übergezogen, unter freiem Himmel. Viele aber sitzen noch um kleine Feuerchen geschart und palavern – wie wohl einst die Landsknechte in › Wallensteins Lager‹.

Hemingways Zelt wäre selbst in stockdunkler Nacht leicht zu finden gewesen. Sein Lachen ist unverkennbar, so was gibt's nicht mehr in Ostafrika. Laut schallend, lang anhaltend, allenfalls durch Luftholen kurz unterbrochen und von Herzen kommend, übertönt es alle anderen Geräusche im Lager und auch die Tierstimmen der Tropennacht. Seine dröhnenden Lachsalven waren stets wesentlicher Bestandteil der Geräuschkulisse von College-Safaris. Insofern sah ich mich veranlaßt, nach seiner Abreise aus Afrika einen Ersatz in Form eines ›Lachsacks‹ zu beschaffen. Die Begeisterung der Studenten über Hemingways vermeintliches Comeback und dann die Verblüffung beim Anblick dieses Faschingsartikels waren unbeschreiblich.

Vor einigen Stunden noch hatte er allerdings nicht gelacht, sondern ebenso lautstark unser Unternehmen verflucht. Schon seit zwei Tagen

166

sind die fünf Unimogs und Hemingways Landrover unterwegs, immer weiter nach Südwesten in Richtung Tanganjikasee. Dann streikte der Motor eines Unimogs und war nicht mehr in Gang zu bringen. Auch Mohamed, der dienstälteste der schwarzen Fahrer, war ratlos. Da gab's nur eine Rettung: Zurückfahren in die nächste Ortschaft mit Telefonanschluß und um ›Blacky‹ bitten. Der heißt eigentlich Schwarzmann, aber das weiß hier kaum einer. Jedenfalls ist er, der gebürtige Allgäuer und überzeugte Schwabe, die Seele des deutschen Projekts am College. Nicht nur, weil seine langjährige Tätigkeit bereits die von dreien meiner Vorgänger überdauert hat, sondern weil ihm der Fuhrpark und die Kfz-Werkstatt unterstehen, und ohne die würde hier bald nichts mehr laufen.

Eine der Grundideen des 1963 gegründeten College war die praktische Ausbildung der Studenten in ›Wildlife Management‹, und dazu bedarf es geländegängiger Fahrzeuge. In diesem Punkt, nämlich der praktischen Arbeit im Lebensraum der Tiere, unterscheidet sich diese Institution von den Universitäten des Landes, zu denen man jedoch fachliche Kontakte unterhält.

Spätabends war Blacky mit einem weiteren Unimog eingetroffen. In nur einer Tagereise hatte er, noch vor dem Morgengrauen losfahrend, uns hier erreicht, mit dem nötigsten Werkzeug und eventuell erforderlichen Ersatzteilen versehen. Seitdem war Hemingways Stimmungsbarometer sprunghaft gestiegen, denn nun kann es morgen früh mit dem Austausch-Unimog weitergehen.

Dennoch nützte Blacky, wie stets, auch diese Gelegenheit, seine schwarzen Fahrer um das gestrandete Fahrzeug zu versammeln, um mit ihnen im Schein von Taschenlampen nach der ›Krankheit‹ des Motors zu suchen. Daß es kein böser Geist ist, der die Maschine verhext hat, das wissen sie nach mehrjähriger Ausbildung zwar inzwischen, doch das macht die Angelegenheit nicht einfacher. »Verfluchte Technik! Wie wird das nur, wenn ich nicht mehr da bin«, stöhnt Blacky und genießt das wohlverdiente Bier.

Staubige Landstraße, brütende Hitze, einschläferndes Brummen der Motoren weitere drei Tage lang. Unterwegs beeindruckt immer wieder die Hilfsbereitschaft ehemaliger College-Studenten, die inzwischen auch in diesen entlegenen Distrikten des Landes als ›Game warden‹ ihren Dienst tun. Stolz präsentieren sie den Studenten ihre Uniform, äußeres Zeichen des erreichten Berufsziels. »Mister Hecker was my instructor«, erklärt mir einer der ersten Absolventengeneration strahlend und bittet mich, meinen Landsmann von ihm zu grüßen.

Tabora, die letzte größere Ansiedlung, liegt hinter uns, und nun wird es immer einsamer. Auch die Einzelbehausungen, stroh- oder schilfgedeckte Hütten, verschwinden, die Straße wird enger und holpriger. Mais- und Bananenfelder liegen hinter uns, wir fahren durch natürliche Buschvegetation, und darin sieht man plötzlich Wildtiere, selbst vom Fahrzeug aus. Der Unterschied zur hinter uns liegenden, tagelang durchreisten Kulturlandschaft ist verblüffend.

So wird bereits ein Hauptziel dieser Safari offenkundig: Die Studenten sollen mit eigenen Augen die ursprüngliche afrikanische Landschaft sehen; sie sollen dadurch erkennen, wie der Mensch diese entstellt hat. Sie sollen eine Zeitlang in dieser Wildnis leben, sich darin wohlfühlen.

Doch es war gar nicht so einfach, diese Expedition zu organisieren. Zunächst war kein weiterer Instruktor bereit mitzufahren. Schließlich willigte Hemmingway ein, wenngleich unter erheblichen Bedenken. Warum? Abgesehen von der weiten Reise mit allen dadurch bedingten Komplikationen hatte er vor eben jenem Faktor gewarnt, dem diese paradiesische Landschaft ihre Erhaltung verdankt, nämlich der Schlafkrankheit.

Denn hier im Miombo, einer trockenen Buschwaldvegetation, lebt die Tsetsefliege, in Größe und Gestalt sehr ähnlich unserer Stubenfliege. Und dieses Insekt überträgt die für Mensch und Vieh tödliche Krankheit, gegen die es meines Wissens bis heute noch kein Vorbeuge- und wahrscheinlich auch kein Heilmittel gibt. Daher kann es in den Miombogebieten, die immerhin ein Drittel der Fläche Tansanias ausmachen, keine Viehhaltung und nur ganz wenige Menschen geben. Wildtiere hingegen sind immun gegen die Schlafkrankheit, und so erhielt diese ihnen auf weit größeren Flächen ihren Lebensraum, als naturschutzbewußte Menschen es durch die Einrichtung relativ kleiner Nationalparks vermochten.

Sollen wir fahren oder nicht? Ganz wohl war auch mir nicht dabei, hatte ich doch während meines ersten Afrikaaufenthalts eine tropische Fiebererkrankung erwischt; ob es eine durch Prophylaxe nicht abgedeckte Art der Malaria oder die von Zecken übertragene Ricketziose war, konnten die Ärzte im Tübinger Tropeninstitut nicht ganz klären. Jedenfalls rächt sich der damals erlegte Elefant selbst heute nach fast 20 Jahren noch durch gelegentlich auftretende Fieberanfälle.

Doch nun besteht die Aussicht, die Wildarten des Miombo kennenzulernen, darunter den in Ostafrika nicht häufigen Großen Kudu und mehr noch die wohl eindruckvollste aller Antilopen, die Sable- oder Rappenantilope. Diese Überlegung siegt schließlich über die Furcht vor der tödlichen Krankheit. Den altgedienten Hemingway können solche romantisch motivierten Argumente natürlich nicht überzeugen. »Schlafkrankheit wirst du bekommen, aber weder Kudu noch Sable«, prophezeit er.

Entscheidend war dann aber ein ganz anderer, nämlich ein politischer Aspekt. Der Druck der wachsenden Bevölkerung auch auf diese Gebiete war immer stärker, die Forderung nach Vernichtung der Tsetsefliege folglich immer lauter geworden. Hierbei zu helfen, sahen denn auch mehrere Nationen der westlichen Welt als vordringliche Aufgabe an. Damals stand allein das augenblickliche Wohl der Menschen in der ›Dritten Welt‹ im Zentrum der Entwicklungspolitik. Eine ökologische Gesamtschau war dem damaligen Denken noch fremd, kaum jemand redete von Ökologie.

Wäre diesen Feldzügen gegen das Insekt der aus jener anthropozentrischen Sicht erhoffte Erfolg beschieden gewesen, so hätte dies das Ende des afrikanischen Wildes auf riesigen Flächen bedeutet. Doch nicht nur das. Die ursprüngliche Miombo-Vegetation wäre verschwunden zugunsten von kärglichem Hackfruchtanbau und Viehweiden der in die dann besiedelbaren Gebiete vordringenden afrikanischen Bevölkerung. Weitere Forderungen nach kaum mehr finanzierbaren Projekten zur Bewässerung der niederschlagsarmen Landstriche wären die zwangsläufige Folge gewesen.

Wildtier oder Mensch – wem sollte der knapper werdende Lebensraum zugesprochen werden? Um diese politisch überaus brisante Konfrontation etwas zu entschärfen, sollten die Afrikaner selbst die umstrittene Landschaft erleben. Es galt, den Studenten Möglichkeiten zu demonstrieren, diese Lebensräume zu nutzen, ohne sie zu zerstören. Sollte dies gelingen, dann würde vielleicht der Druck der afrikanischen Regierungen in die besagte Richtung allmählich nachlassen. Wird es gelingen, Kompromisse zwischen Mensch und Wildtier zu finden, wird es von der Konfrontation zur Kooperation kommen?

Lange noch liege ich schlaflos, schaue durch den nur mit Moskitonetzen verhangenen Zelteingang in die mondhelle Nacht. Endlich sind wir am Ziel. Der örtliche Wildschutzbeamte hat uns das letzte Stück der Strecke geführt und den idyllischen Lagerplatz am Ugallafluß ausgewählt.

Das Lärmen im Camp ist verstummt, die Nacht gehört wieder der tropischen Tierwelt. Eine geradezu paradiesische Vielfalt von Stimmen und Geräuschen, ganz anders als in den vergangenen Nächten. Weiter oben im Fluß scheinen Elefanten zu baden, da spritzt und platscht es, und gelegentliches Trompeten zeugt von offensichtlichem Wohlbehagen der Dickhäuter.

Unglaublich lautes, röchelndes Brüllen schallt ab und zu von der Bucht herüber, vom Einstand der Flußpferde. In der Dämmerung hatte ich die plumpen Kolosse noch kurz beobachtet, kaum hundert Schritt vom Lager entfernt. Von allen Tieren dürften wohl sie das lauteste Organ haben und nicht der Löwe, wie allgemein angenommen; allerdings sind Nilpferde viel seltener zu hören als der ›König der Tiere‹.

Besonders faszinieren mich die Laute aus dem Geäst des Baumriesen über den beiden Instruktor-Zelten. Hölzernes Tuckern, dann wieder Schnurren, einzelne gackernde Laute und wieder das monotone Tuckern. Es ist das Lied der Nachtschwalbe, eines geheimnisvollen, in Mitteleuropa fast verschwundenen Vogels. Zu Hermann Löns' Zeiten muß er noch häufiger gewesen sein, seine Schilderungen jedenfalls hatten meine Begeisterung für diesen Nachtgeist geweckt. Und nun endlich kann ich es selbst hören: ›Die Nachtschwalbe spinnt und spult ihr Lied.‹ Treffender ist dieses lang anhaltende Surren auf wechselnder Tonhöhe wohl kaum zu beschreiben. Vielleicht ist es sogar die von Löns besungene mitteleuropäische Art, die jetzt im November in Äquatornähe den Winter verbringt?

Gelegentlich verliert sich der Gesang im Mondschein, wenn der Vogel auf fliegende Nachtschmetterlinge jagt. Dazu befähigt ihn sein tief gespaltener Rachen, der andrerseits zu seltsamen Spekulationen Anlaß gegeben hatte: Sowohl bei uns als auch in anderen Ländern war bzw. ist man zum Teil wohl auch heute noch der festen Überzeugung, der Vogel würde mit Hilfe dieses Rachens nachts dem Vieh die Milch aus den Eutern saugen. Ziegenmelker heißen diese Vögel daher offiziell in den Vogelbüchern, und auch die Wissenschaftler benannten sie mit dem entsprechenden lateinischen Namen ›Caprimulgidae‹. Was nur beweist, wie tief man dereinst von diesem vermeintlichen Verhalten überzeugt war, auch in Fachkreisen.

Es dauert noch lange, bis mich das melodische Konzert unzähliger kleiner Baumfrösche allmählich einschläfert. Denn vergeblich versuchte ich, daß Mißgeschick der kurzen abendlichen Pürschfahrt zu vergessen. Ich hatte vorbeigeschossen. Das kommt zwar hie und da vor, doch der Ärger ist meist von kurzer, wenngleich erzieherisch wichtiger Dauer. Diesmal aber war es anders, denn es handelte sich nicht um irgendein Stück Wild für die Lagerküche, sondern ausgerechnet um die lange erträumte Rappenantilope!

Dabei war es gar kein weiter Schuß. Plötzlich standen die drei Bullen vor uns, als der Unimog in eine Lichtung im Miombo einbog. »Weiterfahren!« zischte Hemingway dem Fahrer zu, während ich auf der den Antilopen abgewandten Seite vom langsam fahrenden Vehikel zu Boden glitt. Das Wild wäre beim Anhalten sicher abgesprungen, und außerdem ist es auch in diesem Land verboten, vom Kraftfahrzeug aus auf Wild zu schießen.

170

Platt lag ich auf dem Boden, im Zielfernrohr die reglosen Gestalten, die immer noch dorthin starrten, wo der Unimog im Buschwald verschwand. Zwei davon sind jünger, erkennbar an der hellbraunen Decke. Der rechten, schwarzbraun gefärbten gilt meine Aufmerksamkeit. Hell kontrastieren die weißen Zügelstreifen mit dem Dunkel der schlanken Gesichtspartie, und weit schwingen die sichelförmigen Hörner über der schwarzen Rappenmähne – ein faszinierender Anblick. Dieses Wild macht seinem Namen alle Ehre.

Immer noch stehen die drei wie angewurzelt. Spitz von vorne will ich einen Schuß nicht riskieren. Das Bild im Fernrohr fängt bereits an zu zittern vor Ermüdung und Aufregung. Endlich wendet der Schwarze – und schon ist der Schuß draußen. Wie ein Spuk sind die drei im Busch verschwunden – alle drei! Von einem Kugelschlag war nichts zu hören, statt dessen sickert es rot von meiner rechten Augenbraue herunter. Die Büchse zu kurz gefaßt, hatte mir der Rückstoß das Zielfernrohr ins Gesicht gestoßen.

Während ich trotz minimaler Hoffnung auf einen Treffer den Anschuß nach irgendwelchen Schußzeichen untersuche, erscheint der Unimog wieder. Hemingway ist verärgert, auch er hatte keinen Kugelschlag gehört. Ausgerechnet so muß diese Zeit hier beginnen! Er hatte in das Unternehmen nur eingewilligt unter der Bedingung, daß ich die Versorgung der Truppe mit Fleisch übernehme. Und dieses rasch verderbliche Nahrungsmittel ist in der Abgeschiedenheit afrikanischer Wildnis nur durch die Jagd zu beschaffen. Entsprechend lange Gesichter machten die drei mitgekommenen Studenten.

Deren gute Laune, wie auch ihr Vertrauen in die Treffsicherheit ihres Instruktors, war zwar bald wiederhergestellt, als ich kurz darauf eine Topi-Antilope auf über 250 Meter mit sauberem Blattschuß erlegte. Auch Hemingway war's zufrieden, und er erklärte den Studenten die Biologie dieses glänzend kastanienbraun gefärbten Miombo-Bewohners, den sie bisher noch nicht aus eigener Anschauung kannten.

So weit, so gut. Aber warum nur mußte ich ausgerechnet die Chance auf die Rappenantilope verpatzen? Ob ich je wieder eine solche bekommen würde? Hemingways pessimistische Prophezeiung vor Antritt der Reise wollte mir nicht mehr aus dem Sinn.

Einige Studenten murrten über die stundenlangen Märsche, doch bei den meisten konnte ich einen gewissen Sportsgeist wecken, und die zogen dann die anderen mit.

Es ging darum, ihnen klarzumachen, daß Jagd mehr ist als nur ›Schädlingsbekämpfung‹, also die Erlegung einzelner bösartiger Büffel, Elefanten und auf Menschenraub spezialisierter Löwen, oder Mittel zum Schutz landwirtschaftlicher Anbauflächen. Sie sollten erkennen, daß ›cropping‹, also das ausschließlich auf Fleischgewinnung ausgerichtete und meist von Fahrzeugen aus betriebene Abschießen von Wild, zwar eine mögliche, aber bei weitem nicht die ertragreichste Form der Wildnutzung darstellt. Hier in diesem dünn besiedelten Landstrich ließe sich das Wildbret ohnehin nur zu Trockenfleisch, also zu einem eher minderwertigen Produkt verarbeiten.

Nein, hier konnten wir den angehenden afrikanischen Führungskräften die einzig sinnvolle Art der Landnutzung klarmachen, nämlich die durch ›sport hunting‹, also Trophäenjagd. Dieser Begriff ist zwar in jüngster Zeit vor allem im deutschen Sprachraum etwas in Mißkredit geraten, hatten doch einige Kreise eiligst versucht, die Folgen früherer einseitiger Forstwirtschaft oder gar das Waldsterben in erster Linie durch überhöhte Schalenwildbestände zu erklären. Und daran seien die Jäger schuld, weil sie möglichst viele Trophäenträger in ihren Revieren haben wollten. Derlei Diskussionen gibt es hier in der Wildnis nicht. Hier, wie in vielen Teilen der Welt, hat sich die Trophäenjagd sehr segensreich ausgewirkt, denn sie bedeutet nichts anderes als die gezielte Erlegung einzelner, meist älterer Exemplare eines Wildbestands.

Diese aber zu finden und schließlich zu bekommen ist manchmal nicht einfach. Das verspüren auch die Studenten während der täglichen ausgedehnten Pürschgänge. Irgendein Stück wäre wohl auch vom Unimog aus zu bekommen, denn Wild gibt es genug. Aber ältere männliche Tiere machen eben nur einen relativ kleinen Teil der Population aus. Außerdem sind sie, altersbedingt, vorsichtiger als die jüngeren. So gibt es auch manche Fehlpürsch. Doch Mißerfolge sind auch ein Teil der Jagd, erkläre ich meinen Mannen während der Rast im dürftigen Schatten der Dattelpalmen in der brütenden Hitze der Mittagsstunden.

Höchstens drei Studenten nehme ich täglich mit. Auf diese Weise sollen alle Gelegenheit bekommen, diese Jagdart auf eine Vielfalt von Wildarten selbst kennenzulernen. Alle sollen wissen, worum es geht, auch wenn nur wenige von ihnen später einmal selbst als Jagdführer tätig sein werden. Auch während dieser Safari sollten sie möglichst selbst die Jagd ausüben, wenigstens die passionierten. Doch der Sprecher teilte mir den Beschluß der Studentenschaft mit, Bwana Kuno solle hier im schwierig zu bejagenden Miombo diesen letzten Akt der Pürsch selbst durchführen. Sie wollen nicht das Resultat eines stundenlangen Fußmarsches, mehr aber noch die Fleischversorgung der Lagerküche durch den Fehlschuß eines Kommilitonen in Frage gestellt sehen.

Im Hinblick auf die Rappenantilope, wo nun wirklich kein weiterer

Patzer mehr passieren durfte, ist mir dieses Ansinnen ganz recht. Doch ausgerechnet diese Wildart sehen wir kaum noch, einen jagdbaren Bullen gar nicht mehr. Wohin wir unsere Pürschfahrten und -gänge auch richten, es ist wie verhext. Doch sonst klappt alles recht gut. Zur Verköstigung der im ganzen 30 Mann starken Truppe bedürfen die Köche täglich einer großen Antilope. Wenn das einmal nicht klappt, gibt es bereits mürrische Gesichter, und ich muß mich am nächsten Tag um so mehr bemühen, das Versäumte aufzuholen und zwei Stück Wild anzuliefern.

Probleme gab es gelegentlich auch in diesem Lager wegen der unterschiedlichen Glaubensbekenntnisse der Schwarzen. Mohammedaner dürfen kein Fleisch von Tieren essen, die nicht vorher geschächtet, also ausgeblutet wurden. Dazu muß ihnen, bevor sie ganz verendet sind, die Kehle durchschnitten werden. Das ging natürlich nicht bei selteneren Arten, deren Kopfhaut oder ganzes Fell für eine spätere Präparation zubereitet werden sollte. Das Wildbret dieser Tiere war dann als ›Christenfleisch‹ nur von den Andersgläubigen zu genießen.

Stets nahm mindestens ein Moslem an den morgendlichen Pürschgängen teil, denn nur ein solcher darf den sakralen Akt des Schächtens durchführen. Bei wehrhaftem Wild wie Büffeln oder Großantilopen kann der Versuch höchst gefährlich werden, einem noch nicht ganz verendeten Tier den Kehlschnitt beizubringen. Da uns an einer unfallfreien Safari stets mehr gelegen war als an einem korrekt zelebrierten Ritual, behielt ich mir in solchen Fällen die Entscheidung über den Zeitpunkt des Schächtens vor. Wenn dann der Muselmann dem verendeten Wild an die Kehle ging, erbebte dieses plötzlich vorschriftsmäßig in seinen letzten Zuckungen – weil zwei Ungläubige durch ruckartiges Ziehen am Schwanz des Tieres für einen orthodoxen Ablauf des Zeremoniells sorgten. Allah möge uns diese lediglich um der Unversehrtheit seiner Gläubigen willen angewandte List verzeihen.

Weitere Probleme gab es dann in der Lagerküche, weil die Köche meist nicht bereit waren, das unterschiedlich vorbehandelte Wildbret auch getrennt zuzubereiten, sondern alles in einem Topf garten, aus dem dann Christen und Moslems gespeist wurden. Als alle Proteste der letzteren nichts nutzten, entwickelten sie selbst eine Rechtfertigung für die dadurch gegebene hohe Wahrscheinlichkeit einer Versündigung durch Genuß unreinen Fleisches: In diesem Falle hätten dann nicht sie gesündigt, sondern die Köche! Weil die nämlich zu faul waren, das für Moslems bestimmte Fleisch in einem gesonderten Topf zu kochen . . .

Unbewußt hatte ich schon früher einmal dazu beigetragen, den Glauben an die strengen moslemischen Sitten zu erschüttern, nämlich während der erwähnten Elefantenjagd. Als wir nach viele Stunden dauernder Pürsch den Bullen endlich erbeutet hatten und die Helfer die Stoß-zähne herausmontierten, war der Hunger nicht mehr zu bändigen. Ich nahm mir das ›kleine Jägerrecht‹ aus der Wangenpartie der großen Beute und kaute genüßlich – ohne zunächst das fassungslose Staunen der moslemischen Studenten zu bemerken, denen das Fleisch des Elefanten ebenso tabu ist wie das des Schweins. Und dann noch roh . . . Sie staunten mich an, wie einst die alten Germanen den St. Bonifazius, als er die ihnen heilige Donars-Eiche fällte. Doch so wenig einst die altdeutsche Gott-heit durch einen Blitz den Missionar niederstreckte, so wenig rächte Al-lah den kulinarischen Frevel. Nicht einmal durch Bauchweh . . .

Doch zurück zum Lehrprogramm. Unter günstigen Umständen, wenn also genug Zeit für einen sicheren Schuß bleibt, lasse ich diesen auch durch solche Studenten abgeben, die sich durch gute Leistungen am Schießstand ausgezeichnet hatten. In der Regel bedarf es im Buschwald aber eines raschen Schusses, und so bewirkte der erwähnte grundsätzli-che Beschluß, daß wir fast alle dort vorkommenden Miombo-Wildarten erbeuten konnten, auch Bohor-Riedbock und Roan- oder Pferdeanti-lope.

Eines Tages überquert plötzlich ein hellgrauer Schatten unseren Pürschpfad und ist verschwunden, bevor ich ihn identifizieren, ge-schweige denn ins Visier nehmen konnte. Doch ihm folgt unmittelbar ein zweiter, noch größerer. Im Zielfernrohr erkenne ich in ihm, gerade noch rechtzeitig, den legendären Großen Kudu.

Die drei Studenten hinter mir versuchen, mit ihren Ferngläsern das Dickicht zu durchdringen. Der Bulle hatte auf den Schuß nicht gezeich-net, sondern war, davon scheinbar unbeeindruckt, seinem jüngeren Ad-jutanten nachgezogen. Doch kurz darauf stehen wir vor dem Wild, das Hemingways berühmten Vater Ernest wohl am meisten von allen ostafri-kanischen Wildarten beeindruckt und das er in einem seiner Bestseller, ›Die grünen Hügel Afrikas‹, so anschaulich geschildert hatte.

Der Große Kudu ist hier seltener und schwerer zu bekommen als in Süd- und Südwestafrika, wo inzwischen wieder weite Landstriche diese Wildart in relativ hoher Dichte beherbergen – dank der hohen Einnah-men, die die Farmer durch ihre Bejagung erzielen.

Im steten Bemühen, doch noch eine Rappenantilope zu bekommen, hatte ich mit dem Kudu gar nicht mehr gerechnet. Um so größer die Ge-nugtuung, die Studenten auch mit dieser bedeutsamen Art noch vertraut machen zu können. Diejenigen, die später einmal als Jagdführer tätig werden wollen, üben sich im Vermessen der langen, dreifach gewunde-nen Hörner. Der Kopfschmuck jüngerer Bullen hat weniger Windungen.

Ganz anders als Oryx-, Pferde- oder Rappenantilope ihre dolcharti-

174

gen Stirnwaffen setzt der Kudu sein Schraubengehörn gegen Rivalen ein. Es ist nicht geeignet, dem Gegner durch Stiche tödliche Verletzungen beizubringen. Die Kudubullen messen sich eher durch Schieben und Drehen, vergleichbar einem Ringkampf oder dem bayerischen Fingerhakeln, wobei sie sich mit den gewundenen Hörnern packen. Entsprechend massig ist die Hals- und Nackenmuskulatur entwickelt. Die Haut ist jedoch am ganzen Körper auffallend dünn – diese Art der Rivalenkämpfe macht's möglich. Zum Vergleich: den Nacken des Oryxbullen muß eine über zwei Zentimeter starke, zähe Hautschicht vor den wuchtigen Dolchstichen des Gegners schützen.

120 Schritt – Blattschuß – verendet nach 40 Schritt – kein Ausschuß, notiere ich, während sich die Studenten mit dem Aufbrechen befassen. Auf Vermittlung des Ellwanger Rehwildforschers Franz Rieger sollte ich die Wirkung der 14 Gramm schweren Kegelspitz-Geschosse, Kaliber 8 × 68, auf größeres Wild überprüfen. Eine Aufgabe, die ebenfalls im Bereich meiner Lehrtätigkeit liegt. Denn das möglichst rasche und schmerzlose Töten des Wildes ist ein wesentlicher Teil der Jagdausübung, und Voraussetzung hierfür ist die richtige Munition, ermahne ich die Studenten. Die meisten akzeptieren die nun einmal notwendigen größeren Büchsenkaliber, einige wurden jedoch infolge des starken Knalls und Rückstoßes ausgesprochen ›schußscheu‹, mit allen daraus folgenden, die Treffsicherheit beeinträchtigenden Angewohnheiten. Daher wurde der Schießunterricht fast ausschließlich mit Kleinkalibergewehren durchgeführt, und erst kurz vor den Safaris sollten die Studenten mit den eigentlichen Jagdwaffen Bekanntschaft machen.

Im Hinblick auf die bei der Jagd auf gefährliches Wild manchmal notwendigen schnellen Schüsse führten wir als neue Übungsdisziplin das Wurftaubenschießen ein. Wir brauchten dazu keinen Trap- oder Skeetstand. Eine einfache Handschleuder tat's auch, und die von vorn auf den Schützen zufliegende Taube diente wohl am ehesten dem erstrebten Übungszweck. Es bereitete den Jagdbeflissenen einen Mordsspaß, das runde Ding zu Staub zu zerschießen – was ihnen allerdings selten genug gelang. Aber sie lernten, mit der Waffe umzugehen.

Es ist eine herrliche Zeit in der einsamen Wildnis um den Ugalla-Fluß. Nur ganz selten begegnen wir Menschen, Eingeborenen, die in den trüben Fluten des Flusses fischen. Ihre Bewegungen sind auffallend langsam, ihre Augenlider halb geschlossen. Der schläfrige Eindruck ist Folge der Schlafkrankheit, gegen die diese Leute wohl eine Teilimmunität entwickelt haben. Viel langsamer als bei Fremden oder ihrem Vieh schlägt der Tod zu.

Nur selten bekommen wir die Tsetsefliege, die dieses Wildparadies erhalten hat, zu sehen. Auch ist beileibe nicht jede Fliege mit den gefährlichen Trypanosomen, den Erregern der Schlafkrankheit, befallen, sondern im Schnitt nur eine von fünfzehn, hatte Hemingway den Studenten erläutert. Die Infektionsgefahr ist auch insofern geringer als bei Malaria, da Tsetsefliegen nur tags aktiv, folglich besser abzuwehren sind als die nächtlich schwärmenden Moskitos.

Ich kann mich nicht erinnern, während dieser drei Wochen von einer Tsetsefliege belästigt worden zu sein. Allerdings kam mir dabei wohl meine ansonsten in Afrika sehr nachteilige, da stets sonnenbrandgefährdete helle Haut zustatten. Tsetsefliegen lassen sich, vielleicht wegen mangelnder Tarnung, ungern auf heller Oberfläche nieder; sie bevorzugen daher die dunkle Haut meiner afrikanischen Begleiter. Diese versuchen sich in konzertierter Aktion des Insekts zu erwehren, indem sie sich gegenseitig beobachten und die Fliegen totklatschen, wo immer diese unbemerkt landen. Eine Abmachung, die erwartungsgemäß auch zu Mißbrauch verführt, gibt sie doch endlich Veranlassung, einem mißliebigen Kommilitonen den längst fälligen überdimensionalen Schlag zu versetzen – ob dafür Veranlassung in Form einer Fliege besteht oder nicht.

Jedenfalls war die Stimmung der Truppe durch die Furcht vor der tödlichen Krankheit nicht erkennbar beeinträchtigt. Studenten und Eingeborene palavern am Flußufer, an der Anlegestelle der Boote, die aus einem Stammstück gehauen sind. Beide Gruppen genießen es offensichtlich, einmal andere Gesichter zu sehen. Man tauscht Wildfleisch gegen Fische und Honig. Diesen gewinnen die Eingeborenen von wilden Bienen, die sich in eigens dafür in Bäume gehängten hohlen Aststücken angesiedelt haben. Wir genießen das sorglose Dasein, leben von den Früchten dieses ursprünglichen Landes. Wir leben in einer heilen Welt.

Möglichkeiten aufzuzeigen, diese Landschaft und ihre nachwachsenden Naturgüter zu erhalten, ist Hauptziel dieser Safari. Nachhaltige Wildnutzung setzt entsprechende Planung voraus. Die Grundlagen hierfür bringt Hemingway den angehenden ›Wildlife-Managern‹ bei. Allmorgendlich setzen sich die von ihm organisierten Drei-Mann-Trupps in Bewegung, um auf vorher festgelegten Zählrouten alles beobachtete Wild zu erfassen. Am späten Nachmittag, nachdem die drückendste Hitze gewichen ist, versammeln sich Hemingways Mannen im Schatten des Baumriesen im Lager, um unter seiner Anleitung die Felddaten auszuwerten. So bekommen sie eine Vorstellung über die Dichten der einzelnen Wildarten in ihrem unübersichtlichen Lebensraum.

Diese Daten sind wiederum Grundlage für die Kalkulation der jagdlichen Nutzung: Wieviele reife Bullen der Topis, der Rappen- oder Pferde-

35 Am Nachmittag wertet Hemingway die Zähldaten aus

36 Der Große Kudu wurde uns zur unerwarteten Beute

37 Das wohl eindrucksvollste Wild im Miombo, die Rappenantilope
38 Der College-Leiter Dr. Nyahoza (zweiter von links) mit seiner ersten Beute, einem Buschschwein. Ganz rechts Pat Hemingway

antilope sind jährlich für Jagdsafaris verfügbar, ohne daß dadurch deren Bestände beeinträchtigt werden? Zum Schluß errechnen sie die Einnahmen des Landes durch solche Safaris. Der eloquente Kollege versteht es meisterhaft, seine Zuhörer zu überzeugen, welche Erträge dieser bislang so nutzlos scheinende Landstrich doch abwerfen könnte. Und dies ohne Einbußen seiner Ursprünglichkeit, ohne Zerstörung der Natur!

Die jagende Gruppe genießt einstweilen die Siesta. Doch auch im Halbschlaf prägen sich die eingängigen Erläuterungen ein. Dann schweifen die Gedanken wieder ab, konzentrieren sich auf die schwarze Antilope mit den weit geschwungenen Hörnern. Eine Vielzahl von Unwägbarkeiten, von nicht beeinflußbaren Faktoren, bestimmt letztlich über Erfolg oder Mißerfolg bei der Jagd. Sie veranlassen den Jäger zum Grübeln, zu manchmal absurden Vorstellungen über die Ursachen mangelnden Jagderfolgs, aber auch über Rezepte, diesen zu verbessern. Warum nur sehen die Zähltrupps täglich Rappenantilopen, einmal gar 60 Stück, während die jeweils jagenden Gruppen so gut wie keine mehr in Anblick bekommen? Hat das vielleicht mit Hemingway zu tun? Nur einmal, am ersten Abend, hatte er den Jagdtrupp begleitet, und nur dieses eine Mal hatte sich das ersehnte Wild gezeigt und mir eine Chance gegeben.

Am Vorabend des letzten Tages am Ugalla hatte sich diese Vorstellung, so verrückt sie auch mir bei nüchterner Betrachtung schien, so festgefressen, daß ich sie Hemingway vortrug. Mit der Bitte, uns doch noch ein einziges Mal, am letzten Jagdtag, zu begleiten. Den erwarteten, weit schallenden Heiterkeitsausbruch ob meines Aberglaubens nehme ich in Kauf, zumal er schließlich zusagt. Sein Lehrprogramm für diese Safari ist bereits abgeschlossen.

Den ganzen letzten Tag haben wir für dieses Unternehmen eingeplant – aber wir kommen nicht weit. Es ist nicht zu fassen: Nicht weniger als vierzehn Bullen des wochenlang vergeblich gesuchten Wildes überqueren vor uns in aller Ruhe die Piste entlang des Ugalla, auf der wir alltäglich unsere Pürschfahrt begonnen und beendet hatten. Und da soll man nicht abergläubisch werden? Doch zum Sinnieren ist jetzt keine Zeit. »Den zweiten von links!« entscheidet Hemingway, während ich aus dem langsam weiterfahrenden Unimog zu Boden gehe. Ich vertraue auf seine jahrelange Erfahrung als Jagdführer, befasse mich nicht weiter mit dem Ansprechen. Wenn nur das Gras hier nicht so verdammt hoch wäre. Jetzt nur nichts falsch machen! Ich finde keine Auflage für die Büchse, zum weiteren Suchen bleibt keine Zeit, die Herde vor mir setzt sich in Bewegung. Aus recht wackliger Stellung faßt das Fadenkreuz doch für einen

Moment das schwarzbraune Blatt des zweiten Bullen – und dann höre ich den Aufschlag der treffenden Kugel.

Der Unimog rast heran, ich springe auf, und wir folgen den davonstiebenden Bullen bis an den Rand des dichten Miombo, in dem sie nun untergetaucht sind. Zu weit vorne hätte ich ihn erwischt, meint Hemingway, jedenfalls nicht das Herz getroffen.

Langsam schiebe ich mich ins Gestrüpp, entdecke schließlich einige Antilopen, die sich hier in guter Deckung rasch beruhigt haben. Die Büchse im Anschlag beobachte ich die Herde, die nun gemächlich über eine winzige Blöße zieht, ein Bulle nach dem andern. Alle scheinen gesund, neun zählte ich schon durchs Zielfernrohr, zehn, elf, zwölf, dreizehn. Der nächste muß er sein – doch der kommt nicht. Er ist nicht mehr bei der Herde, ich hätte ihn auch an der dunkleren Decke erkennen müssen.

In der Richtung, aus der die Herde gekommen war, stoße ich unbemerkt auf den Schwerkranken. Ein Fangschuß beendet eine Jagd, auf deren Erfolg ich nicht mehr zu hoffen gewagt hatte. Viel früher als erwartet treffen wir im Lager ein. So bleibt genügend Zeit, den Studenten einige Aspekte der Biologie auch dieser Wildart am Objekt zu demonstrieren, sie mit diesem wohl eindrucksvollsten Miombo-Bewohner vertraut zu machen.

Es war wohl der älteste Bulle in diesem Trupp, aber doch nicht sonderlich alt. Die alten Bullen leben allein und dulden keinen Geschlechtsgenossen in ihrem Territorium. Die jüngeren dagegen rotten sich zu ›Junggesellenclubs‹ zusammen, und ein solcher war uns heute morgen begegnet. Der Erlegte, dessen Färbung dem Schwarzbraun der territorialen Bullen recht nahe kommt, hätte wohl demnächst ein eventuell frei gewordenes Revier bezogen und die Mitgliedschaft im Club gekündigt.

Hemingway unterweist die Studenten im Vermessen der langen, weit geschwungenen Hörner. In der damaligen Zeit des übertriebenen Trophäenkults maß man dieser Tätigkeit besondere Bedeutung bei. Sah doch mancher Afrikajäger die Krönung seiner Jagderlebnisse darin, mit einem oder gar mehreren seiner erbeuteten Hörner ›ins Buch‹ zu kommen. Ins Buch des von Engländern begründeten Rowland & Ward Club, vergleichbar dem Buch des Boone & Crocket Club für amerikanisches Wild. Bestimmte Mindestmaße wurden dabei für die einzelnen Wildarten festgelegt. Die Hörner dieser geographischen Rasse der Rappenantilope müssen 40 Zoll, also einen Meter lang sein, an der Vorderseite über die Krümmung gemessen. Viele Hände helfen Hemingway beim Anlegen des Meßbands: 42 Zoll (inch). Der Bulle würde ›das Buch machen‹, würde man ihn anmelden. Doch daran hat niemand Interesse.

Wahrscheinlich wären die Hörner dieses mittelalten Tieres nicht mehr länger geworden; denn der mit zunehmendem Alter nachlassende jährliche Zuwachs kann die Abnutzung immer weniger wettmachen; das Horn wird kürzer.

Wir hatten uns zu jener Zeit bemüht, bei der Trophäenbewertung auch das Alter des Wildes berücksichtigen zu lassen, um etwas von der Erlegung der mittelalten, vitalen Stücke abzulenken. Vergeblich! Vielleicht lag das auch daran, daß die von Kritikern entwickelte Hypothese, Trophäenjagd verschlechtere das Erbgut der Population, nicht zu beweisen war. Im Gegenteil, hierfür gibt es bis heute nicht einmal Anhaltspunkte.

Überzeugend sind dagegen die genannten wirtschaftlich bedingten Vorteile der Trophäenjagd für die Erhaltung der Wildbestände im ganzen. Vielleicht konnte diese Lehrsafari mit dazu beitragen, daß wenig später das Jagdverbot im Lande wieder aufgehoben und die staatliche ›Tanzania Wildlife Corporation‹ gegründet wurde. Sie organisiert nun Jagdsafaris in die wildreichen Gebiete des Landes, die dadurch bis heute vor der Zerstörung bewahrt blieben.

Das war damals allerdings noch höchst ungewiß, als ich mit Hemingway das letzte, durch feuchtes Zeitungspapier gekühlte Bier trinke. Anders als am Abend zuvor habe ich jetzt gut lachen. Nicht die Schlafkrankheit habe ich erwischt, wie von meinem Kollegen düster prophezeit, sondern den Kudu und sogar die Rappenantilope. Und die Rappenantilope verdanke ich eben doch seiner Begleitung – Aberglaube hin oder her.

Kilimandscharo

Eis und Schnee am Äquator – täglich kann ich diese kuriose Erscheinung von meinem Bungalow aus beobachten. Jeden Morgen und Abend erstrahlen die Gletscher glutrot im Licht der tiefstehenden Sonne. Doch tagsüber ist er meist in dichte Kumuluswolken gehüllt, der majestätische Kilimandscharo, mit fast 6000 Metern höchster Berg Afrikas.

Gletscher über glutheißer Steppe? Verständlich, daß man dem schwäbischen Missionar Johannes Rebmann, der als erster Europäer am 11. Mai 1848 dieses Paradoxon erschaute und darüber berichtete, zunächst nicht glauben wollte. Zumal dessen mangelnde Sehschärfe bekannt war. Wolken habe er wohl gesehen oder hellen Kalkstein, kritisierte zum Beispiel der Londoner Geograph Cooley.

Doch Rebmann hatte trotz seiner Kurzsichtigkeit das Geschaute richtig interpretiert. Dem Süddeutschen waren schneebedeckte Berge durchaus vertraut. Anders als seinem eingeborenen Begleiter, der das gleißende Weiß früher für Silber gehalten hatte. Die zur Bergung des vermeintlichen Edelmetalls hinaufgesandten Dschaggas kamen jedoch mit leeren Händen bei ihm an. Der Traum vom schnellen Reichtum hatte sich buchstäblich in Luft aufgelöst.

Spätere Forschungsreisende konnten dann die Gletscher unter der Tropensonne einwandfrei bestätigen. Ihre Existenz verdanken sie dem Vulkanismus in dieser geologisch so bewegten ostafrikanischen Region. Ein kegelförmiger Bergstock von der Grundfläche des Harzes erhebt sich 5000 Meter hoch über die 1000 Meter über dem Meeresspiegel gelegene Steppe. Mehrmals im Laufe der Erdgeschichte war dieser Rumpfvulkan wieder aktiv geworden, hatte neue Krater und Vulkankegel gebildet, dabei als jüngsten und höchsten den Kibo, den Gipfel des Kilimandscharo-Massivs.

In dieser Höhe fallen die Niederschläge der Passatwinde als Schnee oder Graupeln. In der Gipfelregion, wo die Sonneneinstrahlung infolge der steilen Hanglagen geringer ist, besonders während der kühleren Jahreszeit der Südhalbkugel vom März bis September, bleibt der Schnee liegen. Er verdichtet sich zu Firn und schließlich zu Gletschereis, das unter dem Gewicht der oben abgeladenen Schneemassen die Gipfelhänge herabfließt, in kaum feststellbarem Zeitlupentempo. An der kühleren Südflanke reicht die Gletscherkappe bis auf 5000 Meter Meereshöhe herab, wo sie sich unter dem Einfluß der zunehmenden Temperatur in eine Unzahl von Bächen und Rinnsalen verwandelt. Gleich einer riesigen Oase speisen sie das breite Band der tiefer gelegenen Bergregenwälder und ermöglichen landwirtschaftliche Aktivitäten in Form von Bananen- und Kaffeeplantagen in der Kulturzone rund um den Fuß des Bergmassivs.

Schon als Schüler im Erdkundeunterricht hatten mich Bilder und Beschreibungen dieses Berges mit dem eindrucksvollen Namen fasziniert. So war denn auch die Lage des Wildlife-College am Fuß des Kilimandscharo ein wesentliches Motiv für meine Bewerbung um dieses Entwicklungshilfe-Projekt. Und nun sehe ich ihn fast täglich, den Bergkoloß, vom College aus, und auch während der Safaris in die nähere Umgebung, als weithin sichtbare Landmarke.

Mit Bergsteigen als reinem Selbstzweck hatte ich noch nie viel im Sinn gehabt. Doch im Falle des Kilimandscharo war es anders. Er war für fast zwei Jahre mein ›Hausberg‹, er ist mir ans Herz gewachsen. Wie oft hatten wir von der Steppe aus mit dem Fernrohr den höhenbedingten Wechsel der Vegetation beobachtet, vom Urwald bis zur ›alpinen Wüste‹ und Eisregion. Pflanzengesellschaften, die sich auf Meereshöhe von den Tropen bis in die Arktis, also über Tausende von Kilometern hinweg ablösen, sind hier an einem Berg komprimiert, auf einen Blick durchs Fernrohr zu erschauen.

Früher hatte man vom College aus immer wieder einmal Expeditionen in die geheimnisvollen Höhen durchgeführt. Doch dann war die Sache eingeschlafen, sei es aus Gründen der damit verbundenen Strapazen, sei es aus mangelndem Interesse des Lehrkörpers. Doch die Idee, es wieder einmal zu versuchen, reifte von Tag zu Tag. Am abendlichen Lagerfeuer während einer Lehrsafari in die westlich vom College gelegene Ngaserai-Steppe trage ich den Studenten meinen Plan vor. In ruhiger Erhabenheit ragt er nun frei von Wolken über die dämmernde Steppe, der höchste Berg Afrikas. Sein weißes Haupt glüht noch im Schein der für uns längst untergegangenen Sonne.

»Wer will mit mir dort hinauf?« frage ich sie unvermittelt. Natürlich wollen sie alle. Der Plan imponiert ihnen, er spricht sich im Nu im Lager herum. Das geht nun auf keinen Fall, und so erzähle ich ihnen, was sie dort oben erwartet, nämlich beträchtliche Strapazen in Form von Kälte, Schneestürmen, Hunger und vor allem Sauerstoffmangel. Interessiert lauschen sie meinem Bericht über die ersten Expeditionen.

Von der Entdeckung des Kilimandscharo im Jahre 1848 bis zur ersten Besteigung sollten noch Jahrzehnte vergehen. Rebmann hatte damals nur die obere Grenze des Regenwaldes erreicht – und in Verkennung der Entfernung wie der höhenbedingten Schwierigkeiten geglaubt, die Eis- und Schneezone wäre wohl in ›drei bis vier Stunden‹ zu erreichen gewesen. Immerhin erhielt Rebmann für seine Verdienste die silberne Medaille der Geographischen Gesellschaft von Paris und der größte Gletscher des Berges seinen Namen.

1861 blieben zwei Expeditionen, ebenfalls von Deutschen, in Schneestürmen stecken und scheiterten. Zehn Jahre später erreichte der englische Missionar New bei seinem zweiten Versuch immerhin die untere Grenze einer Gletscherzunge. Damit war Rebmanns Vermutung erstmals handgreiflich bestätigt. Neben den bergsteigerischen Strapazen machten dem Missionar die Anfeindungen der Eingeborenen zu schaffen, die ihn ausplünderten.

In den folgenden 80er Jahren versuchten mehrere Forscher, ein Deutscher, zwei Engländer und ein Ungar, unabhängig voneinanderr den eisgekrönten Kibo zu bezwingen – vergeblich. Immerhin erbrachten ihre zum Teil mehrmonatigen Aufenthalte in der Bergregion wesentliche Erkenntnisse über deren Naturgeschichte. So entdeckten sie gelegentlich Großwild noch weit oberhalb des Regenwaldgürtels, nämlich Elefanten in 4000, Antilopen und Büffel selbst in 4200 Metern Höhe.

Auch die ersten Ersteigungsversuche des deutschen Verlegers und Alpinisten Hans Meyer scheiterten: 1887 an Erschöpfung im Schneesturm trotz guter Ausstattung mit Trägern, und 1888 bereits im Anmarsch auf den Berg, als die Karawane von Eingeborenen geplündert und Meyer gefangengenommen wurde.

Doch der schon damals weitgereiste und offenbar finanziell gut ausgestattete Forscher gab nicht auf, beflügelten ihn doch auch nationale Gefühle, denn der Kilimandscharo liegt an der Nordgrenze von Tanganjika, also in der 1884/85 als ›Deutsch-Ostafrika‹ begründeten Kolonie. Meyer sah darin eine nationale Pflicht: Der nun höchste ›deutsche‹ Berg, vor über vierzig Jahren entdeckt von einem Landsmann, sollte auch von einem Deutschen erstmals bezwungen werden.

Die dritte Expedition, 1889, wurde sehr sorgfältig vorbereitet, unter Vermeidung der Fehler aller früheren Versuche. Mehrere Lager, beginnend von Marangu, wurden von 16 Trägern aufgeschlagen und mit Proviant und der für die jeweiligen Temperaturen erforderlichen Kleidung sowie alpiner Ausrüstung versehen. Meyer war begleitet von dem österreichischen Alpinisten Purtscheller. Für den Aufstieg bis zum Fuß des eigentlichen Kibogipfels in 4500 m Höhe wählten sie die weniger steile Marangu-Route und ließen sich zur Anpassung an die immer dünnere und sauerstoffärmere Luft fünf Tage Zeit.

Frühmorgens am 3. Oktober begannen sie den eigentlichen Gipfelsturm und erreichten schließlich unter unsäglichen, durch Atemnot bedingten Mühen, aber wohl erstmals in der Geschichte der Menschheit den Rand des Gipfelkraters. Völlige Erschöpfung zwang zu Abstieg und eintägiger Rast im Gipfellager. Am 5. Oktober versuchten sie es erneut und gingen am Kraterrand entlang zu dessen höchster Erhebung. Meyer pflanzte dort die deutsche Fahne auf und taufte ›mit dem Recht des Erstbesteigers diesen höchsten Punkt afrikanischer und deutscher Erde ›Kaiser-Wilhelm-Spitze‹. Er schlug den obersten Stein los und nahm ihn mit, um ihn später bei einer Audienz Kaiser Wilhelm II. zu überreichen. – Der höchste Berg Afrikas war bezwungen.

Längst hat sich die Nacht über die Steppe gesenkt, das Lagerfeuer ist heruntergebrannt. Schweigend hatten die Studenten meinem Bericht gelauscht, ihn kaum durch Fragen unterbrochen. Sie schauen hinüber zur majestätischen Berggestalt, sehen sie nun mit anderen Augen. Fast gespenstisch leuchten die Gletscher jetzt im grünen Schein des zunehmenden Mondes. Als ich ihnen dann noch von späteren Expeditionen erzähle, die keineswegs weniger beschwerlich und sogar lebensgefährlich waren – 1894 hatten kriegerische Eingeborene den Geologen Leut und fast alle seine Träger umgebracht –, da läßt die Begeisterung für dieses strapaziöse Unternehmen bei vielen merklich nach. Noch in den ersten Jahrzehnten dieses Jahrhunderts war die Besteigung des Gipfels so selten gelungen, daß jeder Erfolgreiche namentlich bekannt war.

»Wer also möchte nun mitkommen?« Erwartungsgemäß sind es schon wesentlich weniger. Als ich ihnen noch von den letzten College-Expeditionen erzähle, die beide im Schneesturm scheiterten, und darauf hinweise, daß nur mitkommen dürfe, wer festen Willens und in der Lage sei, den Gipfel zu erreichen, da schrumpft das Häuflein der Unternehmungslustigen auf zwölf Mann zusammen.

Endlich ist es dann soweit. Der College-Leiter Dr. Nyahoza hatte meinem Plan schließlich zugestimmt, allerdings unter Bedingungen, die mich nach all dem Gelesenen und Gehörten doch bedenklich stimmten. Um möglichst keinen Unterricht zu versäumen, müsse das ganze an *einem* Wochenende abgewickelt werden. Also Auf- und Abstieg direkt vom College aus und nicht über die weniger steile und mehrere Tage in Anspruch nehmende Marangu-Route. Träger wollte er uns auch nicht zubilligen, jeder müsse das, was er ›da oben‹ brauche, selbst hinauftragen. Lediglich einen mit dieser Region vertrauten Eingeborenen als Führer wollte er beisteuern.

So recht wohl ist mir nicht mehr angesichts dieser Primitiv-Expedition. Wie las sich doch die Warnung in einer Reisebeschreibung der AFZ? ›Es gehören schon gußeiserne Burschen vom Typ Fallschirmjäger oder Fremdenlegionär dazu, die auf all das (nämlich den Komfort der Marangu-Route) pfeifen und sich in eigener Regie auf den Weg (zum Kibogipfel) machen.‹

Am Vorabend schaue ich meinen künftigen Begleitern beim Fußballspiel auf dem College-Sportplatz zu: drahtige Kerle, von sportlichem Ehrgeiz beseelt und im besten Alter. Mit meinen 36 Jahren bin ich fast doppelt so alt wie sie. Als 22jähriger hatte ich einmal in tagelangen Märschen die Tundra Nordislands durchquert, in einem riesigen Rucksack alles mitführend, vom Zelt bis zum Kochtopf. Damals war ich noch von der Begeisterung erfüllt gewesen, die arktische Vogelwelt auf diese ursprüngliche, und damals im zeitigen Frühjahr auch einzig mögliche, Weise kennenzulernen. Ich hatte mir allerdings geschworen, künftige Exkursionen mit etwas mehr Komfort auszustatten. Doch nun war es wieder einmal nichts damit, wie schon so oft zuvor. Würde ich mit den jungen Studenten überhaupt noch mithalten können?

Die letzten Bananenfelder der ›Kulturzone‹ liegen hinter uns, nur noch ein schmaler Pfad führt in die märchenhafte Umgebung des tropischen Bergwaldes. Ein Urwald in des Wortes ureigenster Bedeutung. In verwirrender Artenvielfalt Baumgewächse verschiedensten Alters auf engstem Raum. Sie leben und sterben hier ohne jeden menschlichen Eingriff. Armlange Flechten hängen wie Lametta vom Geäst exotischer Baumgestalten, verleihen dem grünen Waldesdämmern die Feierlichkeit eines Märchenwaldes. Feuchtglänzende Moospolster begrünen modernde Baumleichen, zeugen vom harmonischen Wechselspiel zwischen Leben und Tod.

Fast lautlos steigt die kleine Karawane bergan. Ungewohnt feuchte Luft und dichte Vegetation dämpfen die Geräusche von Worten und Schritten. Sprühregen kühlt wohltuend die erhitzen Körper, dann umgibt uns immer dichterer Nebel. Fast gespenstisch wirken nun Baumfarne und Waldlobelien. Colobusaffen in langem schwarzweißen Pelz beschweren sich lautstark über unser Erscheinen. In den höchsten Bäumen sitzend, sind sie eher zu erahnen als zu sehen. Anderes Wild bemerken wir in dieser grünen Wildnis nicht, hören nur das Gezwitscher der Bulbuls oder sehen Turacos lautlos von Ast zu Ast gleiten.

Unseren Führer wissen wir zunehmend mehr zu schätzen. Ohne ihn hätten wir jetzt größte Schwierigkeiten, uns in dem Labyrinth von tiefen Schluchten, rauschenden Bergbächen, lebenden und toten Baumstämmen zurechtzufinden, im immer dichteren Nebel.

Dann, am späten Nachmittag lichtet sich der Bergnebelwald zunehmend. Immer weniger Baumarten säumen unseren Weg, schließlich beherrschen nur noch Ericaceen, knorrige, unserem Heidekraut verwandte Baumgestalten, das Bild. Dazwischen immer größere Flächen buschiger Heidekrautvegetation, die etwas an unseren Wacholder erinnert.

Und immer kühler ist es geworden, schon seit Stunden. Hier an der Waldgrenze haben wir etwa 3000 m Meereshöhe erreicht. Die Afrikaner ziehen sich Pullover über, ich bin diese Temperaturen vom heimatlichen Hochschwarzwald eher gewöhnt. Dann erleben wir aus unmittelbarer Nähe, was uns von der Steppe aus schon so oft beeindruckt hatte, das Aufreißen der Wolkendecke am Abend. Aufkommender Wind jagt die Nebelmassen durcheinander, immer weiter wird die Sicht, dann wieder enger, aber schließlich siegt das Licht über die widerstrebenden Wolkenfetzen. Und dann steht er über uns im Schein der tiefstehenden Sonne, der Kilimandscharo, viel größer als wir ihn je gesehen hatten. In unwirklich klaren und leuchtenden Farben, darüber das azurblaue Firmament.

»What a monster!« staunt Mongi, ein Student aus Moshi. Er ist überwältigt von diesen Dimensionen des ihm von Kind an aus der Ferne bekannten Berges.

Doch der Führer drängt. Wir müssen weiter. Nicht mehr ganz so steil geht's jetzt schräg aufwärts über schütter von Gras und Busch bewachsenes Hangmoor. Feuchtigkeit dringt unangenehm durch die Lederstiefel. Doch auch sonst ist es nicht mehr wie heute morgen beim Abmarsch vom College. Die Schritte werden kürzer, und schneller geht der Atem. Ich habe mich an die Fersen des Führers geheftet und bemerke erst jetzt, wie sehr sich unsere Karawane schon auseinandergezogen hat, wohl über einen Kilometer. Die letzten haben kaum die Waldgrenze hinter sich gelassen.

Von einer Bodenwelle aus weist der Führer auf zwei in der Abendsonne glitzernde Pünktchen. Dorthin müssen wir heute noch kommen, Wellblechhütten zum Schutz für die Nacht. Also weiter! Das konkrete Ziel vor Augen beflügelt etwas die Schritte. Immer eindringlicher meldet sich der knurrende Magen.

Endlich ist's geschafft. Welche Erleichterung, den schweren Rucksack ins Gras sinken zu lassen, die müden Gehwerkzeuge auszustrecken. In unregelmäßigen Abständen tröpfeln die Studenten ins Lager, zuletzt die passionierten Zigarettenraucher, deren Lungen die Anstrengungen in dieser Höhe offenbar schon recht übelgenommen hatten. Doch schließlich sind sie alle da, liegen längelang im Gras, während der Führer dürres Buschwerk für ein wärmendes Feuer aufschichtet.

Nur Tee wird heute gemeinsam gekocht, die Mahlzeit bestreitet jeder aus dem eigenen Rucksack. Meine besteht aus zwei der knapp taubengroßen Flughühner, die ich im Rahmen eines Forschungsprojekts über diese Steppenvögel in der Ngaserai-Steppe erlegt hatte. Butler Marco hatte einige gekocht, und in diesem Zustand sollten sie während der Expedition den Hauptteil der erforderlichen kompakten, energiereichen Nahrung bilden.

Die Lebensgeister kehren zwar allmählich wieder, doch rasch bricht die Nacht herein. Einer nach dem andern verschwindet in den runden Wellblechhütten, um sich auf dem zusammengesteckten Feldbett in den Schlafsack zu wühlen. Entgegen sonstiger Gewohnheit gibt es heute kein langes Palaver am verglimmenden Lagerfeuer. Die Müdigkeit steckt der Truppe in den Knochen, das Unbehagen vor den Anstrengungen des nächsten Tages im Gemüt. Auch machen sich bereits deutliche Anzeichen der dünnen Luft hier in 3500 Metern Höhe bemerkbar. Sein Kopf sei so leicht, wundert sich einer, alle atmen kürzer, und der Schlaf wird immer wieder unterbrochen durch Phasen hektischen Luftschnappens. Zu rasch waren wir in direktem Anstieg in diese Höhe gekommen.

Gedämpfte Stimmung auch am nächsten Morgen beim Anblick des Bergriesen und seiner rotglühenden Gletscher. Nur eine zarte Eiswolke liegt über dem Gipfel im sonst wolkenlosen Firmament. Wir hätten einen Tag Pause einlegen sollen zur Gewöhnung an die dünne Luft. Doch der

Führer drängt und beschwichtigt. Drei Studenten geben auf und beschließen umzukehren. Trotz der ursprünglichen Abmachung hindere ich sie nicht daran. Die anderen schultern die Rucksäcke und steigen langsam bergan. Teils durch mooriges Gelände, dann wieder über steinige Grate. Endlos scheint die Buschvegetation aus Ericaceen, doch sie wird niedriger und immer lichter. Ich suche nach den berühmten Riesen-Greiskräutern und kann sie schließlich nur in weiter Ferne mit dem Fernglas entdecken: mehrere Meter hohe baumartige Gewächse, von oben bis unten eingehüllt in einen dichten Pelz abgestorbener lappiger Blätter. Vorsintflutlichen Lebewesen gleich stehen sie im hochgelegenen Grasmoor. Diese einzigen größeren Baumgestalten in dieser Höhe sind Korbblütler und unseren Greiskräutern verwandt. Jahrzehnte haben sie für ihr Wachstum gebraucht. Einige sind vielleicht noch lebende Zeugen der Erstbesteigung dieses Berges.

Um die Mittagszeit läßt sich der Führer zur Rast nieder, und wir folgen willig. Hier, in etwas über 4000 Metern Höhe endet die geschlossene Vegetation ziemlich abrupt. Nun gilt es, die sich ohnehin immer schwerer anfühlenden Rucksäcke weiter zu beladen, nämlich mit Brennholz aus den letzten Erica-Büschen. Jeder bekommt ein Bündel aufgeschnürt. Nicht genug damit, die Last erhöht sich weiter, denn hier sei die letzte Quelle, erklärt der Führer. Jeder muß sich die mitgebrachten Feldflaschen füllen, mit Wasservorrat eindecken. Wie lange muß er reichen? Wie lange können wir notfalls damit auskommen?

Einige Studenten blicken verdrießlich drein. Nebel hüllen uns plötzlich ein, nehmen die Sicht auf das Ziel unseres Marsches, den Kibo, der immer größer und unerreichbarer vor uns stand.

Weiter! Wir bemühen uns, die Gruppe zusammenzuhalten bei der nebelbedingten schlechten Sicht. Es wird kaum mehr gesprochen, für Afrikaner ein höchst unnatürliches Verhalten. Ich hefte mich an die Fersen des Führers, konzentriere mich auf die monotone Bewegung der Gehwerkzeuge, das spart Kräfte. Denn daß diese nachlassen, das spüre ich nun immer deutlicher.

Noch endloser wirkt unser Marsch bei fehlender Sicht. Stundenlang geht es über Felder aus ehemaliger Lava, die an der Oberfläche zu scharfkantigen Scherben verwittert ist und eigenartig klirrt unter den Füßen. Wir marschieren über Phonolith, zu deutsch Klingstein, der mir aus der Zeit meines Geologiestudiums noch gut bekannt ist. Damals war ich an die süddeutschen ehemaligen Vulkane Hohentwiel und Kaiserstuhl gereist, um meine Mineraliensammlung durch dieses vulkanische Produkt zu ergänzen. Hier wird es nun mit den scharfen Kanten zum Problem für unsere Stiefel, deren Oberleder immer mehr Schmisse abbekommt.

Stetig geht es bergan. Aus den Nebelwolken rieseln plötzlich Schnee- und Graupelschauer – ein Ereignis für die Studenten, die erstmalig hautnahe Bekanntschaft mit diesem weißen Zeug machen. Im Nu ist alles weiß, und es wird deutlich kälter. Ein weiterer Pullover, aus dem Gepäck gekramt, soll dagegen helfen. Einige ziehen Handschuhe an.

Endlich wird es heller, man ahnt den Stand der Sonne, dann taucht sie als gelbe Scheibe aus dem Grau, und schließlich lassen wir das träge wogende Wolkenmeer unter uns zurück. Über uns eine grandiose Felslandschaft, nicht sehr steil, aber in vielen Partien wild zerklüftet. Das Ziel, der Kibo, scheint nun doch schon viel näher.

Rechts drüben ragt der kleinere, aber wesentlich schroffere zweite Gipfel des Kilimandscharo-Massivs, der Mawenzi, in den azurblauen Himmel. Dieser Vulkankegel ist älter als der Kibo und ohne Gipfelkrater. Im Fernglas sind senkrechte Wände, schmalste Grate und tiefe Schluchten zu erkennen. Fast furchterregend sieht er aus und hat wohl deshalb immer wieder Kletterer angezogen. Mancher hat diese Herausforderung mit dem Leben bezahlt. Einmal hatte man sich – so der Bericht von Hemingway – hilfesuchend an das College gewandt, als ein verunglückter Kletterer leblos in seinem Seil in der überhängenden Felswand hing. Man sah keine andere Möglichkeit, ihn aus luftiger Höhe zu bergen, als von unten das Seil zu zerschießen, was unter erheblichem Aufwand an Munition schließlich gelang.

Zwischen Mawenzi und Kibo liegt der sogenannte Sattel, eine weite, fast vegetationslose Landschaft aus Sand, vulkanischem Lockergestein und größeren Findlingsblöcken, aus der Eiszeit stammend, als die Gletscher des Massivs viel tiefer reichten. Wir sind in der ›alpinen Wüste‹. Kälte und vor allem die hier sehr geringen Niederschläge ermöglichen nur noch wenigen an diese Extremsituation angepaßten Pflanzen ein kümmerliches Dasein. Im Schutz von Steinen können sich Grasbüschel mit harten, drahtartigen Blättern halten oder gelegentlich Polster aus flachliegenden Kreuzblütlern und Greiskräutern.

Immer schwerer fällt das Steigen, immer länger werden die Pausen. Auch der Führer scheint nun Schwierigkeiten zu haben. Am späten Nachmittag mögen wir 4700 Meter Höhe erreicht haben. Pulsschlag und Atem rasen, obwohl wir nur langsam und nicht sonderlich steil ansteigen. Nur noch zwei weitere Studenten führen mit uns die Truppe an, die anderen quälen sich einzeln oder zu zweien am Hang ab, die letzten wohl fast einen Kilometer zurück. Besorgt beobachte ich im Fernglas, wie einer zu taumeln beginnt, schließlich stürzt und sich übergibt. Zwei Kommilitonen eilen ihm zu Hilfe, richten ihn auf und ziehen ihn langsam weiter. Ein typischer Fall von Höhenkrankheit. Das kann ja heiter werden!

Da tauchen unvermittelt zwei weitere Lebewesen auf, wo ich geglaubt hatte, es gäbe außer uns keine mehr in dieser Höhe. Zwei Kolkraben erscheinen plötzlich über dem zusammengebrochenen Bergsteiger, wohl in Erwartung einer baldigen Mahlzeit. Doch der erhebt sich wieder, und so folgen sie kreisend ihrer erhofften Beute. Ein makabres Bild, einerseits; andererseits freue ich mich über die Wotansvögel, deren rauhe Rufe so gut in diese Bergwildnis passen wie an die Eismeerküste Islands oder in die Tundra Alaskas.

Die beiden halten von nun an kreisend Kontakt über der langgezogenen Karawane, die im Schein der Abendsonne den Zufluchtsort für die Nacht zu erreichen sucht. Fast 300 Meter Höhenunterschied sind noch zu bewältigen bis zu dem metallisch schimmernden Pünktchen droben im Fels, und nun wird der Berg immer steiler.

Die Tatsache, daß ich, entgegen meiner ursprünglichen Befürchtungen, den wesentlich jüngeren Studenten immer noch voraus bin, wirkt irgendwie animierend und hilft so etwas über die Qualen der letzten Etappe dieses Tages hinweg. Schließlich ist es geschafft. Als die Sonne hinter dem mächtigen Kibogipfel verschwindet, sinken wir drei Erstankömmlinge an der Wand der kleinen Wellblechhütte auf unsere Rucksäcke, unbeschreiblich erleichtert.

Noch nie war ich in solche Höhe gestiegen. Es braucht einige Zeit der Erholung, um dieses Erlebnis genießen zu können. Tief unter uns die dunstige Steppe, drüben die bizarren Konturen des Mawenzi, dessen Höhe (5149 m) wir nun fast erreicht haben; er leuchtet in den letzten Strahlen der Abendsonne. Tiefe Schatten werfend über uns der Kibo, majestätisch und furchterregend zugleich. An seiner Südflanke fließt der firnbedeckte Rebmann-Gletscher herab, endet weit unter uns im Hangschutt.

Der Führer nützt die Gelegenheit, uns die Aufstiegsroute für den nächsten Tag zu erklären. Sein Bergstock weist Stück für Stück den Weg zwischen schroffem Fels, verwitterten Lavamassen und vulkanischen Sanden bis an den Kraterrand, ein Bollwerk gegen den tiefblauen Abendhimmel. Erst nach und nach entnehme ich seinem Kisuaheli, daß er genug hat und uns nicht höher hinauf begleiten wird. Auch das noch!

Fast eine Stunde ist vergangen, bis die ganze Mannschaft das Tagesziel erreichte. Ihre schwarz befiederten Begleiter sind spurlos verschwunden. Einige Studenten sind schockiert, als sie das Innere der Hütte inspizieren. Keinerlei Einrichtung, aber – eine Tragbahre. Da haben wir uns ja auf etwas eingelassen, erkennen sie mißmutig.

Es wird frostig kalt, und so kauern wir um das wärmende Feuer aus dem mitgebrachten Holzvorrat. Der Versuch, einen belebenden Tee zu kochen, mißlingt kläglich. Zwar kocht das Wasser bei dem geringen Luftdruck im Nu, ist aber dennoch nur lauwarm. Ungläubig prüfen es die Studenten mit dem Zeigefinger. Nie hätte ich mir damals träumen lassen, dieses Phänomen einmal selbst in natura zu erleben, als uns vor 20 Jahren der Physiklehrer dieses Naturgesetz in einem Unterdruckgefäß demonstrierte.

Einige schlürfen die lauwarme Brühe und denken dabei an Schwarztee. Ich verzichte auf derartige weitere Anregung, denn die Höhenkrankheit wird ohnehin Schlafprobleme mit sich bringen. Auch der Appetit läßt zu wünschen übrig, trotz der Entbehrungen des Tages. Schließlich zwinge ich mich zum Verspeisen von zwei in der Glut wieder aufgewärmten Flughühnern.

Die Konturen des Kibo verschwimmen im Nachthimmel, alle drängen zur Ruhe in die enge Blechhütte. In Erwartung einer bitterkalten Nacht nehmen wir die im Feuer aufgewärmten Steine in den Schlafsack. Wenigstens für einige Stunden sollen sie die Kälte vertreiben.

In Erinnerung an die heutige Beobachtung revidiere ich unsere frühere Abmachung: nur diejenigen, die sich wirklich fit fühlen, sollen sich morgen früh am Gipfelsturm beteiligen. Erleichtertes Gemurmel aus verschiedenen Richtungen.

Wie Sardinen in der Dose liegen wir in der runden Hütte. Beneidenswert fangen einige an zu sägen, aber ich kann nicht einschlafen. Kopfweh, Atemnot und eine undefinierbare Unruhe verhindern dies. Zwei weitere Schlaftabletten führen immer noch nicht zum Erfolg. Ganz fein singt der Nachtwind in den Fugen unseres Zufluchtsorts, aber er singt mich nicht in Schlaf. Die Bilder des Tages lassen sich nicht verscheuchen und auch nicht die Beklemmung angesichts der morgen bevorstehenden Strapazen. Ich muß jetzt schlafen, um morgen nicht schlappzumachen, und nehme noch drei Schlaftabletten. Meine afrikanischen Begleiter scheinen mit solcherlei Symptomen der Höhenkrankheit keine Probleme zu haben. Schließlich verfalle ich nicht in Schlaf, aber in einen unruhigen Trancezustand mit wirren Halluzinationen.

Nsanjama fährt entsetzt hoch, als ich ihn grob und unvermittelt wachrüttle.

»Schneesturm!« schreie ich ihn an, »wir müssen sofort absteigen!« Dann renne ich ins Freie. Alles ist schon weiß!

Zwei Studenten kommen nach und reden auf mich ein, versuchen mich in die Wirklichkeit zurückzuholen. Tatsächlich, die weißen Steine sind absolut schneefrei und trocken, aber beleuchtet vom senkrecht über uns stehenden Vollmond in einer bisher nie gesehen Helligkeit.

Der ›Hausberg‹ des
College, der fast
6000 Meter hohe
Kilimandscharo

Der Anstieg führt
durch märchenhafte
Bergregenwälder

Abendliche Rast über
der Baumgrenze

Große Probleme verursacht uns die Höhenkrankheit. Im Hintergrund der über 5000 Meter hohe Mawenzi

Nur noch zwei Studenten begleiten mich zur letzten Etappe. Im Hintergrund der Rebmann-Gletscher

Es ist geschafft! Gipfelregion des Kilimandscharo

Ich entschuldige mich für mein Verhalten. Wieviel Uhr ist es? Zehn Minuten bis Mitternacht, entgegnen sie, noch viel Zeit zum Schlafen. Doch ich habe genug von dieser Art Nachtruhe. Oder ist es die Wirkung der Tabletten? Jedenfalls beschließe ich, jetzt mit dem Aufstieg zu beginnen. Ungläubig starren mich die beiden an, doch ich bleibe dabei. Im Schein der Taschenlampe wühlen sich weitere Gesichter aus den Schlafsäcken. »Es geht los, wer will noch mit?« Nur zwei melden sich, Nsanjama und Mongi, die schon bisher recht gut marschiert waren. Die anderen sinken erleichtert auf ihre Lager zurück.

Noch nie habe ich eine solche Mondnacht erlebt. In der dünnen Atmosphäre scheint die gleißend weiße Mondscheibe so hell, daß man bequem hätte Zeitung lesen können. So brauchen wir keinerlei künstliche Lichtquelle für den Aufstieg, der nun steiler wird im zunehmend felsigen Hang.

Keiner spricht ein Wort. Nur das Rasseln des Hangschutts unter unseren Füßen unterbricht die absolute Stille der Nacht. Wir sind noch kurzatmiger als gestern, und rasend schnell schlägt das Herz, aber sonst geht es einigermaßen. Immer noch liege ich in Führung.

Während einer Verschnaufpause auf einem Felsvorsprung bestaunen wir den funkelnden Sternenhimmel. Von der Milchstraße ist wenig zu sehen im blendenden Licht des Vollmonds. Aber darunter, in seltener Klarheit, das Kreuz des Südens, früher wichtige Orientierungshilfe für die Seefahrer auf der Südhalbkugel der Erde, erkläre ich den Studenten. Auf der Nordhalbkugel habe dieselbe Funktion der Polarstern, er liegt ziemlich genau auf der Umdrehungsachse der Erde, steht damit immer im Norden. Lange habe ich ihn nicht mehr gesehen, denn unser Arbeitsgebiet im nördlichen Tansania liegt drei Breitengrade südlich des Äquators. Aber jetzt, von dieser Höhe aus ist er ganz knapp über dem nördlichen Horizont zu entdecken. Über ihm das bezeichnende Sternbild des Wagens oder Großen Bären. Viel höher am Firmament steht er bei mir daheim im Schwarzwald, erzähle ich meinen Begleitern, noch höher sah ich ihn in Alaska, und wären wir am Nordpol, würde er senkrecht über uns zu sehen sein.

Auch die bittere Kälte erinnert mich an die Arktis. Wollhandschuhe und Schal schützen nur noch unvollkommen, und so bewegen wir uns zitternd weiter. Das Steigen im Hangschutt wird zur Qual. Zwei Schritte machen wir vorwärts, einen rutschen wir zurück, stundenlang, wie mir scheint.

In einer Höhe von etwa 5500 Metern bin ich am Ende. Alles dreht sich, die Luft geht mir aus, mir wird übel, und die Bewegungen werden immer langsamer. Höhenkrankheit, der fehlende Schlaf, Kälte und die Wirkung der Überdosis von Schlaftabletten – ich kann nicht mehr. Dann tauchen im Blickwinkel die Studenten auf, Nsanjama rechts, Mongi links. Sie überholen mich, ganz langsam, aber sicher. Das gibt mir den Rest, und ich sinke in den rieselnden Hangschutt. Es ist alles so sinnlos, stöhne ich, warum nur sollen wir den Gipfel erreichen?

Nun sind sie es, die dem Bwana Kuno zureden: »Du hast doch angeordnet, daß wir den Gipfel erreichen müssen. Die wenigen hundert Meter werden wir doch schaffen! Außerdem darfst du bei dieser Kälte ja nicht einschlafen, auch das hast du uns doch eingeschärft! Komm, wir müssen es schaffen!«

Das hilft schließlich. Die Rollen sind nun vertauscht, ich bin die Last der Führung los und hefte mich an die Fersen der beiden. Schon einmal hatten mich Afrikaner aus ähnlicher Situation befreit, vor sechs Jahren, als ich während einer ganztägigen Pirsch auf Elefanten die Wasserflasche vergessen hatte und folglich am Verdursten war. Jene kritische Situation kommt mir wieder in den Sinn . . .

Ich friere erbärmlich, offenbar mehr als die Afrikaner, die ja noch nie mit solch niedrigen Temperaturen – nach meiner Schätzung unter $-10\,°C$ – konfrontiert waren. Die Bewegungen sind zu langsam, um Wärme zu erzeugen. Oft kommen wir nur noch auf allen vieren voran, hechelnd wie hetzende Hunde – aber wir kommen voran. Tief unter uns glitzert die Blechhütte im Licht des tiefer stehenden Mondes.

Dann färbt sich der Himmel im Osten türkis, wird ganz allmählich heller und läßt die Sterne verblassen. Links von uns türmen sich schroff und haushoch die oberen Ausläufer des Rebmann-Gletschers. Ich kann mir bis heute nicht erklären, warum sie hier so unvermittelt zum östlichen Felshang abfallen. Sind die steilen Eiswände eine Folge der intensiven Sonneneinstrahlung?

Im Dämmer des jungen Tages erkennen wir den Kraterrand, zum Greifen nah. Das belebt die Gemüter. Sollten wir es tatsächlich schaffen? Weiter! Endlich wird das Gelände etwas flacher, wir kommen merklicher voran.

Das bleiche Mondlicht weicht den Farben des Tages. Dann sehen wir den wohl eindrucksvollsten Sonnenaufgang unseres Lebens – und dennoch kann ich dieses Schauspiel vor Müdigkeit nicht genießen. Sehe lediglich einen blendend hellen Feuerball über den Horizont steigen. Die aus dem Rucksack gekramte kleine Schmalfilm-Kamera versagt den Dienst, die Batterien sind wohl tot in der Kälte.

Die Begleiter drängen. Gestein und Eis lodern glutrot in der Morgensonne. Wir kommen voran, wir werden es schaffen! Und dann ist es soweit, nichts mehr ist über uns als tiefblauer Himmel! Der mächtige Kibo

Kurze Rast beim
Abstieg

Erst Jahre später
gelingt vom Flug-
zeug aus ein Blick
in den Kibo-Krater

Wieder glühen die
Gletscher im Schein
der sinkenden
Sonne

liegt unter uns, wir haben ihn bezwungen. Am 1. Februar 1975, morgens gegen 7 Uhr.

Alle drei sitzen wir fix und fertig zwischen den Felsblöcken, die uns gestern das Ziel unserer Tour bezeichneten. Hier oben heben sie sich allerdings weit weniger markant von ihrer Umgebung ab. Die Gipfelregion sieht von hier eher wie eine leicht gewellte Hochfläche aus. Wir bringen nicht mehr die Energie auf, ein kurzes Stück weiterzugehen, um in den Krater, eine vulkanische Caldera, zu schauen. So bekomme ich diese geologische Erscheinung erst fünf Jahre später, während eines Fluges von Kairo nach Dar es Salaam, aus der Vogelperspektive und damit sehr eindrucksvoll zu sehen.

Ein herrliches Gefühl, die Welt aus knapp 6000 Metern Höhe betrachten zu können. Selbst der zackige Mawenzi liegt deutlich unter uns. Die tieferen Landschaften der Massai-Steppe sind in Dunst gehüllt, der alle Konturen verschwimmen läßt. Wir lassen uns die intensiven Strahlen der rasch steigenden Sonne auf den durchgefrorenen Körper brennen. Schon jetzt bin ich meinen beiden Begleitern unendlich dankbar für ihr erfolgreiches Zureden, das mich davor bewahrt hatte, so kurz vor dem Ziel aufzugeben.

Die Sonne sticht schon, die Gletscher um uns gleißen vor tiefblauem Himmel. Ich muß Gesicht und Nacken in den Schal hüllen, um einem fürchterlichen Sonnenbrand vorzubeugen. Im Fernglas entdecken wir einige Kommilitonen vor der Blechhütte. Die haben also inzwischen ihre Nachtruhe beendet.

Mich aber überkommt während des Abstiegs bleierne Müdigkeit. Schritt für Schritt klingen die Symptome der Höhenkrankheit ab, weichen wohliger Schläfrigkeit. Ich weiß nicht, wie lange ich geschlafen habe am Fuß eines Felsblocks. Die Sonne steht schon hoch, und die Studenten sehe ich nirgends mehr. Ich hatte sie vorausgeschickt, denn sie mußten mich in der Wärme des Tages nicht mehr wachhalten.

Freudige Begrüßung, als schließlich auch ich um die Mittagszeit an der Hütte ankomme. Lachend deuten einige auf die Blechwand: ›Dr. Kuno, Germany, made it‹, steht da mit Holzkohle geschrieben. Sie hatten uns da oben am Kraterrand sitzend entdeckt und dieses Ereignis dann auf ihre Art dokumentiert. Warum sie nicht auch die Namen ihrer beiden Kommilitonen verewigt hatten, kann ich nicht in Erfahrung bringen. Wurmt es die Zurückgebliebenen nun doch, daß sie kapituliert hatten, im Gegensatz zu ihren beiden Kameraden?

Der Abstieg nach kurzer Mittagsrast erinnert an den Rückzug der napoleonischen Truppen aus Rußland. Hungrig und durstig schwanken die

Gestalten unter ihren Rucksäcken. Zwar nehmen die Symptome der Höhenkrankheit weiter ab, Müdigkeit und Schmerz in den Gehwerkzeugen dagegen zu. Insofern sind wir wohl nicht viel schneller als beim Aufstieg. Auch die beiden Raben stellen sich wieder ein, umkreisen erwartungsvoll die müde Truppe, um sich am Abend wieder abzusetzen. Wieder nichts, keiner war auf der Strecke geblieben.

Nsanjama ist nicht mehr bei uns. Er hatte den tollkühnen Entschluß gefaßt, in einer Tour vom Kraterrand des Kibo bis heim ins College zu marschieren. Wenn das nur gut geht! Oben in den Felsen schlafend, hatte ich ihn nicht daran hindern können. Für bedenklich halte ich vor allem die Durchquerung des Bergwaldgürtels, den er ja wohl erst bei Einbruch der Dämmerung erreichen kann. Wird er dann in dem stockdunklen Dschungel seinen Weg finden?

Wir übernachten nochmals in den beiden Wellblechhütten in der Erica-Buschzone. Schmalhans ist Küchenmeister, die Nahrungsvorräte sind bedenklich geschrumpft. Aber wenigstens gibt es hier wieder Wasser, und die Nachtruhe wird kaum mehr durch Anfälle von Atemnot unterbrochen. Dazu das beglückende Gefühl, die größten Strapazen hinter sich zu haben.

Tiefhängende, nieselregnende Wolken hüllen uns ein während des weiteren Abstiegs am nächsten Morgen. Viel zügiger schreitet die Truppe heute aus, beflügelt vom ›Stalldrang‹. Heute werden sie die Collegeküche erreichen, sich endlich wieder sattessen können! Und dann saufen! Und dann wieder in einem richtigen Bett schlafen! Derlei Gesprächsthemen beflügeln die Schritte, lassen die schmerzende Beinmuskulatur vergessen und die vom ständigen Absteigen wundgescheuerten Zehen. Als sich der Pfad durch den Regenwald zu einem gut erkennbaren Weg verbreitert und kaum mehr Gefahr des Verirrens besteht, läßt der Führer jedem freien Lauf. Rasch löst sich nun die Gruppe auf.

»Chakula tayari«. Marcos Botschaft holt mich aus dem Tiefschlaf. Das Essen sei fertig. Ich bin in meinem Schlafzimmer, in allen Kleidern. Muß wohl todmüde ins Bett gesunken sein, nicht einmal die Stiefel habe ich ausgezogen.

In majestätischer Größe thront der Kilimandscharo über der afrikanischen Landschaft. Ich sehe ihn nun mit anderen Augen, während ich auf der Terrasse ein Bier trinke. Wieder glühen die Gletscher im Schein der sinkenden Sonne.

196

Mehr Frosch als Antilope

Brütende Mittagshitze. Die Sonne steht jetzt Ende Juni am weitesten im Norden. Wir liegen am Strand des Viktoriasees, des größten ostafrikanischen Gewässers, tatenlos, in Ungewißheit. Wann wird uns ein Boot auf die Rubondo-Insel übersetzen? Heute noch? Morgen? Wird es überhaupt klappen?

Um Mitternacht waren wir angekommen, nach dreitägiger holpriger Reise im Landrover. Durch die Steppen um den Mount Meru, durch die wildreiche Serengeti, das malerische Städtchen Mwanza, wo der zuständige Regional Game Officer Mungure, der örtliche Wildschutzbeamte, zugestiegen war.

Dr. v. Nagy hatte die Safari organisiert. Im Auftrag der Regierung von Tansania sollten wir den Plan für ein ›Victoriasee-Museum‹ in Mwanza entwerfen, einige typische Tierarten erlegen und präparieren.

Meine Zeit in Afrika war nun abgelaufen, die fast zweijährige Lehrtätigkeit beendet. Diese meine letzte Safari führte in ein mir unbekanntes Gebiet, und es ging um zwei Wildarten, die ich noch nicht kannte und die mich sehr interessierten: Krokodil und Sitatunga.

Sitatunga, der Name stammt aus der Barotse-Sprache und wird gelegentlich verdeutscht mit Sumpfantilope. Die Sitatunga (*Tragelaphus spekei*) zählt zu den Tragelaphini, meist mittelgroße Antilopen, die alle durch schraubenartig gedrehte Hörner ausgezeichnet sind, am auffälligsten davon der Große und der Kleine Kudu.

Nur wenige Jäger haben auf die Sumpfantilope gejagt, und noch weniger waren erfolgreich. Schwierig ist der Bongo in den Bergwäldern zu bekommen; noch geheimnisvoller, undurchdringlicher, ja menschenfeindlicher ist der Lebensraum der Sitatunga. Sie lebt in ausgedehnten tropischen Sümpfen mit tückischem Untergrund, in hecheldichten Schilf- und Papyrusdickichten. So ist er auch mir noch unbekannt, dieser ›Schilfkönig‹, wie ihn die wenigen erfolgreichen Jäger zu nennen pflegen, dieses Fabeltier, wie es in der Erinnerung der Erfolglosen haftet.

Nach 1½jähriger Planung – solche Zeitspannen sind hierzulande nichts Ungewöhnliches – hat das Unternehmen konkrete Formen angenommen, wir haben die Gestade des Viktoriasees erreicht. Werden wir weiterkommen ans Ziel der Safari, auf die Rubondo-Insel? Stunde um Stunde zerrinnt. Wann wird das Boot kommen, das laut Planung am Steg liegen sollte? Morgen, übermorgen? Überhaupt? Hier lernt man, sich ans Ungewisse zu gewöhnen, Enttäuschungen mit Fassung zu tragen. Aber so kurz vor dem Ziel . . .?

Eine Nacht noch, beschließen wir. Weiteres Zuwarten hält v. Nagy für sinnlos. Außerdem eitert Mungures Wunde, der Schimpanse im Zoo von Mwanza hatte ihn in die Hand gebissen.

Leises Tuckern unterbricht unsere Beratung. Tatsächlich, das Fernglas wird diesmal fündig auf der unendlichen, in der Abendsonne rotglühenden Wasserfläche, sie kommen! Demonstrativ rügt Mungure die Unzuverlässigen. Davon unbeeindruckt setzen sie die Dieselmotoren wieder in Gang. Endlich geht es weiter. Senkrecht versinkt die blutrote Sonne in den Fluten, ohne Dämmerung bricht die Nacht herein. Stundenlang dröhnen die Motoren, brechen sich die Wellen am eisernen Bug. Waldige Inseln ziehen vorbei, schemenhafte Konturen im silbernen Mondlicht. Kein Zeichen menschlichen Lebens, kein Feuer, kein beleuchtetes Fischerboot. Mungure fiebert, wir hüllen ihn in Decken.

Gegen Mitternacht taucht Rubondo auf, das Ziel der langen Reise. 38 Kilometer lang ist diese größte Insel im südwestlichen Seewinkel und acht Kilometer breit. 1964 wurde sie zum Wildschutzgebiet erklärt und zum Lieblingskind von Professor Grzimek. Ihm war es gelungen, die gesamte, etwa 400 Köpfe zählende Bevölkerung aussiedeln zu lassen, um die Insel ganz der Tierwelt zur Verfügung zu stellen. Einige Wildwarte und deren Arbeiter sind die einzigen dort verbliebenen Menschen. Sie schützen vor allem bedrohte Arten wie Nashorn oder Schimpansen, die man hier ausgesetzt hatte, schützen sie vor den vielen negativen Einflüssen des Menschen, denen sie auf dem Festland ausgesetzt sind.

Paradiesisch bietet sich denn auch uns die Insel, als das Boot am Landungssteg knirschend im Sand aufläuft. Das Gästehaus und die hohen Palmen, deren harte Blattspieße im Nachtwind zittern, erleuchtet ein Feuer. Sein Schein verliert sich im dichten Bergwald. Eine finstere Kulisse und doch voll Leben durch Myriaden zirpender Zikaden und undefinierbare exotische Laute.

Komba empfängt die späten Gäste. Er ist ehemaliger Schülder des Wildlife-College und hocherfreut, einen Vertreter seiner Ausbildungsstätte begrüßen zu können. Vier deutsche Vorgänger, zuletzt der bayerische Forstmann Wolfgang Matschke, hatten hier als Wildwarte Dienst getan, im Rahmen der Entwicklungshilfe und unterstützt von der Deutschen Zoologischen Gesellschaft, Frankfurt. Sie hatten die notwendigsten Unterkünfte, Wege und eine Landepiste für Kleinflugzeuge hergerichtet, die Aussetzungsaktionen betreut und Wilderer bekämpft. Dann konnte man das Projekt an die Afrikaner übergeben, Komba war der erste. Er wollte mich selbst führen.

Doch am nächsten Morgen ist er unpünktlich. Schließlich erscheint er unmöglich angezogen, nämlich in blütenweißem Hemd. Offensichtlich hatte er noch nie selbst gejagt, geschweige denn geführt. Aber er versteht rasch, zieht sich um und paßt nun besser zu meiner Tarnkleidung.

Malerischer Sonnenaufgang, als wir uns den ausgedehnten Niederungen in den Seebuchten nähern. Undurchdringliches Schilfdickicht, manchmal doppelt mannshoch, überragt von einzelnen geradschäftigen Sumpfpalmen. Auf den Pfaden der Flußpferde dringen wir vor. Es wird heiß. Nur über uns raschelt eine leichte Brise in den Schilfspitzen, bewegt die Fächer des Papyrus. Ein ewiges Rascheln und Knistern, eine graugrüne wogende Wand, die nur wenige Meter Durchblick gestattet. Wie soll man hier zu Schuß kommen?

Aber wir sind im richtigen Gebiet. Immer wieder finde ich Fährten der Sumpfantilope im Morast. Fast fingerlange, schmale, weit gespreizte Eingriffe. Schalen, die erstaunlich gut an diesen feuchten Lebensraum angepaßt sind und ihr Einsinken verhindern.

Wir zucken zusammen. Ein kurzes hartes Schrecken. Noch einmal. »Nzohe«, flüstert Komba, die Kisuaheli-Bezeichnung für die Gesuchte. Poltern, Platschen, verklingendes Brechen, dann Stille. Nur der Wind singt über uns in den Halmen. Nicht ein Haar hatten wir gesehen, trotz der kurzen Entfernung. Ich beginne, die Probleme der Jagd auf Sitatunga zu verstehen und die Verzweiflung der Jäger.

Und dieses Verständnis vertieft sich laufend, denn die Abendpürsch ist ebenso erfolglos und die der nächsten Tage nicht besser. Wir unterbrechen und versuchen auf einer Nachbarinsel das gewünschte Krokodil zu erlegen. Es klappt auf Anhieb. Für einige Stunden ist die hoffnungslose Sitatunga-Jagd vergessen.

Der Schlaf ist unruhig. Ich starre in die tiefschwarze Tropennacht, suche das Kreuz des Südens und grüble über neue Methoden, den Schilfkönig zu überlisten. Auch Komba ist vom Jagdfieber erfaßt und entsprechend erfinderisch. Wir versuchen es nun von oben, sitzen stundenlang in den Kronen einzelner hoher Bäume am Rande der Niederungen, starren über die wogenden Fächer der Papyrusstauden. Um uns Reiher, Störche, Pelikane, Schlangenhalsvögel und Kormorane.

Doch wenig Zeit bleibt zur Beobachtung der interessanten Vogelwelt dieser Insel. Ein Zerren an meiner Schulter. Komba deutet schräg nach unten. Doch, dort bewegen sich die Halme anders. Kürzer, in anderer Richtung als die wogenden Wellen. Das Fernglas folgt der Bewegung, erhascht ein Stück Fell, das sofort wieder untertaucht. Mein Plan steht fest. Komba baumt geräuschlos ab, während ich mit entsicherter Büchse dorthin starre, wo die grüne Dickung allmählich ins dunkle Wasser ausläuft. Dorthin soll Komba das Stück, was immer es auch sei, drücken. Dort muß sich der Schleier des Geheimnisses lüften.

Minute um Minute verrinnt. Enttäuscht sehe ich Kombas schwarzen Krauskopf da, wo vorher das Stück Fell erschienen war, nur wenige Meter von der offenen Wasserfläche entfernt. Wellenringe bewegen sie plötzlich, müssen irgendwo von der Randvegetation ausgehen. Und als Komba kopfschüttelnd zurückkommt, lediglich von einem ganz schwachen Plätschern berichten kann, dann war mir klar, wie wir dieses Mal genarrt wurden.

»Mehr Frosch als Antilope«, so hatte Kollege Dr. Spinage den Studenten die manchmal fast amphibische Lebensweise der Sitatunga klarzumachen versucht, die bei Gefahr völlig untertaucht, den Windfang zum Atemholen zwischen Wasserpflanzen verborgen. Niedergeschlagen treten wir den Heimweg an. Keiner spricht ein Wort. Ich kämpfe erfolglos gegen eine Zwangsvorstellung an, an die eines überweltlichen Schutzes, unter dem der Schilfkönig stehen muß. Die Hitze, die fehlende Abwechslung und Entspannung verwirren die Gedanken.

Unsere Begleiter v. Nagy und Paddy Fox machen uns neuen Mut. Aufgeben kommt nicht in Frage. Schließlich sind wir im Auftrag der Regierung hier, dürfen auch das College nicht blamieren. Wir geben zwei weitere Tage zu, mein Rückflug nach Deutschland wird per Funk verschoben.

Nacht, so pechschwarz, wie sie nur in den Tropen sein kann, umfängt uns beim Abmarsch am folgenden Morgen. So stolpere ich ahnungslos auf eine Gruppe Flußpferde zu, die auf der kleinen Landepiste grasen. Eiligst entfernen wir uns von den schwarzen Kolossen, denn auf so kurze Distanz ist ein Angriff nicht auszuschließen.

Wir warten. Rasch dämmert der Tag. Ein windstiller Morgen! So steigt die Hoffnung. Heute könnte es gelingen, den Schilfkönig endlich einmal zu orten, bevor er uns bemerkt. Unendlich langsam pürschen wir dort, wo wir immer wieder Lebenszeichen der Sitatunga bemerkt hatten, Fährten, dumpfes Schrecken, Abspringen. Mehr stehend als gehend, auf einem Wildwechsel, Geräusche des harten Papyrus auf unseren Kleidern möglichst vermeidend. Es wird heiß, bleibt aber windstill. Kein Laut, außer dem intensiven Summen der Moskitos, die allmählich zur Plage werden. Weit entfernt krakeelen Papageien in den Palmen. Über uns zwei Geier auf breiten Schwingen zwischen Himmelsblau und weißen Wolken.

Fast gleichzeitig starren wir uns an. Ein dumpfes knarrendes Geräusch – jetzt wieder – nochmals. Ganz nah. Jetzt ein knisterndes Zerren. Wieder das dumpfe Mahlen. »Nzohe« haucht Komba, mehr ahnend als wissend. Langsam schiebt sich meine Büchse durch die Halme ins Gesicht, tastet sich in Richtung des Wiederkäuens. Im Zielfernrohr nur verwaschenes Grün bei der kurzen Entfernung. Doch dazwischen plötzlich ein Streifen langhaariges Fell – Sitatunga! Tier oder Bulle? Das Fernrohr tastet weiter. Findet endlich einige Haare, die nach der Höhe zu schließen vom Träger stammen müssen. Dann wieder nur grün. Jetzt glitzert es dunkel. Höher. Gelbbrauner Ansatz eines massigen Horns. Endlich! Die Büchse tastet sich eine Spanne nach unten . . .

Die Dickung verschluckt den Knall des Schusses. Dumpfes Krachen, mattes Schlegeln. Stille. Nur das Summen der Moskitos. Wir staunen uns fassungslos an, tauchen ins grüne Dickicht, stehen nach wenigen Metern vor dem Schilfkönig, der jetzt so unglaublich greifbar vor uns liegt. Es ist ein alter Bulle. Sein lyraförmiges Gehörn ist nicht mehr lang, denn seine Spitzen sind abgeschliffen vom scharfkantigen, siliziumhaltigen Papyrus, durch den er jahrelang gezogen war.

Komba macht sich in Richtung Gästehaus auf den Weg, um den Landrover zu holen. Während des Aufbrechens habe ich Zeit, das rätselhafte Wild näher zu betrachten. Auffallend klein sind die Lichter, wohl eine Anpassung an den einförmigen Lebensraum des grünen Schilfdickichts, in dem das Gesichtsfeld ohnehin nur wenige Meter beträgt. Entsprechend klein sind auch die Lauscher, denn das monotone Rauschen und Knistern im Schilf überdeckt alle anderen Geräusche. Was für ein Unterschied zu den auffallenden Seh- und großflächigen Hörorganen des nahe verwandten Großen Kudus. Doch damit nicht genug der Eigenheiten. Langhaarig, zottig und glanzlos ist das braune Fell, die Strähnen eher an Flechten als an Haare erinnernd, an ein vorsintflutliches Fabelwesen. Sie bedecken die wenig muskulösen Läufe. Insbesondere die Keulen der Hinterläufe sind flach, wirken eingefallen, wie bei einem stark abgekommenen Stück Rotwild. Doch sie sind typisch für die Sitatunga, die ihr Dasein überaus bewegungsarm auf relativ kleiner Fläche zubringt. Kurios auch die überaus langen, schmalen und weit spreizbaren Schalen, die die kurzen Läufe abschließen.

Begeisterung im Gästehaus bei unserer Ankunft. Ich löse die Decke von Haupt und Träger, um sie für die Präparation vorzubereiten. Der Schuß traf im oberen Teil des Trägers, ohne Ausschuß. Auf der anderen Seite findet sich nur der Boden des KS-Geschosses der schnellen 8 × 68 unter der Decke. Der Rest war wohl auf dem kurzen, aber hindernisreichen Weg verlorengegangen.

Komba macht sich ans Zerwirken. Wieder eine Besonderheit, das tief dunkelrote Wildbret, ähnlich dem von Biber und Bisam. Es riecht nach Wasserpflanzen und Morast. Und genauso schmeckt es auch, wie wir beim Abschiedsessen feststellen: »Mehr Frosch als Antilope.«

Abschied

Zum Abschluß soll ich noch eine Rede halten, bitten die Studenten, und ich mache es gerne. Wider Erwarten waren wir trotz aller Verzögerungen zeitig genug vom Viktoriasee zurückgekommen, um an der Semesterabschlußfeier teilnehmen zu können. Nun sitzen sie zum letzten Mal vor mir im großen Hörsaal des College, ungewohnt feierlich in ihren Anzügen.

Dem Dank für die kameradschaftliche Zusammenarbeit in manchmal kritischen Situationen folgt mein Appell an die Absolventen, sich für die Erhaltung der ihnen nun bald anvertrauten afrikanischen Tierwelt einzusetzen und den Verlockungen der Wildererbanden zu widerstehen. Sie werden nun die Verantwortung tragen für die Reichtümer ihres Kontinents, für Naturgüter, die bei der wachsenden Naturzerstörung in dicht besiedelten, hochzivilisierten Gebieten weltweit an Wertschätzung gewinnen werden. Sie können mit Recht stolz sein auf diese Schätze ihrer Länder, auf ihre Studienzeit am College und das, was sie gelernt haben.

Zeugnisverteilung durch Dr. Nyahoza in Anwesenheit von Vertretern der Universität Dar es Salaam und der Regierungen einiger ostafrikanischer Länder. Anschließend Übergabe des Deutschen Entwicklungshilfeprojekts, das ich als letzter Deutscher zu leiten hatte, an die Afrikaner. Blacky wird allerdings noch eine Weile den Kraftfahrzeugpark betreuen, und das ist höchst notwendig.

Dann der Abschied von Kollegen und Studenten, mit denen mich unvergeßliche Erlebnisse verbunden hatten. Von Mongi, der mit mir den Kibo erstürmt, und Nsanjama, der tatsächlich in ununterbrochenem Marsch den Abstieg geschafft und um Mitternacht das heimatliche College erreicht hatte. Der hellhäutige Peacock aus Botswana läßt nochmals Erinnerungen aufleben an unsere gemeinsamen Büffelnachsuchen und den Blauen Bullen. Zusammen mit dem kleinen Sariko hatte ich den Kapitalbüffel erlegt, dessen gewaltiger Helm zunächst überm offenen Kamin meines Bungalows hing und jetzt den Konferenzraum des Wildforschungsinstituts im Schwarzwald ziert. Ndessokia bedankt sich, daß ich ihm trotz aller Anfangsschwierigkeiten doch noch das Schießen beigebracht habe, und Hena gelobt nochmals, künftig nicht mehr so viel zu saufen. Er schloß übrigens mit bemerkenswert gutem Examen ab, lag an achter Stelle des Diploma-Jahrgangs –, ›... Intelligenz säuft‹, sagt schon ein altes deutsches Sprichwort.

Anderntags schlägt für alle die Abschiedsstunde. Ob man je wieder etwas vom weiteren Werdegang der uns Anbefohlenen erfahren wird? denke ich, als der Jet vom Kilimandscharo-Airport abhebt.

Doch immer wieder sickert eine Nachricht nach Europa. Ndessokia berichtet in einem langen Brief, wie er als Chef des Dezernats zur Wildererbekämpfung mit seinen Mannen eine ganze Bande festgenommen habe. Sogar die Reifen ihres fahrenden Vehikels habe er getroffen, berichtet er stolz seinem ehemaligen Schießlehrer. Mwambollah gelang auf der kenianischen Seite ein ähnlich spektakulärer Coup, wie ich den mir zugesandten Berichten einer Tageszeitung entnehme. »Keiner aus deinem Jahrgang ist in die Wildererszene abgeglitten«, erfahre ich Jahre später während eines Besuchs am Mount Meru über v. Nagy.

Noch später, 1984 während der Generalversammlung des CIC in Innsbruck, traue ich meinen Augen kaum. Da tritt ein korrekt gekleideter Afrikaner ans Rednerpult, erläutert auf eindringliche Weise die Konflikte zwischen wachsender Bevölkerung und den dadurch bedingten Problemen für den Lebensraum der Wasservögel, und er bittet um Unterstützung bei der Schaffung von entsprechenden Reservaten. Den Redner kenne ich doch, aber woher nur?

»Dein Bart ist noch so rot wie damals, Bwana Kuno«, kommt er in der Pause lachend auf mich zu. Tatsächlich, es ist Nsanjama, inzwischen Director of Game in Malawi. Dann zieht es uns zur Bar – wir jagen wieder Zebras und ersteigen nochmals den Kilimandscharo.

Frühling am Eismeer

Ginge es nach dem Kalender, so müßte schon längst der Frühling einge-
zogen sein. Doch im Land nördlich der Alaska Range wird er noch lange
auf sich warten lassen. Meterhohe Schneewälle säumen die Straßen von
Nome, Lastwagen und Armeefahrzeuge sind immer noch im Einsatz,
karren die grauweißen Massen vor die Ortschaft, befreien allmählich
auch die Nebenstraßen vom Zugriff des härtesten Winters seit vielen
Jahren.
Und immer wieder schneit es von neuem. Nur die Tage sind jetzt schon
sehr lang geworden um Mitte April. Sie lassen hoffen auf ein Ende des
Winters, der vor allem den Weißen aufs Gemüt schlägt. Die Eingeborenen werden viel besser damit fertig, versuchen eben das Beste daraus zu
machen. Die jungen Männer jagen Schneehühner, und stundenlang
sitzen die Frauen draußen auf der gefrorenen Beringsee. Durch ins Eis
gebohrte Löcher angeln sie Königskrabben, riesige Krebstiere von
exzellentem Geschmack. Eine der erfolgreichsten ist Ellen Lane. Das ist
gut, denn so gibt es jeden zweiten Tag eine Mahlzeit aus rosarotem Krab-
benfleisch.
Ich bin wieder am Eismeer, in Nome, meiner ›zweiten Heimat‹. Diesmal im Hause Lane, denn meine Sommerresidenz, Heini Springers
Hütte draußen in der Tundra, ist im Schnee versunken. Solange noch mit
derartigen Schneestürmen zu rechnen ist, kann ich sie nicht beziehen,
denn die Haustür ist nur nach außen zu öffnen. So könnte eine meterhohe Schneewächte das traute Heim über Nacht in ein Gefängnis ver-
wandeln.
Dankbar nahm ich daher Jims Angebot an, denn ich muß eventuell
längere Zeit warten. Warten auf die Wale! Will versuchen, Slwookos
Vorschlag vom letzten Sommer zu realisieren und die Eskimos während
der hohen Zeit ihres Jagdjahres zu beobachten.

Wale – vom Schicksal unserer größten Tiere

Wale! Erst im vergangenen Herbst hatten diese den wenigsten Menschen aus eigener Anschauung bekannten größten Vertreter der Tierwelt für weltweites Aufsehen gesorgt. Drei Grauwale hatten erst Mitte Oktober ihre 6000 Kilometer lange Wanderung vom nördlichen Eismeer in die pazifischen Gewässer vor der kalifornischen Küste angetreten. Zu spät, wie sich zeigte, denn das Packeis vor Point Barrow im äußersten Nordwesten Alaskas hatte sich bereits verfestigt. Die kilometerlangen offenen Rinnen, in denen die Wale ziehen, waren verschwunden, denn bei Temperaturen um $-30\,°C$ hatte sich schon solides Neueis gebildet.

Die drei Giganten waren eingeschlossen, zum Luftholen war ihnen nur noch ein Loch im Eis von weniger als zehn Metern Durchmesser geblieben. Doch auch dieses konnte vollends zufrieren bei den fallenden Temperaturen. Eine Tiertragödie also, die sich wohl jedes Jahr mehrmals ereignen dürfte, vor allem wenn sich Jungtiere wie diese erstmals auf den Zug begeben.

Alljährlich kommen Wale verschiedener Arten, manchmal in größerer Zahl, in seichten Buchten um, wenn einsetzende Ebbe ihnen den Rückzug zum offenen Meer verwehrt. Bis heute ist ungeklärt, was die Kolosse in solcherlei Verderben zieht; meist sind es immer wieder dieselben Buchten, die zu Todesfallen werden. Sind es besondere Konstellationen erdmagnetischer Felder, die zur Fehlorientierung führen? Niemand weiß es, bis heute nicht. Man nahm solche Ausreißer vom harmonischen Naturgeschehen staunend, aber gelassen zur Kenntnis. Bislang jedenfalls.

Doch nun war es anders. Massenmedien verbreiteten Bilder der erschütternden Szene mit dem Tode ringender Grauwale um die ganze Welt. Millionen von Menschen konnten sich täglich über ihr Schicksal informieren. Abendelang hatten, wie ich später erfuhr, bundesdeutsche Bildschirme im wesentlichen zwei Themen ausgestrahlt, nämlich die Folgen der Rede des Bundestagspräsidenten zum Gedenken an die Opfer der ›Reichskristallnacht‹ – und die drei Wale im Eis vor Alaska.

Normalerweise wäre das Luftloch im Eis rasch zugefroren, und das Drama wäre beendet gewesen. Doch dies verhinderten ungeahnte Sympathiebezeigungen vor allem der Menschenmassen in den großen Städten. Die Wale müssen gerettet werden, koste es, was es wolle! Sollte man etwa tatenlos zusehen, wie ein weiteres Stück Natur verschwindet?

Hinweise der Biologen auf den gesunden Status dieser Walart, die mit 16000 Exemplaren einen solchen ›Betriebsunfall‹ spielend verkraften könne, fanden keine Beachtung. Zu gefühlsbetont berichteten die Medien, zu rührend war der Anblick der luftholenden Wale, die sich sogar von den tatkräftig um ihre Rettung bemühten Eskimos berühren ließen. Nüchterne Argumente waren da nicht gefragt – zumal inzwischen viele von der allgemeinen Euphorie zur Rettung der eingeschlossenen Riesen profitierten. Zunächst die Eskimos, die einmal zu ungeahnten Verdienstmöglichkeiten kamen, indem sie mit Motorsägen gegen das dicke Eis vorgehen und so das Luftloch vergrößern mußten. Zum andern hatten die wenigen Hotels und Fremdenzimmer im winterlichen Point Barrow wohl noch nie eine solche Belegungsquote, bedingt durch die massenhaft angereisten Journalisten, Kameraleute und Politiker. Denn auch letztere waren eiligst bemüht, sich tierlieb zu zeigen, standen doch die Präsidentschaftswahlen unmittelbar bevor. Der noch amtierende Präsident Reagan nahm sich der Sache höchstpersönlich an und sicherte telefonisch jegliche Unterstützung der Rettungsaktion zu. So wurden enorme Mittel bereitgestellt, um den Eingeschlossenen eine Passage ins Eis zu brechen, durch die sie in eine noch offene Rinne gelangen könnten, die man mittels Hubschraubern erkundet hatte. Doch das war leichter geplant als ausgeführt, denn es standen da oben keine Eisbrecher zur Verfügung. Da witterte die von Naturfreunden verschiedenster Couleur arg gebeutelte Arco-Ölgesellschaft eine Chance, ihr Image aufzupolieren und sich als Retter der arktischen Tierwelt zu präsentieren. Von Prudhoe-Bay aus sollte sich eine schwere Barke, gezogen von einem ›Luftkran‹, einem überdimensionalen Hubschrauber, ihren fast 300 Kilometer langen Weg durchs Eis zum Unglücksort brechen. Doch das Eis war bereits zu dick, das Vorhaben scheiterte an der Dicke des Eises, bevor es richtig begonnen hatte. Ein Wal war inzwischen eingegangen ...

Dann versuchte man die Eisschicht durch Abwerfen schwerer ›Icesmasher‹ zu durchbrechen, was schließlich gelang. Doch die Wale zogen nur widerstrebend in die so vorgezeichnete Richtung, und immer wieder mußten die rasch zufrierenden Löcher durch primitive Motorsägenarbeit offengehalten und erweitert werden. Der dilettantisch geplanten Aktion war kein durchschlagender Erfolg beschieden.

Die Russen hatten derweil die Chance erkannt, ihre technische Überlegenheit zumindest im arktischen Eis zu demonstrieren. Schon seit Tagen waren zwei Eisbrecher von Sibirien aus unterwegs nach Point Barrow – zur zweiten russisch-amerikanischen Kooperation seit Kriegsende. Krachend und knirschend brachen sich die stählernen Kolosse ihren Weg durchs Packeis, zum Zeichen der Freundschaft die amerikanische und die russische Flagge gehißt. Sie bahnten den beiden Walen den Weg aus fast zweiwöchiger Gefangenschaft, den sie nach zwei Tagen weiteren Zögerns schließlich annahmen – und dann nicht mehr gesehen wurden.

Das plötzliche Verschwinden der Wale wurde euphorisch als Erfolg der eine Million Dollar teuren Aktion, als Sieg der Menschlichkeit über die Grausamkeit der Natur gefeiert. Doch die Biologen konnten sich dem allgemeinen Jubel nicht anschließen. Ihnen schien es höchst fraglich, ja fast unmöglich, daß die Tiere noch eine Passage durch das in der Meerenge zwischen Chukchi- und Seward-Halbinsel dicht gedrängte Packeis finden würden. »Es ist besser«, so der Koordinator des Rettungsprojekts, Morris, »wir erfahren nichts über das weitere Schicksal der zunächst Befreiten, die Angelegenheit ist zu emotionsgeladen . . .«

Monate sind seither vergangen. Einige Leserbriefe waren noch in den Tageszeitungen erschienen, die immerhin ein Nachdenken über die Rechtfertigung solchen Aufwands zur Rettung dreier Einzeltiere erkennen ließen – wo doch auch heute noch in den Weltmeeren alljährlich Hunderte von Walen dem schnöden Mammon zuliebe getötet werden.

Doch die Emotionen waren letztlich Ausdruck einer gewandelten Einstellung gegenüber Tieren im allgemeinen und jenen gigantischen Meeressäugern im besonderen. Wale hatten die Menschheit schon von jeher beeindruckt als größte heute noch lebende Tiere, wie auch durch die wenig bekannte Lebensweise im kaum erforschten Element der Ozeane. Doch seit Jahrhunderten stand die Nahrungs- und Rohstoffgewinnung aus Walen im Vordergrund menschlichen Interesses. Dies führte zu einer Ausbeutung, die mehrere Walarten an den Rand der Ausrottung brachten.

Noch bis Anfang des 19. Jahrhunderts konzentrierte sich die Waljagd weltweit im wesentlichen auf die küstennahen Bereiche, was nur lokalen Rückgang der von damaligen langsamen Segelbooten aus bejagbaren Arten zur Folge hatte. Doch die Nachfrage nach den begehrten Rohstoffen aus Walen – hauptsächlich Tran, das zu Ölen, Fetten und Wachsen verarbeitet wurde – wuchs im beginnenden Industriezeitalter drastisch. Dessen Errungenschaften gestatteten andrerseits eine viel effektivere Ausbeutung der Wale. Mit den Dampfschiffen waren auch die schnell schwimmenden Blau- und Finnwale einzuholen. Die Norweger hatten zudem die Harpunen perfektioniert, die nun von einer an Bord montierten Kanone abgeschossen wurden. 55 Kilo wog so ein Projektil, das seit 1872 mit einer Sprengladung versehen war, die kurz nach dem Eindringen in den Walkörper detonierte. Damit konnte man auch der größeren Arten wie Blau-, Finn-, Grönland- oder Pottwal auf größere Distanz habhaft werden. Letzterer war wegen seiner in der Kopfpartie gelagerten gewaltigen Fettmengen besonders begehrt.

An vielen Küsten der Weltmeere schoß die Walverarbeitungsindustrie aus dem Boden, in Japan und den USA ebenso wie in England, Island,

39 Die kommerzielle Waljagd ist nun verboten, nur noch die Nahrungsjagd erlaubt.
Den geräuschempfindlichen Tieren kann man sich nur mit Segelkraft nähern

40 Die Erbeutung dieses Grönlandwals verschaffte Slwooko den Respekt des Dorfes

41 Bojen verraten den Aufenthalt des getroffenen Wals

42 So kann er notfalls mit einer weiteren Harpune zur Strecke gebracht werden

Australien oder Westafrika. Das Fleisch wurde zu Hundefutter und die gewaltigen Knochenmassen zu Düngemitteln verarbeitet. Doch immer weiter mußten die Schiffe auf der Suche nach der rasch seltener werdenden Beute aufs Meer hinaus. Der weite Weg zur Verarbeitung der Wale an Land war wirtschaftlich nicht mehr vertretbar, daher entwickelte man seit 1925 große Walfang-Mutterschiffe, die den Tötungsschiffen folgten. Ihnen oblag die Gewinnung der Walprodukte an Bord, die Walfänger waren damit unabhängig vom Heimathafen und konnten wochenlang den Walen folgen. Selbst die antarktischen Gewässer wurden nun ausgebeutet.

Über die Zukunft dieser Tiere schien man sich auch zu Anfang dieses Jahrhunderts noch keine ernstlichen Gedanken zu machen – obwohl der amerikanische Bison beinahe, die Wandertaube schon ganz ausgerottet war. Auch die Steller's Seekuh, die einst an der asiatischen Pazifikküste lebte, war bereits für immer von diesem Globus verschwunden. Auf dasselbe Schicksal steuerten einige Walarten zu. Diese großen Tiere haben keine natürlichen Feinde, sie sind normalerweise langlebig und haben daher niedrige Fortpflanzungsraten. So wären ohne Gefährdung des Bestands nur niedrige Fangquoten möglich.

Diese biologischen Aspekte wurden damals nicht berücksichtigt, es zählten nur ökonomische Überlegungen. Das eingesetzte Kapital mußte sich verzinsen, die teuren Schiffe sollten sich rentieren. Nachdem der mit bis zu 30 Metern Länge weltgrößte Blauwal schon fast verschwunden war, kamen die nächst kleineren Arten, Finn- und Pottwal, an die Reihe und schließlich die mittelgroßen Sey-, Minke- und Buckelwale. So konnte trotz sinkender Bestände die jährliche weltweite Fangquote von 1925 bis 1931 noch fast verdoppelt werden, von 23 000 auf über 43 000 getötete Wale, während die Produktion von Walöl von 1921 bis 1931 gar auf das Achtfache anstieg. Überangebot dieses Produkts und fallende Preise waren die Folge.

Dies und nicht etwa Sorge um die schwindenden Walpopulationen veranlaßte 1932 die Walölgesellschaften, über Beschränkungen der Fangquoten nachzudenken, um die Preise zu halten. Doch sie waren damit kaum erfolgreicher als später die OPEC-Staaten bei ganz ähnlichen Versuchen zur Drosselung der Erdölförderung und Stabilisierung der Ölpreise.

Dem internationalen Lebensraum der Wale und daher der Tatsache, daß sich keine Nation wirklich für diese Tiere verantwortlich fühlte, ist es wohl mit zuzuschreiben, daß Natur- und Artenschutzaspekte, oder auch nur die Sorge um die Erhaltung des Wirtschaftsguts Wal, so lange Zeit keine Themen waren. Erst nach dem Zweiten Weltkrieg war es möglich, nationale Egoismen zu überwinden zur Erhaltung international bedeutsamer Naturgüter. Nach einigen vorbereitenden Konferenzen konnte 1948 schließlich die Internationale Walfang-Kommission ins Leben gerufen werden.

Sie sah ihre Aufgabe in erster Linie darin, die Fangquoten nach dem biologischen Status der einzelnen Walarten festzulegen. Die hierfür erforderlichen Bestandsschätzungen ergaben erschreckend niedrige Werte, vor allem bei größeren Arten. Von Blau- und Buckelwal lebten nur noch fünf Prozent der einstmals vermuteten Weltbestandszahlen, um einige weitere Arten stand es nicht viel besser. Daß es nun höchste Zeit wäre zu handeln, das sahen die Vertreter aller Nationen ein. Allein, der Teufel steckte wie üblich im Detail, in diesem Fall in der Verteilung der reduzierten Quoten auf die am Walfang interessierten Länder. So war der Kommission jahrelang noch kein nennenswerter Erfolg beschieden. Im Gegenteil, während der Saison 1961/62 wurde, bedingt durch noch effizientere Fangtechnik, weltweit noch eine Rekordquote von 66 000 Walen erbeutet!

Aber dann setzte sich die Kommission immer besser durch. Dies und auch billigere Ersatzstoffe für Walölprodukte ließen die Fangquoten rasch sinken. 1975/76 waren es noch 20 000, nachdem seit den 70er Jahren mehrere Mitgliedsländer der Kommission, darunter USA, Kanada, Südafrika, Neuseeland, Australien, den kommerziellen Walfang ganz eingestellt hatten. Während der 80er Jahre gingen die Aktionen weiter zurück. Weltweit dürften heute wohl nur noch einige Hunderte von Walen erbeutet werden.

Es war wirklich ›fünf vor zwölf‹! Aber die Einsicht kam wenigstens noch so rechtzeitig, daß keine Walart ganz ausstarb. Insofern hatte sich die 1926 geäußerte Vermutung des Präsidenten einer Walfang-Gesellschaft Alaskas glücklicherweise bestätigt: Viel besser als der Bison, von dem vielerorts der letzte abgeschossen wurde, sei der Wal durch die Weite seines Lebensraums geschützt, erkannte Knut Kirkland. Den letzten Wal zu suchen und zu erbeuten würde Hunderttausende von Dollars kosten, dies sei daher unvertretbar. Dennoch haben sich einige Arten von dem Aderlaß noch nicht erholt, andere reagierten rascher auf die von der Walfang-Kommission verordnete Vollschonung. So auch die kalifornischen Grauwale, deren Bestand von 4000 wieder auf die ursprüngliche Höhe von 16 000 Tieren angewachsen war, nachdem die Amerikaner schon 1937 den kommerziellen Fang verboten hatten. Drei von ihnen waren letzten Herbst im Eis vor Point Barrow eingeschlossen – und konnten hautnah erleben, wie grundlegend der Mensch seine Einstellung gegenüber ihresgleichen verändert hatte, in nur zwei Jahrzehnten.

Waljagd heute

Eigentlich wollte ich erst zur St. Lorenz-Insel hinüberfliegen, wenn sie dort einen Wal erbeutet hätten, aber nun hielt es mich nicht länger. Die Wale zogen bereits, und für die Eskimos in Nome gab es kein wichtigeres Tagesgespräch. Mehrfach täglich konnten sie sich über die Rundfunknachrichten ein Bild vom Verlauf der diesjährigen Walsaison machen. Bisher war nur bei Savoonga einer bejagt worden, aber erfolglos. Eisiger Sturm und bittere Kälte, als ich in Gambell dem kleinen Flugzeug entsteige. Drei Tage lang war die Insel wegen der Schneestürme nicht erreichbar, aber jetzt ist die Landepiste geräumt. Doch das Dorf ist noch im Schnee versunken, heute am 20. April! Nur die Türen und Fensternischen sind freigeschaufelt, und bei einigen Hütten reichen die Schneeverwehungen noch bis über den Dachtrauf. Zur Erheiterung der Kinder übrigens, die diese Hangneigung sehr zu schätzen wissen und ihre Schlittenfahrt vom Dachfirst aus beginnen können.

Slwooko holt mich an der Landepiste ab. Seit Sommer letzten Jahres, als er mir die Geschichte seiner Odyssee erzählte, habe ich ihn nicht mehr gesehen. Zur Illustration des betreffenden Kapitels in diesem Buch hat er mir seine und des Lehrers Bilder zur Verfügung gestellt, die sie mehrmals für ihre letzten gehalten hatten. Nun überreiche ich ihm hierfür das Honorar in Form eines Fernglases, das er sich schon seit längerer Zeit gewünscht hatte. Auch Wanda ist glücklich, denn nun bekommt sie sein bisheriges und kann viel intensiver ihrem Hobby, der Vogelbeobachtung, nachgehen.

Warm und gemütlich ist es in ihrer Hütte. Mit ruhiger Gelassenheit hatten sie den mörderischen Winter ertragen. Slwooko war selbst im Januar, als kein Eskimo mehr der Jagd oblag, mehrmals durch Nacht und Schneesturm gezogen und hatte drei Eisbären erlegt. Deren Decken, die er nicht verkaufen darf, wird Wanda nun zu allerlei Kleidungsstücken verarbeiten.

Der ältere Sohn Joe hat die Insel verlassen und studiert am College in Fairbanks. Der jüngere Quinn ist noch da, hat den Schock der wochenlangen Irrfahrt inzwischen überwunden und ist wieder Jäger mit Feuer und Flamme. Kaum kann er den bevorstehenden Schulabschluß erwarten. Heute ist er zornig und schimpft in knarrendem Yupik. Seine Klasse soll bei Hochzeitszeremonien mithelfen, hatte die Lehrerin angeordnet. Ausgerechnet jetzt während der Waljagdsaison! Die sollen die Hochzeit verschieben, hatten einige dieser Jungjäger gefordert, waren aber mit ihrem Antrag nicht durchgekommen.

Das ganze Dorf liegt in gespannter Erwartung. Wer nicht an der Küste steht und mit dem Fernglas die dunkelblauen Wogen zwischen dem Treibeis absucht, der hängt daheim am Empfänger für die Meldungen aus den Sprechfunkradios. Die kommen von den Waljägern, die draußen in der Beringsee auf durchziehende Wale warten. Entweder auf der küstennahen Eiskante oder in den Umiaks, speziellen Booten für die Waljagd. Kein Aluminiumboot konnte bisher diese ursprünglichen, sieben bis acht Meter langen und 1½ Meter breiten Schiffe verdrängen. Sie sind im Packeis handlicher und viel weniger gefährdet durch Eisdruck als die größeren Walfangboote der Weißen. Wie eh und je wird ihr hölzernes Gerippe mit Walroßhaut bespannt und diese während der Waljagd weiß gestrichen, zur besseren Tarnung in der eisigen Umgebung.

18 der 22 Umiaks vom Gambell sind bereits draußen, Slwooko wartet noch ab. Zur eigentlichen Jagd im Umiak kann ich nicht mit, erklärt er mir, denn dieses kann nur das eingespielte sechs- bis achtköpfige Team aufnehmen. Jeder hat seine ganz bestimmte Aufgabe, alle Arbeiten sind genau koordiniert. – In Erinnerung an die Ereignisse des letzten Jahres, denen ich gerade noch entgangen war, fällt mir der Verzicht auf dieses Abenteuer wesentlich leichter.

Stunden-, ja manchmal tagelang verharren die Waljäger in ihrem Auslug. Zeigt sich dann endlich die langersehnte Dampffontäne eines ausatmenden Wals oder dessen dunkle Rückenlinie über den Fluten, so besteigt die Mannschaft das Umiak, um sich möglichst geräuschlos der Beute zu nähern. Nur Segel oder Ruder können sie jetzt einsetzen, beim Geräusch des Außenbordmotors würde der Wal sofort fliehen.

Die Spannung der Mannschaft steigt, bis auf wenige Meter müssen sie an den bis über 20 Meter langen Koloß heranrudern. Der Harpunier erhebt sich im Bug des Boots und schleudert die schwere, fast zwei Meter lange Harpune in eine möglichst empfindliche Stelle im Vorderteil des Wals. Kurz nach dem Auftreffen explodiert die in der Spitze gelagerte Sprengladung und schafft die tödliche Wunde. Der Wal schläg wild um sich, versucht wegzutauchen, doch die mit der Harpune durch ein langes Seil verbundene Boje schwimmt an der Oberfläche mit und zeigt den Jägern den Verbleib ihrer Beute. Manchmal bedarf es einer weiteren Harpunenbombe, wenn der Wal wieder auftaucht. Bald danach treibt er verendet an der Wasseroberfläche.

Mit Sprechfunk werden nun eventuell in der Nähe befindliche andere Mannschaften informiert, und alles setzt sich in Bewegung, um die riesenhafte Beute gemeinsam an Land zu ziehen. Im Dorf sind die Funksprüche ebenfalls angekommen und mit Begeisterung aufgenommen worden. Wie ein Lauffeuer spricht sich die Kunde vom beginnenden Walfest herum, und alles strebt an die Küste. Endlich tauchen die Umiaks am

Jahrtausendelang fanden Walrippen Verwendung beim Hausbau der Eskimos

Gespaltene Walroßhaut beim Trocknen. Damit werden die Walfangboote (Umiaks) bespannt

Horizont auf, in langer Reihe, und dahinter, von Wogen umspült, die dunklen Umrisse des langersehnten ›bowheads‹.

Diese Walart (*Balaena mysticetus*, auf deutsch Grönlandwal) ist die begehrteste. Er ist der klassische Wal der Nordmeere und verkörpert auch den Walfisch der biblischen Geschichte, der einst den Propheten Jona verschlungen, aber auf göttliches Geheiß wieder ausgespuckt haben soll. Seine charakteristische, durch die stark gebogenen Kiefer bedingte Kopfform findet sich schon in den ältesten Darstellungen.

Im Atlantik bereits seit der Jahrhundertwende so gut wie ausgerottet, konnte sich der Grönlandwal im Pazifik trotz aller Nachstellungen des kommerziellen Walfangs halten. Dies verdankt er vielleicht auch dem dortigen Lebensraum, der sich nach Norden bis ins nördliche Eismeer der Beaufort- und Chuckchisee erstreckt. Denn das Vordringen der Walfänger in diesen letzten, bislang unberührten Lebensraum der Wale forderte fürchterlichen Tribut!

Mehr als hundert Walfangschiffe zerbarsten im Packeis, und viele Menschen kamen um während der etwa 60 Jahre dauernden intensiven Verfolgung seit der Mitte des vorigen Jahrhunderts. Diese hatte auch noch angedauert, als Walöl seinen Preis schon verloren hatte. Es ging dann vor allem um das ›Walbein‹, also um die hornähnlichen Barten im Oberkiefer. Mit deren haarartig zerfaserten Rändern filtert das Riesentier seine Hauptnahrung, nämlich kleinste Meerestiere, zusammenfassend Plankton genannt, aus dem Wasser. Von allen Bartenwalen lieferte der Grönlandwal am meisten Walbein, bis zu 600 Barten hängen in seinem Maul, und davon werden manche über vier Meter lang.

Walbein fand Verwendung zur Herstellung verschiedener elastischer Gegenstände. Mit dem Rückgang der Grönlandwale stieg dessen Preis und machte daher den Einsatz aufwendiger Fangaktionen weiterhin rentabel. Doch bevor ihnen diese zum Verhängnis wurden, machte die Metallindustrie solche Fortschritte in der Erfindung von stählernen Ersatzprodukten, daß die Ausbeutung um 1910 aus wirtschaftlichen Gründen eingestellt wurde.

Für die Eskimos war der ›bowhead‹ von jeher viel mehr, nämlich ein wesentlicher Teil ihrer Existenzgrundlage. Er schwimmt langsamer als andere Arten, ist also auch mit ihrer primitiven Ausrüstung zu erbeuten. Er ist zwar nicht so lang wie Blau- oder Finnwal, aber voluminöser als diese, und kann bis über fünf Meter Körperdurchmesser und ein Gewicht von über 60 Tonnen erreichen, entsprechend dem von zwölf Elefanten.

So bedeutete die Erlegung Fleisch und Fett in Hülle und Fülle für Mensch und Hunde, Tran für die Specksteinlampen, aber auch vitaminreiches Nahrungsmittel. Walbein wurde zu Schnitzereien verwendet und die Rippen später zum ›Hausbau‹, das heißt zum Abdecken der Torfhöhlen, in denen diese Menschen damals lebten. Noch heute sind in Gambell einige verfallene Wohnungen dieser Art zu sehen. In anderen Dörfern stehen auf den Friedhöfen noch mehrere Meter hohe Portale aus senkrecht im Boden verankerten Walunterkiefern über manchen Gräbern.

Heute verwerten die Eingeborenen zwar weniger als zur Zeit reiner Nahrungsjagd, aber die Tradition der Waljagd und ihre Faszination ist geblieben. Die Kinder sind nun nicht mehr in der Schule zu halten, alles eilt zum Strand. Dort werden viele Hände gebraucht, um den angelandeten Wal mit Hilfe langer Seile, Winden und Flaschenzüge wenigstens so weit an Land zu ziehen, daß das Schlachtfest beginnen kann. Mit langstieligen Schälmessern wird die mehrere Dezimeter starke rosarote Speckschicht in großen Quadern vom Muskelfleisch getrennt. Besonders begehrt ist das ›maktak‹, die dunkle Haut und die mächtige Schwanzflosse des Wals. Sie gelten als die begehrtesten Delikatessen unter Eskimos. ›Sqaw candy‹ nennen die Weißen diese kulinarische Kostbarkeit, denn mit nichts in der Welt kann man erfolgreicher um ein Eskimomädchen werben. So jedenfalls resümierte Freund Heini die Erfahrungen seiner Junggesellenzeit . . .

Maktak und Speckblöcke werden unter den Dorfbewohnern nach einem bestimmten Schlüssel aufgeteilt, wobei die Mannschaft des Erlegerboots die erste Wahl hat. Doch zu hungern braucht keiner an diesem Volksfesttag. Maktak gibts in Menge, roh oder gekocht auf rasch installierten Öfchen. Noch lange zehrt die Dorfgemeinschaft vom Walspeck und von der Erinnerung an diesen Tag.

Slwooko untermalt seine Schilderung mit trefflichen Bildern. Er ist einer der wenigen passionierten Jäger, die auch gute Photographen sind. Warum seine Landsleute in Point Barrow die drei Grauwale vom vergangenen Herbst nicht verspeist haben, frage ich ihn.

»Weil die nicht wissen, wie gut die schmecken. Die sind so auf die ›bowheads‹ fixiert«, entgegnet er, »hier bei Gambell wäre es ihnen anders ergangen.« Dann, nach einigem Nachdenken:»Früher hätten wohl auch die Barrower anders gehandelt, aber jetzt kam ihnen die Situation ganz recht, um sich über die Massenmedien weltweit als die großen Walfreunde zu präsentieren.«

Die seit den 70er Jahren zunehmende Kritik am kommerziellen Walfang hatte auch vor dem Tun der Eskimos nicht haltgemacht. Zumal sich die Grönlandwale nur sehr langsam vom Aderlaß der Walbein-Exploitation erholten. Man schätzte den Bestand auf höchstens noch 2000 von ehemals wohl 12000 bis 18000 Tieren. Dennoch stieg die Zahl der in der Bering- und Beaufortsee jährlich erlegten ›bowheads‹ während der 70er Jahre noch beträchtlich an, nämlich von durchschnittlich zwölf bis in die 60er Jahre auf 30 in den 70ern und gar 48 im Jahre 1976. Hauptsächlich bedingt durch die rasch zunehmende Eskimobevölkerung und ihre bessere finanzielle Ausstattung durch allerlei Nebenerwerb. So konnten sich immer mehr Jäger die aufwendigere moderne Ausrüstung zur Waljagd leisten. Denn diese stand und steht eben an höchster Stelle der Werteskala jagdlicher Betätigung, und größtes Ansehen im Dorf genießt, wer einmal einen großen Wal erfolgreich harpuniert hat.

Das mußte natürlich auch zu laienhaftem Vorgehen durch unerfahrene jüngere Jäger führen, mit der Folge unsachgemäßer Bergung und vieler angeschossener und verlorener Wale. Mehr noch, die Dörfer wetteiferten untereinander um die höchste Waljagdstrecke, was diese unselige Entwicklung noch begünstigte.

Auch Slwooko hatte diese Zustände mißbilligt. Dennoch war der freie Jäger des Eismeers, wie auch seine Landsleute, in maßlose Wut geraten, als sie von der Entscheidung der Internationalen Walfang-Kommission hörten. Diese, inzwischen schon recht einflußreich, hatte unter Bezug auf die geschilderte Situation 1977 ein totales Jagdverbot gefordert. Das wurde zwar nach Intervention der US-Delegation, die sich für die Erhaltung der Eskimokultur gleichermaßen verantwortlich fühlte wie für die Wale, in eine Quotenregelung umgewandelt, aber die Eingeborenen waren sauer.

»Da wollen Leute, die in so einer komischen Kommission am anderen Ende der Welt sitzen, uns vorschreiben, was wir hier zu tun haben«, ereifert sich Slwooko, und dann unvermittelt: »Dir trau ich auch nicht. Ihr Biologen schreibt und redet zuviel auf internationalen Konferenzen, und danach haben wir den Ärger.« Doch er ist nicht mehr so heftig wie im letzten Jahr bei ähnlichem Anlaß, und so kann ich ihm meine Sympathie für nachhaltige jagdliche Nutzung von Wildtieren, wie auch für ihre traditionelle Waljagd, begreiflich machen.

In diese Richtung ging die Waljagdszene dann ohnehin. Die aufgebrachten Eskimos bildeten 1977 eine eigene Kommission aus Leuten, die etwas von der Materie verstehen. Diese ›Alaska Eskimo Whaling Commission‹ verschaffte sich bald Respekt und bekam Sitz und Stimme in der Internationalen Walfang-Kommission. Die Quotenregelung wurde akzeptiert, sie beinhaltete anfangs 12 erbeutete Wale oder 18 insgesamt beschossene in den von ihnen bejagten arktischen Gewässern. Es war nun Sache der Eskimo Whaling Commission, diese Quote unter die einzelnen Dörfer aufzuteilen.

»In diesem Jahr haben die beiden Dörfer der Insel zusammen drei Wale frei«, erläutert Slwooko, »je nach den Eisverhältnissen werden sie eher im Osten bei Savoonga oder westlich bei uns durchziehen, das ist egal.«

Die neue Regelung hat für alle Vorteile. Die Konkurrenz zwischen den Dörfern hat aufgehört, die wilde Schießerei ein Ende. Der Anteil angeschossener Wale ging drastisch zurück, denn die zählen ja nun auch. Außerdem dürfen nur noch Harpunen verwendet werden, die mit einer Boje verbunden sind, so daß sich der beschossene Wal verfolgen und zur Strecke bringen läßt.

Selbst ihre ehemals schärfsten Kritiker, die Leute von Greenpeace, konnten die Eskimos zumindest zur Toleranz bewegen, nachdem sie zwei Vertreter eingeladen hatten, sich alles einmal selbst anzusehen. Irgendwie waren dann auch die beeindruckt von der jahrtausendealten Art der Koexistenz von Wal und Mensch.

Ob die Abmachungen auch eingehalten werden? Es geht gar nicht anders, denn kein Waljäger kann alleine hinaus. Die Funkkontakte zwischen den Booten können in allen umliegenden Dörfern mitgehört werden. Nicht einmal ein angeschossener Wal läßt sich unterschlagen, geschweige denn ein erbeuteter.

Nach einer Jahrhunderte währenden Phase der Mißwirtschaft hat der Mensch wieder den pfleglichen Umgang mit den größten Tieren dieser Erde gelernt.

Der Sturm pfeift wieder stärker in der späten Dämmerung kurz vor Mitternacht. Wir waren jenseits des Cape Gambell im Packeis auf Entenjagd. Vor allem Eisenten zogen die Eiskante entlang nach Norden, und Slwooko hatte einen Erpel im reinen Wintergefieder erwischt. Er wird einmal einen Ehrenplatz im Münchener Jagdmuseum bekommen, denke ich beim Abbalgen.

Zum Aufwärmen köpfen wir eine Flasche Metaxa, die den Flug im Schlafsack eingewickelt überstanden hatte. Nicht ganz legal, im ›trockenen‹ Gambell. »Aber zur Vorbeugung einer Erkältung«, rechtfertigt der Eskimo unseren nächtlichen Trunk. Außerdem habe ich einen Anlaß zum Feiern: Ich hatte heute erstmals in meinem Leben die Elfenbeinmöwe gesehen, die einzige paläarktische Möwe, die ich noch nicht kannte, nach der ich jahrelang Ausschau gehalten hatte. Im Sommer nur in den nördlichsten Regionen der Arktis lebend, kommt sie im Winter südlich bis zum Polarkreis vor. Infolge des späten Winters halten sich jetzt um Ende April noch einige an den Gestaden der St. Lorenz-Insel auf. Federleicht schaukelten die rein weißen Vögel über dem Packeis, auf der Suche nach Walroßkot und anderen Hinterlassenschaften größerer Meerestiere, die ihre Hauptnahrung bilden.

Slwooko wird gesprächig. Er erzählt von der Erlegung eines seiner drei Eisbären, des kapitalen männlichen, der ihn um ein Haar Kopf und Kragen gekostet hätte. Er wollte eigentlich Eisfüchse jagen und war daher nur mit einer kleinkalibrigen Büchse ausgerüstet. Dennoch hatte er den Schuß auf den zum Schutz gegen die Kälte tief im Schnee eingegrabenen Bären gewagt. Mit der letzten Patrone des Magazins konnte er den anstürmenden Koloß stoppen...

»Warum riskierst du so viel?« will ich wissen. Er kann meine Frage nicht verstehen.

»Erstens wollte ich den Bären unbedingt haben, zweitens konnte ich ja nicht sehen, wie groß er war, und schließlich«, philosophiert er weiter, »sterben wir doch alle einmal, und dann doch lieber auf der Jagd als im ›pioneers home‹.«

Das Altersheim ist ihm ein Greuel, da will er unter keinen Umständen hin.

»Aber wenn du weiterhin so viel Glück bei der Jagd hast und wider Erwarten doch alt wirst?« Er antwortet nicht. Nur durch eine unmißverständliche Handbewegung an seiner Schläfe läßt er mich wissen, wie er dem Schicksal notfalls nachhelfen wird ... Noch nie bin ich einem so durch und durch eisernen Menschen begegnet.

Doch dann denkt er an die nähere Zukunft. Er beabsichtigt, sich als Jagdführer auf dem Festland zu betätigen, um sein Einkommen zu verbessern. Ob ich schon mit Jagdführern gejagt habe, will er wissen. Eigentlich nicht, meist habe ich allein gejagt, und in Afrika hatte ich selbst die Rolle des Jagdführers zu übernehmen. Doch dann erinnern mich Quinns Schlitzaugen wieder an ein unvergeßliches Erlebnis mit Mongolen, den stammesgeschichtlich wohl nächsten Verwandten der Eskimos.

Im Reich Dschingis Khans

Einsame Berge und schroffe Felsen in der unbekannten Ferne Innerasiens sind die Heimat der größten Steinböcke, der wuchtigsten Wildschafe. Weiße Jurten in unendlicher Steppe, wollhaarige Yaks und Kamele prägen die schwermütige Landschaft. Wilde Reiter auf struppigen Pferden durchqueren sie heute noch wie zu Dschingis Khans Zeiten.
Denn die Zeit steht still im Dämmer des Lama-Klosters, sie versinkt in fernöstlicher Mystik. Infolge jahrzehntelanger Isolation und zähen Festhaltens an Traditionen entspricht die Mongolei auch heute noch den Vorstellungen eines weitgehend unbekannten geheimnisvollen Landes im Fernen Osten.

Kaum hörbar säuselt der Nachtwind in der Rauchluke des runden Nomadenzelts. Es dauert einige Zeit, bis ich mich zurechtfinde in der Wirklichkeit, nach dem Erwachen aus bleischwerem Schlaf. Drüben schnarcht mein Waidgenosse, Heini Springer aus Alaska. Er hatte mich zu dieser Reise in die uns beiden noch unbekannten Weiten der Mongolei überredet, zur Jagd in der Einsamkeit des Altaigebirges.

Schon seit Jahren hatten wir vom Argali mit seinem wuchtigen Gehörn geträumt, den größten Schnecken aller Wildschafarten dieser Welt. Würde das jemals klappen? 1982 fand der Internationale Ornithologen-Kongreß in Moskau statt, und die Teilnahme daran hatte uns diesem Ziel, jedenfalls geographisch gesehen, schon nähergebracht. Doch selbst von dort brauchte das Düsenflugzeug noch die ganze Nacht und einen halben Tag, um die unermeßlichen Nadelwälder der sibirischen Taiga zu überqueren und die Weiten der mongolischen Steppen.

Wie launisch doch Diana sein kann! Über neun Jahre hatte sich mein Bemühen um den Schneewidder Alaskas hingezogen – den Argaliwidder hatte sie mir in dieser grandiosen Bergwildnis schon am ersten Jagdtag beschert. Zuvor hatte ich bereits mehrere Widder beobachtet, doch stets auf weite Entfernung. Der Zufall in Form eines Wilderers war dann zu Hilfe gekommen. Uns offensichtlich nicht bemerkend, hatte er sich von der anderen Seite an ein Rudel Widder angepürscht und dadurch dessen Aufmerksamkeit auf sich gezogen. So konnte ich mich unbemerkt nähern und in aller Ruhe meine Entscheidung treffen. Der Schuß war weit – wohl an die 300 Meter –, jedoch für das leichte KS-Geschoß der 8 × 68 kein ballistisches Problem. Alles war ungewohnt reibungslos abgelaufen. Unser ungebetener, wenngleich sehr willkommener Jagdhelfer war übrigens nach dem Schuß so spurlos verschwunden, als hätte ihn der Erdboden verschluckt. So wäre eigentlich alles bestens gewesen, und ich hätte vollauf zufrieden sein können. Und doch bin ich es nicht. Denn ich war dem Berggeist begegnet, und der läßt mir keine Ruhe.

Der Berggeist

Steinbock – der Gedanke an diese Wildart hatte mich schon immer fasziniert, seit ich als Bub Sonnleitners ›Höhlenkinder‹ gelesen hatte. Aus den Hörnern des Steinbocks hatten die Höhlenkinder ihre ersten Gerätschaften gebastelt. Ob ich diesen urwüchsigen Bewohner der wildesten Felsregionen der Alpen je einmal zu Gesicht bekommen würde?

Kaum, denn schon im vorigen Jahrhundert war er fast ausgerottet. Durch den Menschen, durch direkte Verfolgung. Motiv hierfür war allerdings nicht die übliche Jagd auf Wildbret oder Trophäen – letztere hatten zu jener Zeit ohnehin noch keine Rolle gespielt. Nein, purer Aberglaube war dem Alpensteinbock zum Verhängnis geworden. Seinem ›Herzkreuzl‹, einem verknöcherten Gebilde im oberen Teil des Herzens, hatte man wunderbare Heilkraft und Schutz vor vielen bösen Mächten zugeschrieben. Und allein dieser Wahn war das Motiv, dieses Tier bei jeder Gelegenheit zu erbeuten, ohne Rücksicht auf das Überleben der Art. Hierzu hatte allerdings auch das Verhalten des Tieres beigetragen, das sich als hervorragender Kletterer in steilsten Felswänden vor jeglicher Nachstellung sicher fühlte. Doch mit der Erfindung der Armbrust war das vorbei, ihre Geschosse reichten auch dorthin. So waren schon im späten Mittelalter viele Vorkommen erloschen, und mit der Verbesserung der Feuerwaffen war das Schicksal des Steinbocks im Alpenraum weitgehend besiegelt. Denn je seltener das Wild wurde, desto höher kletterten die Preise für das begehrte Herzkreuzl, um so lukrativer wurde die Verfolgung – auch des letzten Stücks.

An dieser erbarmungslosen Gesetzmäßigkeit waren auch die Bemühungen des Erzbischofs von Salzburg gescheitert. Nachdem das Steinwild schon vor über 300 Jahren im Zillertal ausgerottet war, machte er einen zunächst erfolgversprechenden Versuch, diesen imponierenden Bergbewohner wieder anzusiedeln, und zwar unter Einsatz von bewaffnetem Wildschutzpersonal – so weiß heute noch Herzog Albrecht von Bayern zu berichten.

Doch die Folge waren blutige Gefechte zwischen Wilddieben und Wildschützern, Mord und Totschlag. Entsetzt über die abgrundtiefe Verderbtheit der vom schnöden Mammon besessenen Seelen ließ der Erzbischof die geringen verbliebenen Reste des Steinwildes vollends abschießen, um nicht weitere Menschenleben aufs Spiel zu setzen ...

Wer da glaubt, solche unheilvollen Wahnvorstellungen über die Heil- oder Zauberkraft von Tierprodukten gehörten endgültig der Vergangenheit an, der irrt gewaltig. Heute, im Zeitalter der Computer und Satelliten, in einer Ära bislang nicht erreichten Niveaus naturwissenschaftlicher und medizinischer Forschung werden alle Nashornarten dieser Welt noch aus ganz ähnlichem Motiv verfolgt wie einst der Alpensteinbock! Das zu Pulver zerriebene Horn dieser Tiere soll als Aphrodisiakum wirken, meinen alternde, um ihre Potenz bangende Männer, vor allem in Asien. In arabischen Ländern verspricht man sich von einem Griff aus Nashorn am Dolch ähnliche Wunder. Dieser durch keinerlei Forschungsergebnisse auch nur im entferntesten gestützte Aberglaube führte bereits zum Verschwinden lokaler Nashornbestände in vielen Teilen ihrer tropischen Verbreitungsgebiete. Schwindelerregende Preise für das begehrte Tierprodukt waren die Folge. So konnten bisher weder internationale Vereinbarungen zur Beschränkung des Handels, wie etwa das Washingtoner Artenschutz-Abkommen, noch das vielerorts tätige Wildschutzpersonal den Schwarzmarkt unterbinden. Es kommt auch hier immer wieder zu lebensgefährlichen Kämpfen mit Wildererbanden.

Doch auf ganz ähnliche Weise, wie wenigstens eine Art, das Weiße Nashorn, inzwischen gerettet wurde, nämlich durch das inzwischen erwachte Interesse an seiner nachhaltigen Bejagung, so kam auch für den Alpensteinbock in letzter Minute die Rettung. Nur noch einen Minibestand von einigen Dutzend Tieren gab es im 19. Jahrhundert in Europa, und zwar im Jagdrevier des italienischen Königs Victor Emanuel II. im Aostatal, im Gebiet des heutigen Nationalparks Gran Paradiso in den nordwestitalienischen Alpen. Nur durch Einsatz von Wildhütern und Androhung der Todesstrafe allein schon für das Betreten des Gebiets konnte der jagdpassionierte König die gänzliche Ausrottung des europäischen Alpensteinbocks verhindern.

Doch später, im Jahre 1906, gelang es dann einigen Schweizer Wildfreunden mit Hilfe italienischer Drahtzieher, trotz der intensiven Bewachung in einer nächtlichen Aktion drei Stück Steinwild zu stehlen. Diese bildeten den Grundbestand für die ersten Kolonien in der Schweiz, im Kanton St. Gallen und in Graubünden. Dann ging es steil aufwärts. In den folgenden Jahrzehnten vermehrte sich das streng gehütete Steinwild in der Schweiz erfreulich, dann gründete man sogar Kolonien in Österreich und schließlich in den deutschen Alpen. Zu Anfang der 1980er Jahre schätzte man den Bestand im Alpenraum auf über 20 000 mit jährlichem Zuwachs von etwa zehn Prozent. Örtlich wurde eine Bejagung wieder möglich und auch nötig. Aber nun eben ganz anders als früher, nämlich getragen vom Geist des Artenschutzes und der Wilderhaltung. So gab es auch für mich wieder Hoffnung, dieses faszinierende Wild einmal in freier Wildbahn beobachten zu können. Schweizer Jäger hatten sich nach einer Vortragsveranstaltung in Zürich spontan bereiterklärt, mir diesen Wunsch zu erfüllen. Doch es war noch nicht dazu gekommen.

Gestern hatte ich ihn nun erstmals entdeckt, als wir frühmorgens mit dem Fernglas von der Ebene aus die Berge nach Schafen absuchten. Hoch oben im Fels stand er, der sibirische Steinbock, nahe verwandt der europäischen Art, doch etwas größer als diese. Es war nicht irgendein Steinbock, der reglos wie ein Standbild die ersten Strahlen der Morgensonne genoß. Es war der Berggeist! Schwarzbraun und nicht hell rotbraun die Decke wie bei allen anderen, jüngeren Artgenossen, grau meliert das Haupt, und unter dem Kinn wallte lang und dicht der Bart – ein Fabelwesen der Bergwildnis.

Meine beiden mongolischen Begleiter, Führer und Dolmetscher, diskutierten flüsternd, aber sichtlich erregt in ihrer hart akzentuierten Sprache. Einen solchen Steinbock hatten sie hier noch nie gesehen. In weitem Bogen ragten die mit vielen ›Schmuckringen‹ versehenen Hörner über Schulter und Rücken. Wenn das klappen könnte … Doch unerreichbar hoch stand er dort oben in den Klippen. Beim ersten Versuch, ihn von der anderen Talseite aus anzugehen, bewegte er sich gemächlich in dem ihm wohl gut vertrauten felsigen Labyrinth und war gleich darauf verschwunden, als habe er sich in Luft aufgelöst. Daß wir ihn auch nach Stunden nicht mehr ausfindig machen konnten, hielt ich damals noch für reines Pech unsrerseits …

Nun treibt mich der Berggeist um. Weder den Mongolen noch mir gönne ich einen Rasttag nach den Strapazen des Vortages. An den harten Sattel auf dem struppigen Mongolenpferd habe ich mich noch nicht gewöhnt, immer wieder rutsche ich auf eine andere Stelle dieses Gebildes aus Holz und Leder, um mein Sitzfleisch ausgeglichener zu belasten.

Meine Begleiter vor und hinter mir reiten eleganter, Pferd und Reiter

222

sind eins. Sie sind wohl im Pferdesattel groß geworden, wie ihre Vorfahren, die zu Beginn dieses Jahrtausends aus den Steppen Asiens nach Westen vordrangen und das Abendland in Angst und Schrecken versetzt hatten. Es waren wohl dieselben zähen Pferde, auf denen jene Hunnen unter Attila bis nach Frankreich vorgedrungen waren und später, im Mittelalter, unter Dschingis Khan ein Weltreich aufbauten, das von der unteren Wolga im Westen bis zum Pazifik im Osten reichte.

Unabhängig von diesen periodischen Expansionen hatte das unmittelbar benachbarte chinesische Reich ständig unter den kriegerischen Mongolen zu leiden. Nur durch eine gewaltige Mauer glaubten die friedliebenden Chinesen sich vor den unberechenbaren Einfällen schützen zu können. So entstand im Laufe von Jahrtausenden, unter den Kaisern mehrerer Dynastien, die auch heute noch berühmte Chinesische Mauer. Über Berge und Täler hinweg sollte sie die Grenze absichern. Grenzverlagerungen, Zerstörungen oder altersbedingter Zerfall hatten ständige Neubauten zur Folge. Insgesamt waren wohl an die 50 000 Kilometer Mauer errichtet worden, das größte Bauwerk der Welt überhaupt.

Selbst aus dem Weltraum ist der heute noch existente Teil der Mauer zu erkennen. Die Insassen des ersten bemannten Satelliten waren beeindruckt von dem endlosen Zickzackband quer durch die Weite der innerasiatischen Steppen. Heute hat diese Befestigungsanlage nur noch als Touristenattraktion Bedeutung. Die Grenzen zwischen Innerer (chinesischer) und Äußerer Mongolei scheinen gefestigt, die jahrtausendealten Feindseligkeiten beigelegt. Die heutige Volksrepublik Mongolei versteht es offenbar recht gut, ihre Unabhängigkeit von den benachbarten großen sozialistischen Bruderländern zu bewahren, sowohl von der Volksrepublik China im Süden wie von der UdSSR im Norden.

Intelligent und unternehmungslustig sind auch meine Begleiter. Otschirshaw, genannt Otschi, spricht fließend deutsch. Vier Jahre hat er im Auftrag seiner Regierung in der DDR verbracht, zur Vorbereitung auf seine Tätigkeit als Dolmetscher. Denn die Mongolen hatten noch vor den beiden Nachbarländern erkannt, welche Devisenquelle in den Wildbeständen ihres ursprünglich gebliebenen Landes steckten, und vor jenen die Grenzen für ausländische Jäger geöffnet. Insbesondere die passionierten amerikanischen Schafjäger lassen es sich erkleckliche Summen kosten, das Argali, dieses größte aller Wildschafe, zu erbeuten. Voraussetzung für erfolgreiches Jagen in menschenferner Wildnis ist allerdings gut ausgebildetes Personal, und um dieses ist die Regierung bemüht.

Mein gestriger örtlicher Führer ist mit Heini Springer unterwegs, sie wollen zwei Tage lang ein weiter entferntes Gebiet unter die Lupe nehmen. Heute führt mich Zamvaldori, genannt Zamba, ein 18jähriges

Bürschchen mit ruhelosen, stechend schwarzen Schlitzaugen. Mir ist nicht wohl dabei. Nicht, daß er mir unsympathisch gewesen wäre; aber er erinnerte mich sofort an die desperaten Berichte eines europäischen Jägers und seiner Gattin, die wir am ersten Abend nach unserer Ankunft im Hotel ›Ulan Bator‹ getroffen hatten. Er war als ›Schneider‹ zurückgekommen, hatte also nichts erbeutet, und das im selben Lager im Mittleren Altaigebirge, in dem wir die nächsten Tage verbringen sollten. Schuld an seinem Mißgeschick war seiner Schilderung zufolge einzig und allein der Jagdführer, den er kaum als solchen bezeichnen wollte. Ein junger Kerl nämlich, unerfahren und viel zu temperamentvoll, der ihm alle Chancen vermasselt habe. Beschweren werde er sich bei der Regierung, sein Geld wolle er zurück, vor allem aber müsse so eine jagdliche Niete umgehend entlassen werden.

Das hatte alles recht überzeugend geklungen. Doch waren mir auch gewisse Zweifel gekommen bei der Vorstellung, wie dieser behäbige und recht beleibte Herr wohl die zwangsläufig mit einer Gebirgsjagd verbundenen Streßsituationen habe meistern können. So bleibt mir zunächst nichts anderes übrig, als meinen jungen Führer zwar mit gemischten Gefühlen, aber doch interessierter Aufmerksamkeit zu beobachten.

Immer steiler geht es jetzt bergan, die Pferde werden langsamer. An die drei Stunden sitzen wir schon seit dem Morgengrauen im Sattel, haben eine Menge eigener Energie gespart für den heutigen Tag, von dem ich das Gefühl habe, daß er nicht einfach wird.

Ein Paar Kolkraben kreist über uns, ruft etwas Unverständliches und streicht dann hinaus in die Steppe. »Sie haben dir Glück gewünscht für die Jagd«, interpretiert Otschi den rauhen, kehligen Ruf. Lustig sitzt ein viel zu kleiner Hut auf seiner schwarzen Mongolenmähne. Er hat ihn wohl einmal von einem abreisenden Jagdgast geschenkt bekommen.

Den Berggeist haben wir noch immer nicht entdeckt, so übersichtlich das fast vegetationslose Gelände auch erscheint. Die Felsregionen sind völlig blank und die darunter und dazwischen liegenden Matten nur ganz spärlich und niedrig mit einer Grasart bewachsen, die etwas an Schnittlauch erinnert und auch so ähnlich riecht. Dieses würzige Gewächs bildet wohl die Hauptäsung für Schafe und Steinwild. Entsprechend würzig hatten gestern abend die aus dem erlegten Widder gewonnenen Steaks geschmeckt.

Steinwild gibt es in Mengen. Geißen mit Kitzen, Böcke verschiedenen Alters begegnen uns in größeren und kleineren Trupps. Es ist mir rätselhaft, wie die spärliche Vegetation so viele Tiere ernähren kann. Zamba weiß inzwischen, daß mich keiner dieser jüngeren, rotbraun gefärbten Böcke interessiert, auch wenn sie teilweise respektable Hörner tragen.

43 Mit vereinten Kräften wird die schwere Beute zur Küste geschafft,

44 mit Flaschenzügen an Land gezogen und zerwirkt

45 Walspeck und Maktak sind auch heute noch wesentlicher Bestandteil der Eskimonahrung. Im Maul des Wals sind die langen Barten zu erkennen

46 Jeder bekommt seinen Anteil, an diesem Festtag braucht niemand zu hungern

Fernöstliche Mystik im Lamakloster

Abendstimmung im mongolischen Jagdlager

Wo nur sollen wir den Berggeist suchen? Wir mögen bereits auf 3000 Meter Meereshöhe aufgestiegen sein, ab und zu eingehüllt in wogende Nebelschleier. Ein kleines Plateau bietet eine phantastische Aussicht in mehrere Täler und Berghänge. Weit entfernt entdecke ich ein Rudel Argaliwidder, der Zahl nach könnte es das von gestern sein. Einer fehlt eben jetzt, aber ein ebenso starker ist noch da und wird das Rudel anführen, bis es sich zu Beginn der Brunft im November auflösen wird. Tief unter uns liegt die weite Ebene der Steppe. Soweit das Auge reicht, keine nennenswerte menschliche Ansiedlung. Rein rechnerisch gibt es hier nur einen Menschen pro Quadratkilometer, dieselbe geringe Menschendichte, besser gesagt -dünne wie in Alaska! Und wie dort lebt etwa die Hälfte dieser eine Million zählenden mongolischen Bevölkerung in der Hauptstadt Ulan Bator. Das übrige Land ist daher noch geringer besiedelt. Unvorstellbar für den Europäer, der aus Regionen stammt, wo sich 250 oder gar 300 Menschen pro Quadratkilometer drängen.

Manchmal hatten wir stundenlang keinerlei Anzeichen menschlicher Wesen gesehen während der Tagesfahrt im Geländefahrzeug vom ländlichen Flugplatz in Altai zum Jagdlager. Zerfallene Mauern ehemaliger Lama-Klöster verstärkten noch den Eindruck grenzenloser Einsamkeit. Nur wenige solcher Klöster gibt es heute noch. In der seit 1924 bestehenden Volksrepublik, aber auch früher schon, war man diesen Klöstern des dem Buddhismus nahestehenden Lamaismus nicht gewogen, da sie zu viele Männer im arbeitsfähigen Alter dem Leben entzogen. Männer, die man früher zum Kriegführen, heute im Produktionsprozeß dringend brauchte. In ein noch bestehendes Kloster in Ulan Bator hatten uns unsere beiden Dolmetscher Otschi und Batsuch geführt, mit der strikten Auflage, mit ihnen engsten Kontakt zu halten und keinesfalls zu photographieren.

Fernöstliche Mystik, durchsetzt vom Hauch uralten Geisterkults, dämmerte uns entgegen: Manigfach verschnörkelte exotische Ornamente, weihrauchartiger Dunst über tief ins Gebet versunkenen Mönchen, monotones Gemurmel der in rote Gewänder gehüllten kahlköpfigen Gestalten, einige drehten unentwegt ihre Gebetsmühlen – sie sind dieser Welt gänzlich entrückt.

»Ob die für unseren Jagderfolg beten«, meinte der Alaskaner profan zu unseren Begleitern nach der Rückkehr in die Realität, »für einen Widder mit 60 inch?«

Oder daß uns der Berggeist wieder erscheinen möge, denke ich jetzt. Allmählich lösen sich die nebligen Wolken jenseits des Tales auf. Otschi und Zamba mustern mit ihren Ferngläsern die nun sichtbaren gegenüberliegenden Felsregionen. Die Entfernung scheint mir zu groß für diese Optik, daher ziehe ich das Spektiv aus dem Rucksack. Selbst bei 30facher Vergrößerung ist es noch schwierig, das Wechselspiel verschiedener Gesteinsfarben von kleinflächigen Licht- und Schattenpartien zu analysieren. Aber jetzt, dieser dunkle Punkt hat doch Hörner! Endlich finde ich das Objekt bei 60facher Vergrößerung wieder. Tatsächlich, der Berggeist, unverkennbar. Die schroffste Partie hat er sich als Ruheplatz auserwählt. Die Hörner schwingen fast bis ans hintere Ende des auf einer Steinplatte ruhenden Bockes. Zamba ist zunächst sprachlos über die Sehschärfe meiner Augen, dann lüfte ich das Geheimnis und lasse auch ihn durchs Auszieh-Fernrohr schauen. Die schwarzen Schlitzaugen funkeln, als er den Gesuchten entdeckt, auch er hat noch nie solch einen Steinbock gesehen.

Was tun? Der Schwarze dort scheint unerreichbar. Über drei Kilometer Luftlinie, schätze ich, ein tiefes Tal dazwischen und drüben Felswände, die selbst einem Bergsteiger mit bester Kletterausrüstung zu schaffen gemacht hätten. Der Alte kann sich auf seiner Klippe zu Recht sicher fühlen. Doch Zambas Jagdfieber ist geweckt. Wir müssen es versuchen, läßt er mich über den Dolmetscher wissen, und ich bin erleichtert über die grundsätzliche Übereinstimmung in der Beurteilung der schwierigen Situation.

Also zurückreiten ins Tal. Immer wieder lasse ich anhalten, um den Steinbock zu bestätigen. Um die Mittagszeit verordnet uns Otschi eine Pause mit Imbiß.

»Du hast schon wenig gefrühstückt und zum Aufbruch gedrängt«, meint er, »du mußt jetzt essen, denn es wird anstrengend.« Schließlich willige ich ein, zumal wir hier vom Talboden aus den Steinbock im Auge behalten können. Als winziges Pünktchen hebt er sich gegen den Himmel ab, unerreichbar hoch. Der Pferdepfleger kramt etwas aus den Packtaschen, was Otschi Sandwich nennt, und ich würge einige Bissen hinunter. Viel wichtiger ist mir der Plan, dem Berggeist beizukommen.

In Anbetracht der bevorstehenden Kraxelei im Fels beschließt Otschi, bei den Pferden zu bleiben. Er will uns von hier aus durch Zeichen verständigen, in den Standort des Bockes einweisen. – Denkste!

Immer steiler wird der Anstieg, und drückende Hitze brütet in den steinigen Ravinen. Zamba scheint sich hier recht gut auszukennen. Er will den Bock schräg von oben angehen, durch die einzige ohne Kletterausrüstung begehbare Passage. Er ist viel jünger als ich und ein sportlicher Typ, aber Kettenraucher, selbst jetzt beim Steigen im Fels. Insofern kann ich mithalten. Seine Hustenanfälle, deren Akustik er im Ellbogen

Im Reich des Berggeistes

Rast im Altaigebirge mit Zamba, Otschi und dem Pferdepfleger (von links)

seiner Parka erstickt, nütze ich zum Verschnaufen. Kritischer sind die schwindelerregenden Abgründe, die diesem Bergbewohner offensichtlich nicht, mir jedoch sehr zu schaffen machen. Durch Zeichen, nämlich kreisende Handbewegungen vor der Stirn, kann ich ihm mein Problem verständlich machen. So müssen wir die steilsten Partien in Umwegen umschlagen und brauchen daher länger als geplant zum Plateau, das endlich etwas Überblick erwarten läßt.

Doch wo ist der Berggeist? Dort drüben erkennen wir seinen Lagerplatz, doch von ihm selbst fehlt jede Spur. Er kann uns unmöglich gesehen haben – unser Anstieg war durch zwei Felsnasen stets gut gedeckt – und für sein Gehör war die Entfernung viel zu groß. Auch der Wind war stets zu unseren Gunsten gestanden. Vielleicht hatte der Alte seine Rast beendet und war unabhängig von unserer Annäherung weitergezogen.

Doch wohin? Im Fernglas entdecken wir tief unten im Talboden die Pferde und den, der uns in solcher Situation den Weg weisen wollte. Doch Otschi liegt längelang neben den Packtaschen, und auch der Pferdepfleger scheint tief zu schlafen. Von dort unten ist also keine Hilfe mehr zu erwarten.

Erstaunlich, wie sich Jäger ohne jegliche sprachliche Kommunikation – Zamba kann kein Wort einer anderen Sprache – allein durch Zeichen verständigen können. Sein Plan leuchtet mir ein. Das Plateau fällt nach drei Seiten in mehreren unterschiedlich steilen, aber meist schwer einsehbaren Schründen und Taleinschnitten ab. Irgendwo dort muß der Steinbock stecken.

Nun geht die Kraxelei weiter. Sehr vorsichtig arbeiten wir uns voran, stets bemüht, keinen Stein loszutreten, denn ein solcher hätte uns alles vermasseln können. Nichts. In der nächsten Ravine wieder nichts, so gründlich wir auch in die Tiefe spähen. Es gibt hier offenbar überhaupt kein Steinwild in diesem bizarren, wohl auch für diese Kletterkünstler schwer begehbaren Felsmassiv, das sich der Alte als Einstand auserkoren hat. Die steilsten Kamine muß ich Zamba allein untersuchen lassen, denn schon beim ersten Blick in die Tiefe fängt sich alles zu drehen an. Wie soll das nur weitergehen?

Die Begeisterung in Zambas rotbraunem Mongolengesicht weicht zunehmend der Enttäuschung. Er ist ratlos. Wir liegen auf einer Felsplatte am nördlichen Ausläufer des Plateaus. Mit einem Stein kritzelt er mir die geographische Situation auf die Platte. Alle möglichen Aufenthalte haben wir nun durchgemustert, der Bock ist wahrscheinlich unbemerkt nach Süden ins höhere Gebirge gezogen – und damit unerreichbar, jedenfalls für heute. Er ballt die Faust, nur der kleine Finger ist ausgestreckt und zeigt nach unten. Es fällt mir nicht schwer, dieses mongolische Symbol für eine beschissene Situation zu verstehen. Mir schwant nichts Gutes, denn ich weiß genau, der Berggeist wird mir keine Ruhe lassen. Tagtäglich werde ich ihn suchen müssen, bis zum Ende unseres Aufenthalts im Altaigebirge.

Den Einschnitt dort drüben, hast du den schon gemustert? bedeute ich Zamba. Der denkt kurz nach und erhebt sich. Das letzte Stück legt er auf allen vieren kriechend zurück, da scheint es wohl sehr steil abzufallen. Wie elektrisiert fährt er zurück, erregt sein Gesicht, und senkrecht nach oben deutet jetzt der ausgestreckte Daumen aus der geballten Faust. Auf dem Bauch robbe ich an die Felskante. Was ich da unten sehe, verschlägt mir fast den Atem. Sieben kapitale Steinböcke! Niedergetan auf einem kleinen Plateau ruhen sie in der Nachmittagssonne. Ein unbeschreibliches Bild. Und dann, nahe der Felswand, noch einer, der Berggeist!

Doch sowie ich ihn entdeckt habe, wendet er das eisgraue Haupt mit den gewaltigen Hörnern und äugt zu mir herauf. Im Fernglas erkenne ich seine bernsteingelben Lichter. Unentwegt äugt er in unsere Richtung, nur er, und ich getraue mich nicht, auch nur die kleinste Bewegung zu machen, kann nicht zurückrutschen. Muß immer wieder die Augen schließen, denn alles fängt an sich zu drehen, Abgrund, Felsen, Steinböcke.

Endlich hat er sich beruhigt, und ich kann mich in eine angenehmere Stellung begeben. Zambas Miene triumphiert, jetzt muß es klappen. Noch nie waren wir dem Berggeist so nahe gekommen. Doch so einfach ist die Sache nicht. Die Entfernung wäre kein Problem, vielleicht 180 Meter unter uns ist die ersehnte Beute niedergetan. Aber ein Schuß in so spitzem Winkel, fast senkrecht nach unten? Darin habe ich keine Erfahrung. Zudem sitzt ausgerechnet der Alte, und nur dieser, bestens gedeckt durch einen großen Felsblock. Nur Haupt und Träger sowie sein hinteres Ende sind von hier oben zu sehen, ein verdammt kleines Ziel also.

Nach einer Weile schiebe ich mich wieder über die Felskante, in der Hoffnung, dort unten habe sich inzwischen etwas verändert. Nichts, seelenruhig dösen die sieben Steinböcke in der Sonne, ab und zu wiederkäuend. Aber was hat denn der Alte nur, der äugt ja schon wieder zu mir herauf. Das ist doch nicht zu fassen. Er kann mich auf diese Entfernung unmöglich gesehen haben, so vorsichtig hatte ich mich, und zwar nur mit der Augenpartie, über die Kante geschoben. Wind kann er ebenfalls nicht bekommen haben, denn die in der Ebene unten erwärmte Luft weht ständig zu uns herauf. Auch hatten wir uns völlig geräuschlos verhalten.

Wieder muß ich eine Ewigkeit in dieser verkrampften Stellung ausharren, der Alte lugt unentwegt zu mir herauf. Warum nur er und keiner der anderen Steinböcke, die doch wesentlich exponierter und ohne jede Deckung auf dem Plateau sitzen? Im allgemeinen äugt Bergwild nicht nach oben. Nur dieser Alte. Er wird mir unheimlich, der Berggeist. Sollte er über einen sechsten Sinn für Gefahren verfügen, frage ich mich, endlich wieder hinter der Kante versteckt. Vermutungen, daß es so etwas geben könnte, hatte ich schon früher gelegentlich bei der Jagd auf älteres Wild. Aber so auffallend wie bei diesem alten Steinbock war es doch noch nie. Zudem hat die Situation die wohl einmalige Gelegenheit geboten, diesen Verdacht mit fast wissenschaftlicher Exaktheit zu überprüfen, nämlich durch das wiederholbare Experiment. Zweimal schon dasselbe Ergebnis, wobei jeweils alle anderen denkbaren Erklärungen auszuschließen waren: der Alte hat übersinnliche Fähigkeiten, er ahnt die Gefahr.

Ein drittes Mal will ich das Experiment nicht wiederholen, der Berggeist könnte Konsequenzen ziehen, und alles wäre umsonst gewesen. Aber so kriege ich ihn auch nicht, ahnt er das ebenfalls?

Es ist schwer, Zamba die vertrackte Situation klarzumachen. Warum ich denn um Himmels willen nicht einen der sieben anderen erlegen wolle, meint er fassunglos. Er hat recht, alle sind kapital, und einige haben mindestens so lange Hörner wie der Alte, doch sie sind jünger, alle noch rotbraun. Außerdem will ich den Berggeist und sonst keinen.

Irgendwie tut mir mein junger Führer leid, denn das Repertoire der Gesten reicht nicht aus, ihm meine Spinnerei zu erklären. Schließlich hat er sich größte Mühe gegeben, mich an kapitales Wild zu bringen, und nun das. Schließlich kann ich ihn überreden, hier oben auszuharren und mich zunächst nicht zu begleiten. Ich sehe nur eine Möglichkeit, nämlich seitwärts in einem weniger steilen Kamin abzusteigen und zu versuchen, durch seitliche Annäherung in eine günstigere Schußposition zu kommen. Zweifelnd schaut mir Zamba nach, er scheint wenig Vertrauen in dieses Unternehmen zu haben. Ich allerdings auch nicht.

Die Spannung wird unerträglich. Nach meiner Kalkulation müßte ich weit genug abgestiegen sein. Tatsächlich, hinter der Felsnase wird der Blick frei auf das Plateau und die Steinböcke. Viel näher bin ich ihnen schon. Wo ist der Berggeist? Verdammt nochmal, der äugt ja schon zu mir herauf, als ich nur mein rechtes Auge um den Felsblock schiebe, und wieder nur er. Die Knie schlottern, die in eine Spalte gekrallten Finger der linken Hand werden klamm. Ich kann diesmal nicht warten, bis er sich beruhigt hat, ganz langsam ziehe ich mich wieder hinter den Block zurück.

Es ist zum Verzweifeln. Was ich auch versuche, dem Bock ist nicht beizukommen. Wieder zurücksteigen ist sinnlos, das weiß ich bereits. Klettere ich noch tiefer, dann hätte ich wohl den breiten Stich, vielleicht etwas vom Blatt frei; aber ich wäre ihm so nah, daß er sicherlich sofort abspringen würde. Wahrscheinlich wäre er schon vor meinem Auftauchen spurlos verschwunden. Denn an seinem ausgeprägten Sinn für Gefahr besteht nun nach diesem weiteren Experiment mit demselben Resultat kein Zweifel mehr. Er ist so nah, der Berggeist, und doch unerreichbar. Grübelnd sitze ich hinter dem Felsen, die Qualen des Tantalus der griechischen Mythologie durchleidend: schmachtend vor Durst konnte er das Wasser nicht erreichen, obwohl es ihm bis zum Hals reichte.

Zum Philosophieren ist nun allerdings keine Zeit mehr, ich muß handeln, die Sonne steht schon tief. Ich entscheide mich schließlich dafür, weiter abzusteigen, um dem Bock in guter Deckung noch näher zu kommen, egal wie dieses Unterfangen ausgehen würde.

Es ging dann alles rasend schnell. Ich spähe um die Felsnase, nur noch 50 Schritt entfernt der Berggeist, der sofort abspringt, und mit ihm das übrige Rudel. Alles umsonst! Aus reiner Verzweiflung reiße ich die Büchse hoch, einige Steinböcke tauchen im Fernrohr auf, ich finde den Schwarzen und werde einen Schuß los, bevor das Wild in einer Geröllhalde verschwindet.

Aber das ist ja nicht zu fassen, ich habe getroffen! Den Alten reißt es zurück, er strauchelt, stürzt einige Meter, das Haupt voraus, im freien Fall und schlägt auf eine Gesteinsbank.

Welch überraschende Wende, ich habe gewonnen in dem stundenlangen fast aussichtslosen Kampf gegen übersinnliche Kräfte, habe den Berggeist besiegt!

Ich schreie zu Zamba hinauf, den Daumen aus der geballten Faust gespreizt. Doch der hat von da oben wohl das meiste mitgekriegt. Was hat er nur? Wild gestikulierend deutet er nach unten. Was ich dort drüben sehe, erstickt meinen Freudentaumel schlagartig. Der Berggeist lebt, wird hoch und setzt seine Flucht in unvermindertem Tempo fort. Ein rasch nachgeworfener Schuß ist reiner Reflex und sinnlos, der Schwarze ist bereits außer Reichweite.

Hätte man mir einen Bierschlegel aufs Hirn gehauen, ich hätte wohl nicht verblüffter aus der Wäsche geschaut. Dem Flüchtenden mit dem Fernglas nachschauen, das ist alles, was ich noch tun kann, und mich maßlos ärgern. Da galoppiert er, immer schräg nach unten, verschwindet in einer Bodenwelle. Doch jegliche Hoffnung, daß er daraus nicht mehr auftauchen möge, macht er alsbald zunichte. Kilometerweit kann ich ihm in den übersichtlichen Vorbergen nachschauen, sehe ihn mehrfach verschwinden und wieder auftauchen, immer in unverminderter Geschwindigkeit. Als er auch den Anstieg des letzten Bergkegels vor der

Ebene mit Bravour nimmt und dahinter verschwindet, erwache ich abgrundtief enttäuscht aus einem Traum, der ohnehin viel zu schön war, um wahr zu sein. Aus, ich habe das Spiel verloren.

Den kleinen Finger ausgespreizt, signalisiere ich Zamba die beschissene Situation. Der macht sich bereits daran herunterzusteigen, während ich mich hinüberarbeite zum Anschuß und zur Gesteinsbank, wo die Jagd ihr erfolgreiches Ende zu haben schien – einige Sekunden lang. Der hatte doch gezeichnet wie auf einen guten Blattschuß, da muß doch Schweiß zu finden sein. Aber nichts, rein gar nichts, nicht das kleinste rote Tröpfchen ist zu entdecken auf dem wirklich gut übersehbaren Gestein.

Immer unheimlicher wird mir der Berggeist, die überanstrengten Nerven fangen an zu phantasieren. Ob der wohl mit dem Leibhaftigen im Bunde steht? Wie sonst hätte er auch den Sturz aus über fünf Meter Höhe, den Aufschlag seines Schädels so unbeeindruckt überstehen können? Hält der mich etwa gar zum Narren, hat alles nur gespielt, um völlig gesund zu entkommen?

Ich bin sauer, und zwar gründlich. Meinem inzwischen nachgekommenen jungen Führer geht es nicht besser, Enttäuschung und auch Vorwurf zeichnen sich in seiner Miene ab. Das hast du davon, hätte er mich wohl getadelt, verstünde ich seine Sprache, warum hast du nicht ...

Doch ich will nichts mehr sehen und hören von der ganzen Steinbockjagd, will nur weg hier, und zwar sofort. Vergeblich versucht mich Zamba zu überreden, auf die Pferde zu warten, die jetzt bald kommen müssen. Ich fasse den verrückten Entschluß, zu Fuß ins Lager zu marschieren, so fix und fertig ich auch bin. Ich weiß nur die Richtung, immer den Vorbergen entlang nach Westen, aber ich habe die Entfernung nicht registriert. Sind wir heute in der Morgendämmerung zehn Kilometer geritten, fünfzehn oder zwanzig?

Verständnislos fügt sich Zamba dieser neuerlichen Spinnerei seines Klienten und bleibt zurück, um auf die Pferde zu warten. Zügig Richtung Westen marschierend, versuche ich die Gedanken an diesen unseligen Tag zu vergessen, was natürlich nicht gelingt. Ich bin vom Berggeist besessen, er hat mich in seinen Bann geschlagen. Mit mulmigen Gefühlen denke ich an die nächsten Tage, die ich ihm opfern muß. Werden wir ihn je wieder finden, und wenn ja, welche Schnippchen wird er uns dann schlagen?

Auf einmal kommt mir ein ganz anderer Gedanke. Warum, frage ich mich, ist der Alte eigentlich nicht zurückgeflohen ins Gebirge, wie die anderen sieben Böcke? Warum hat er sich, zwar auf und ab, im ganzen gesehen aber doch immer nur nach unten bewegt? In Richtung der Ebene, die doch keinem Steinbock Lebensraum bieten kann? Nach Westen war er geflohen, den Vorbergen entlang, also ziemlich genau – das wird mir jetzt erst bewußt – in der von mir eingeschlagenen Richtung. Krankes Wild flüchtet normalerweise bergab, hat er vielleicht doch die Kugel? Inzwischen habe ich den Bergkegel erreicht, hinter dem ich ihn zum letzten Mal verschwinden sah. Rechts herum war er geflohen, so marschiere ich links herum, in der Annahme, auf der Rückseite des Berges irgendwo seine Fährte zu kreuzen. Schon seit einiger Zeit betrachtete ich während des Marsches den steinigen Boden etwas genauer.

Da, ein roter Tropfen, noch etwas feucht. Tatsächlich Schweiß, und just da, wo ich die Fährte des Bockes hinter dem Bergkegel vermutete. Kein Zweifel, er hat die Kugel. Noch ein Tropfen, und noch einer. Problemlos kann ich der Schweißfährte folgen. Dann auf einmal viel Schweiß, eine rote Lache, nur leicht angetrocknet. Mein Stimmungsbarometer schnellt ruckartig nach oben, und ebenso, bereits unbewußt, der Daumen aus der geballten Faust. Nun kann nichts mehr schiefgehen, in dem übersichtlichen Gelände muß ich ihn finden, der rote Leithund wird mich zu ihm führen. Ich habe doch gesiegt.

Denkste! Von der viel versprechenden Lache führt auch nicht das geringste Zeichen weiter. So gründlich ich auch Stein für Stein und die spärliche Vegetation absuche, kein Tröpfchen Schweiß. In zunächst kleinen, dann größeren Bogen umschlage ich die Lache. Nichts, auch noch nicht im Umkreis von hundert Schritt. Dabei müßte selbst eine ganz schwache Schweißfährte auf diesem steinigen Boden wirklich gut zu halten sein.

Es ist einfach nicht zu fassen. Der Berggeist kann sich doch nicht in Luft aufgelöst haben oder davongeflogen sein. Bei aller bisher erlebten Hinterfotzigkeit traue ich ihm allerdings auch das noch zu. Der hat es mit dem Bösen, hätte ich ihn nur nie gesehen ... Physisch und psychisch am Ende, suche ich mir am Fuß des Berges eine etwas komfortable Stelle, um dieser Welt voller Enttäuschungen zu entgehen.

Es dämmert schon, als ich aus tiefem Schlaf erwache. Am Horizont des Bergkegels tauchen die drei Mongolen auf, mein Gaul trottet leer hinterher. Sie reiten genau den auch von mir eingeschlagenen Weg, sehen mich wohl da unten liegen. Plötzlich halten sie an, schwingen sich aus dem Sattel, beugen sich gestikulierend über den Boden. Sie sind wohl auch auf die Schweißlache gestoßen.

Nach raschem Galopp sind sie im Talboden, um mir die freudige Nachricht zu überbringen. »Du hast den Bock getroffen!« läßt mich Zamba über Otschi wissen. »Ja, schön und gut, aber was jetzt?« antworte ich resigniert. »Kein Problem, den kriegen wir, da oben liegt so viel Blut.«

234

Ich berichte über meine vollkommen ergebnislose Nachsuche, habe keinerlei Vorstellung, wo wir noch suchen sollen, wo doch alles so übersichtlich ist. Und überhaupt, ich habe jetzt die Schnauze gestrichen voll, will nichts anderes mehr als zurück ins Lager, und zwar jetzt gleich. Die anderen wollen weiter suchen. Inzwischen kam noch ein Hirte aus der Ebene heraufgeritten, um zu sehen, was es hier gäbe; auch er will sich an der Suche beteiligen. Ich verspreche demjenigen Hundert Tukruk Finderlohn, der den Bock als erster wieder entdeckt. Diese Prämie muß Eindruck gemacht haben, denn ihr Eifer wächst sichtlich. Ich habe bereits soviel Vertrauen in Zambas jagdliches Können, daß ich ihm sogar meine Büchse übergebe, für einen eventuell notwendigen Fangschuß. Rückblickend ist mir mein Verhalten unverständlich und, abgesehen von meiner Übermüdung, wohl nur so zu erklären, daß ich dieser Nachsuche ins Blaue hinein keinerlei Erfolgschancen einräumte.

Der Pferdepfleger, ein untersetzter Mongole, die kohlschwarzen Augen hinter auffallend schmalen Sehschlitzen verborgen, war der ganzen Diskussion bisher mit unbewegter Miene gefolgt, lässig an seinen Gaul gelehnt. Vielleicht war es die in Aussicht gestellte Prämie, jedenfalls zeigt er nun Leben und bittet Otschi, ihm meinen Bericht über die erfolglose Nachsuche da oben zu übersetzen. »Der Steinbock«, meint er daraufhin trocken, »ist auf derselben Fährte zurückgegangen, auf der er gekommen ist. Älteres Wild macht das, um Jäger und Wölfe zu verleiten.«

Donnerwetter! Wenn er nicht geflogen ist, der Alte, dann kann er sich nur auf diese Weise aus der Affäre gezogen haben. Das ist die einzig plausible Erklärung. »Weißt du«, fügt Otschi erläuternd hinzu, »der weiß das, sein Vater war ein berüchtigter Wilderer hier im Gebirge, und er war früher viel mit dabei.«

Dennoch, mein Entschluß steht fest, ich reite hinter dem Pferdepfleger her Richtung Lager, die anderen bleiben beratschlagend zurück.

Zügig streben die Pferde dem heimatlichen Futtersack zu. Immer wieder dreht sich mein Vordermann im Sattel um und äugt nach hinten an mir vorbei. Wie der aus so schmalen Schlitzen überhaupt etwas sehen kann! Doch plötzlich reißt es ihn aus dem Sattel, und er deutet zurück auf den Kegelberg. Das ist ja nicht zu glauben, dort hinten am Horizont, gerade noch mit bloßem Auge erkennbar, die langen Hörner des Berggeistes!

»Mann, du hast dir soeben hundert Tukruk verdient«, versuche ich ihm klarzumachen, und die Sprache scheint er zu verstehen. Im Fernglas erkenne ich dann allerdings, daß der Steinbock keineswegs verendet ist, sondern wohl hinter einem Felsblock niedergetan aufmerksam zu uns herüberäugt. Fast spöttisch, meine ich, als wollte er mir eine lange Nase machen. Er war tatsächlich auf der eigenen Wundfährte zurückgewechselt.

Nun aber nichts wie zurück in den Talboden. Doch die Pferde sind anderer Ansicht, der Stalldrang hat sich ihrer bemächtigt. Wir müssen absteigen und sie gewaltsam zurückziehen.

Die drei Mongolen sitzen immer noch da unten, von wo sie den Bock natürlich nicht sehen können. Unsere Beobachtung bringt ganz neue Aspekte in die Diskussion. Was tun? Ich schlage vor, so spät am Abend gar nichts mehr zu unternehmen. Der Bock wird mit größter Wahrscheinlichkeit heute nacht da droben im Wundbett verenden, und dann können wir ihn morgen holen. Wir wissen ja jetzt, wo er steckt.

Doch davon raten sowohl Zamba als auch der Pferdepfleger ab. Der Steinbock könnte in der Nacht hinaufwechseln ins Gebirge, und niemand weiß dann, wohin. Außerdem gäbe es hier Wölfe, die ihn aufmüden könnten oder an Ort und Stelle verzehren. Beide Vorstellungen sind mir gleichermaßen zuwider, und so sehe ich schließlich ein, wir müssen ihn heute noch kriegen.

Rasch ist ein Plan ausgeheckt. Ich soll auf der dem Bock abgewandten Seite den Berg hinaufreiten, das Pferd unterhalb der Spitze ablegen und dann versuchen, von oben her einen Fangschuß anzubringen. Falls das schiefgehen sollte – und das ist bei dem offensichtlich mit allen Wassern gewaschenen Berggeist nur zu wahrscheinlich – würden sich meine berittenen Begleiter an den Bergflanken bereithalten. Sollte der Bock an mir vorbei nach hinten durchbrechen und ins Gebirge zu entkommen versuchen, so würden sie ihn zurück in die Ebene treiben. Dort wären die Pferde auf jeden Fall schneller, er könnte dann nicht mehr entkommen.

Mit dem Pferdepfleger reite ich hinauf. Der bindet meinem Gaul die Vorderläufe zusammen, so daß er sich nur auf kleinem Raum bewegen kann, dann begibt er sich schleunigst auf seinen Posten.

Wieder diese unerträgliche Spannung, als ich den Gipfel des Kegelbergs erreiche und mich langsam, Schritt für Schritt, weiterarbeite. Nichts! Ich kann bereits die ganze Geröllhalde überblicken, vom Steinbock ist nichts, aber auch gar nichts zu entdecken. Wo sind jetzt die weit ausladenden Hörner, die von dort drüben so deutlich am Horizont zu sehen waren? Hangabwärts, links und rechts von mir, schieben die Mongolen auf ihren Pferden Wache, jeder auf dem ihm zugewiesenen Platz. Sollte der Alte etwa schon durchgezogen sein, als wir im Talboden noch den Plan gegen ihn schmiedeten? Alles, aber auch wirklich alles traue ich dem inzwischen zu.

Bevor ich aufgebe, suche ich das ganze Geröllfeld noch einmal intensiv mit dem Fernglas ab. Schließlich entdecke ich etwas, das zwar so grau ist wie der Fels, aber anders geformt. Und jetzt hat es sich etwas bewegt. Tatsächlich, das sind die Enden der Hörner! Dort unten also sitzt er im Wundbett, wieder bestens gedeckt durch einen Felsblock. An einen Fangschuß ist gar nicht zu denken. Wut mischt sich erstmals in diese neuerliche Enttäuschung und bestimmt das Handeln. Das Zielfernrohr auf zweifache Vergrößerung heruntergedreht, gehe ich den Bock direkt an. Nur noch etwa vierzig Schritt entfernt, hört er wohl die Schritte im Geröll, nervös zucken die Hornenden hinter dem Felsblock, und dann fährt er aus dem Wundbett wie der Hase aus der Sasse.

Enttäuschung und Verzweiflung bestimmen den reflexartig abgegebenen Schuß. Der Bock roulliert und rührt keinen Lauf mehr. Unbeschreibliche Erleichterung. Endlich sind seine und meine Leiden beendet. Da unten liegt er, der Berggeist, er ist mein. Verzweiflung, Wut und Haß sind vergessen. Er hat nichts anderes getan als ich auch, nämlich gekämpft bis zuletzt. Noch nie in meinem Jägerleben hatte ich solch einen Gegner.

Mein ausgestreckter Daumen signalisiert den Erfolg hinüber zu Zamba. Doch der hat seinem Gaul schon die Sporen gegeben, galoppiert so schnell es geht über das Geröllfeld, fliegt aus dem Sattel, umarmt mich – und drückt mir einen mongolischen Bruderkuß auf die Wange. Seine Freude ist grenzenlos. Das ständige Auf und Ab des heutigen Tages war ihm wohl ebenso unter die Haut gegangen.

Nun kommen auch die anderen an. Allenthalben strahlende Gesichter, die Teamarbeit hatte zum Erfolg geführt. Ob sie nun verstehen, warum ich den wollte und keinen anderen? Keiner erinnert sich, daß hier je einmal ein so alter Steinbock erlegt wurde. Eisgrau behaart, nicht nur das Haupt, sondern, wie ich erst jetzt sehe, auch Schulter und Rücken. Die Schalen schartig und ausgefranst vom jahrelangen Steigen im rauhen Gestein. Und dann die Hörner! Grau, ja buchstäblich verwittert wie Felsen, erinnern sie eher an Fossilien als an lebende Horngebilde. Von den Enden her scheinen sie allmählich zu verrotten. Diese nämlich sind stumpf und ausgefranst und lassen kaum mehr die ehemalige Hornlänge erahnen. Nicht weniger als 18 Jahresringe sind noch zu erkennen. So alt ist er also mindestens, vielleicht sogar 20 Jahre – der Methusalem vom Altaigebirge.

Die Mongolen drängen zum Aufbruch, erinnern mich an den langen Ritt ins Lager. Sie haben kein leeres Packpferd dabei, um den ganzen Bock zu transportieren, und wollen ihn daher morgen holen. Denn zum Zerwirken, um die einzelnen Stücke auf unsere Pferde zu verteilen, ist es schon zu spät.

So breche ich nur auf und nehme von den Innereien nur das Herz mit, denn morgen will ich es einmal selbst sehen, dieses phänomenale Herzkreuzl, das dieser Wildart in Europa so viel Unglück brachte. Außerdem interessiert mich der rätselhafte erste Schuß. Schräg von hinten war das Geschoß hinter dem Blatt eingedrungen, am Herzen vorbei, die Lunge nur leicht ankratzend hatte es den Wildkörper durch den Brustkern zwischen den Vorderläufen wieder verlassen – ein typischer ›Hohlschuß‹ also. Nur eine Handbreit weiter links, und der Bock wäre auf der Steinbank verendet. Ihm und mir wäre manches erspart geblieben, andrerseits bin ich so um einige Erfahrungen reicher. Der Sturz auf die Steinbank war übrigens von der Basis der massiven Hörner abgefangen und dabei nur ein Schmuckring lädiert worden.

Natürlich nehme ich das Haupt mit Decke für das spätere Kopfpräparat gleich mit. Der zweite Schuß hätte nicht besser sitzen können, sehe ich beim Abhäuten des Trägers. Dort, am Trägeransatz hatte das Geschoß das Rückgrat durchschlagen und somit das augenblickliche Verenden des Bockes zur Folge. Den Knall hat er wohl nicht mehr vernommen.

Freudig greifen die Pferde aus, nun geht es wirklich heim ins Lager. Zamba ist bereits vorausgeprescht, um die frohe Kunde zu übermitteln. Das Haupt des Steinbocks wollte er ins Lager bringen, er selbst. Ein eindrucksvolles Bild, dieser passionierte Mongole im Galopp über die Geröllfelder, über den Schultern die Hörner des hart erkämpften Wildes. Rot rieselt es über seine Parka. Was kümmert's ihn.

Mein Gaul kennt seinen Weg allein, endlich kann ich die herrliche Gegend genießen, die allmählich in bläulicher Dämmerung versinkt. Drei Kolkraben rudern im roten Abendhimmel nach Süden, streben ihrem Schlafplatz zu, irgendwo in der Felswildnis. »Siehst du, sie haben dir Glück gebracht«, sieht Otschi seine Prophezeiung bestätigt. Dann summt er weiter die schwermütige Melodie eines mongolischen Volksliedes, die so gut in diese Landschaft paßt.

Ein Stern nach dem anderen erscheint am Firmament. Ein wunderbarer Heimritt in dieser Einsamkeit. Weit und breit keine der grellen Leuchtstofflampen, nichts stört hier die Betrachtung der Unendlichkeit des Weltraums. Keines dieser neuzeitlichen Wohlstandsattribute beeinträchtigt das nächtliche Dunkel von Bergen und Steppe. Wie wenige der vielen Millionen von Menschen, die gezwungen sind, ihr ganzes Leben in ›lichtverschmutzten‹ Großstädten zu verbringen, kennen noch die Klarheit des nächtlichen Sternhimmels, den Zauber einer Vollmondnacht?

Heimeliges Licht von Petroleumlampen erhellt dagegen das Lager und erleichtert das letzte, felsige Stück des Heimwegs. Es ist geschafft!

Wie vermutet, ist Heini mit seinen beiden Begleitern noch nicht zurück, sie werden erst morgen erwartet. Doch bei der allgemeinen Erleichterung nach zwei anstrengenden Tagen ist uns einfach zum Feiern zumute. Alle sollen mitmachen, auch der alte, fast zahnlose Lagerwächter und sein Gehilfe. Schon heute, trotz quälenden Hungers, der endlich durch den schmackhaften Braten von dem am Vortag erbeuteten Widder gestillt wird.

Die Wogen der Stimmung schlagen immer höher im gemütlichen Rundzelt. Zum Glück hatten wir in Ulan Bator genügend russischen Wodka in handlichen Halbliterflaschen eingekauft, manchmal hat man so eine Vorahnung. Eventuelle rassische, gesellschaftliche oder weltanschauliche Unterschiede, die bei der Jagd ohnehin kaum eine Rolle spielen, lösen sich nun gänzlich in herzlicher Fröhlichkeit auf. Otschi hat Mühe, die wachsende Konversation zu meistern und die Wünsche nach Übersetzung zu erfüllen. Erinnerungen an ein heimatliches Schüsseltreiben nach einem herrlichen Jagdtag werden gar wach, als sich der alte Lagerwächter erhebt, um eine Rede zu halten. Mäuschenstill wird es in der Runde, vor dem Alten scheinen sie Respekt zu haben. Obwohl ich kein einzelnes Wort verstehe, ahne ich doch schon vor Otschis Übersetzung so etwa, über was er spricht, nämlich über die Einmaligkeit dieses Tages:

Noch nie sei hier, soweit er wisse, ein so alter Steinbock erlegt worden. Noch nie, solange er auch in diesem Lager Dienst tue, sei es einem Jäger gelungen, in nur zwei Tagen Argali und Steinbock zu erlegen.

»Endlich einer, der laufen und schießen kann«, wagt da der junge Zamba in gelöster Wodkastimmung eine Anmerkung. Doch sie erinnert mich wieder an das Gespräch im Hotel ›Ulan Bator‹, betreffend die Qualifikation dieses örtlichen Führers. Ich jedenfalls hätte mir für die manigfachen kritischen Situationen keinen besseren wünschen können und beschließe, ebenfalls der Regierung hierüber einen kurzen Vermerk zugehen zu lassen, zum Ausgleich. Dasselbe tut übrigens auch Heini, den Zamba in den folgenden Tagen erfolgreich auf beide Wildarten führte und der, das sei an dieser Stelle eingefügt, einen hochkapitalen Steinbock erbeutete.

Mit dem Hinweis auf eine weitere Einmaligkeit des heutigen Tages beschloß der Alte seine Rede. Das erste Mal während seiner Tätigkeit als Lagerwächter sei er zu einer solchen Feier eingeladen worden ...

»Dann ist es aber höchste Zeit!« beginne ich meine kurze Replik, die gedeihliche Zusammenarbeit der kleinen Gruppe würdigend – wesentliche Voraussetzung für den Erfolg dieser Jagdtage.

Spätere Details dieser Nacht haften nur noch unvollständig im Gedächtnis. Kärglich und unregelmäßig hatte ich während der letzten Tage

Noch nie in meinem Jägerleben hatte ich solch einen Gegner

Arbeiten im Jagdlager

nur gegessen, um so mehr zeigt jetzt der Wodka seine Wirkung. Doch den anderen geht es offensichtlich nicht viel besser, wie eindeutige Geräusche aus der Nacht bekunden. Erst nach Mitternacht stolpert der Pferdepfleger aus dem Zelt. Durch seinen entscheidenden Hinweis hat er sich wahrlich einen Schwips verdient.

Ich habe den Berggeist. Das ist mein erster Gedanke beim Erwachen aus tiefstem Schlaf, die Jagd ist zu Ende – für uns beide. Muskelkater am ganzen Körper, Wodkakater in demselben, rolle ich mich zur Seite, um noch etwas an der Matratze zu horchen. Kein Laut stört den Frieden des jungen Tages.

Klappernd räumt der Lagerwächter die leeren Flaschen vom Tisch. Sieben an der Zahl, geleert von sechs fröhlichen Zechern, jetzt wird mir einiges verständlicher. Drüben an der anderen Seite der Jurte liegt Otschi auf seiner Pritsche wie ein Toter, obwohl die Sonne schon hoch am Himmel steht. Er bewegt sich nicht, schnarcht nicht, atmet jedoch kaum merklich, lebt also noch. Ich belasse ihn in seinem Zustand und versuche zu frühstücken, was aber mißlingt ...

Draußen an der frischen Bergluft geht es mir bald besser. Zamba und der Pferdepfleger sind nun auch auf, sie satteln ihre Gäule sowie ein Packpferd, um den Körper des Steinbocks zu holen. Im Schatten der Jurte mache ich mich an die Arbeit. Das Abhäuten der beiden Köpfe, die Zubereitung und Salzkonservierung der ›Capes‹ für die spätere Präparation der Häupter wird die noch verbliebene Zeit des Tages in Anspruch nehmen.

Die Schnecken des Widders sind an den Enden abgebrochen, aber an der Basis haben sie einen Umfang von einem halben Meter. Das Argalischaf hat damit die massigsten Hörner aller Wildschafe. Diese besiedeln in mehreren zoosystematisch abgegrenzten Arten einen relativ schmalen geographischen Gürtel, der sich jedoch über beide Kontinente der nördlichen Erdhalbkugel erstreckt, vom Mufflon Europas über die asiatischen Arten Marco-Polo-, Argali- und Blauschaf bis zum Wüstenschaf der östlichen Rocky Mountains auf nordamerikanischer Seite.

Äußerst schmackhaft ist das Wildbret aller Wildschafe, und jetzt am Nachmittag schmeckt es auch mir wieder. Erstmals schlägt Otschi die Augen auf, braucht eine Weile, bis er mich am späten Mittagstisch entdeckt, und noch länger, um sich zu ersten Worten in deutscher Sprache durchzuringen. Zum Singen, wie in der vergangenen Nacht, ist ihm offensichtlich nicht zumute.

Zamba und sein Begleiter kommen zurück, jedoch mit leerem Packpferd. Haben die Wölfe den Bock geholt? Nein, der lag noch dort, so wie gestern abend. Aber beim Rückweg waren sie Nomaden mit ihren Kamelen begegnet. Denen hatten sie den Bock geschenkt, im Hinblick auf den Vorrat an Schaffleisch im Lager – und wohl auch auf das biblische Alter des Bockes. Die beiden hatten wohl ähnlich gedacht wie einst Hermann Löns, als es ihm nach mehrjährigem Bemühen endlich gelungen war, den alten Birkhahn ›auf dem Bullerberge‹ zu erlegen:»Mein Gott, er ist noch älter als ich dachte. Ich glaube, ich muß ihn jemand schenken, den ich nicht leiden kann.«

Jedenfalls bin ich froh, daß der Bock einer anderweitigen Verwertung zugeführt wurde und wir ihn nicht essen müssen. Diese mongolischen Nomaden werden schon wissen, wie sie sein Wildbret weich kriegen. Die Hunnen hätten das Fleisch unter dem Sattel mürbe geritten, wurde uns einst im Geschichtsunterricht beigebracht. Nie hätte ich mir damals träumen lassen, einmal so direkt zu solch abenteuerlichen Lebensgewohnheiten beitragen zu können.

Meditationen über Mensch und Tier

Die gestrigen Ereignisse werden wieder lebendig, während ich am Haupt des Steinbocks arbeite, aber auch Erinnerungen an frühere Jagden im Gebirge. Schon einmal, in Nordalaska, hatte ich die Lage nur durch einen unkonventionellen Schuß auf den flüchtenden Schneewidder für mich entscheiden können. Damals wie gestern mag in erster Linie Diana die Geschosse gelenkt haben, jedenfalls möchte ich die Schüsse lieber nicht wiederholen ...

Andrerseits macht sich in solchen extremen Situationen die jahrelange Übung am Schießstand bemerkbar. Der ganze Vorgang bis zum Moment des Schusses selbst läuft viel reibungsloser, fast unbewußt ab. Schon während meines ersten Aufenthalts in Kanada hatte ich das Wiederladen von Kugelpatronen gelernt, lange bevor es in Deutschland wieder populär wurde, und dies hat mir seither kostengünstige Übung ermöglicht. Ein wirklich guter Scheibenschütze wurde ich allerdings nie. 1986, zum Beispiel, konnte ich nur mit Mühe die Große Goldene Nadel der Jagdausstellung ›Wildtier und Umwelt‹ erbeuten. Ich wollte unbedingt diese Erinnerung an die Jahrhundertveranstaltung.

Bleibende Erinnerungen an unvergeßliche Tage im Altaigebirge habe ich nun in den wuchtigen Widderschnecken und dem weit ausladenden Gehörn des Steinbocks. Doch letzteres wird mehr sein als nur Trophäe mit Erinnerungswert. Das eindrucksvolle Haupt wird mich immer wieder zum Nachdenken anregen über die wohl kaum mehr zu bestreitenden übersinnlichen Fähigkeiten des Berggeists, sich der Verfolgung zu entziehen. Warum besaß nur er solche? Nur weil er der älteste war? Hatte sich sein sechster Sinn für Gefahren erst im Laufe der Jahre entwickelt, oder war er, umgekehrt, nur so alt geworden, weil ihm dieser bereits angeboren war? Jedenfalls hätten sich die Wildschützen in den Alpen verdammt schwergetan, die Steinböcke auszurotten, wären alle so raffiniert gewesen wie der Berggeist.

Ferner frage ich mich, gegen welche Art von Gefahren das Verhalten des Alten gerichtet war. Wohl kaum allein gegen den Jäger; denn der Jagddruck auf Steinwild kann hier nicht hoch sein, sonst hätte dieses viel größere Fluchtdistanzen gegenüber dem Menschen eingehalten. Wölfe gibt es hier natürlich und auch Schneeleoparden – Heini hat sogar einen gesehen –, aber ich weiß nicht, inwiefern diese ausgewachsenem Steinwild gefährlich werden können. Die Wölfe wohl schon, falls sich die Felsbewohner im Winter zur Äsung in tiefere Regionen begeben sollten. Aber die Vorsicht des Alten war ja gerade im Fels so ausgeprägt.

Eine Menge zusammengelesener Steinwildschädel in der Schlucht hinter dem Lager bringt mich noch auf eine andere Idee. Diese Tiere waren überwiegend durch Steinschlag umgekommen, erklären mir die Mongolen, und das scheint plausibel, denn so ziemlich alle Altersklassen hat es erwischt. Unter Opfern von Nahrungsmangel oder Krankheiten hätten die jungen und ganz alten Tiere bei weitem überwogen. Das Gestein hier ist überaus brüchig und splittert in scharfen Kanten – während der gestrigen Kletterpartien hatten wir das nur zu deutlich zu spüren bekommen. Ständig klappert und rieselt es irgendwo, auch hier in der Schlucht. Im Frühjahr ist sicher mit ganzen Lawinen des durch Spaltenfrost gelockerten Gesteins zu rechnen.

Galt die Vorsicht des Alten primär dieser Gefahr? Hatte er daher, entgegen dem üblichen Verhalten von Bergwild, sein Augenmerk auch nach oben gerichtet? Hatte er daher in beiden Fällen, in denen ich dies beobachten konnte, sein Bett unmittelbar vor einem großen Felsblock ausgesucht, der ihn bergseits schützen konnte? Hatte er durch dieses Verhalten die Steinschlaggefahren überlebt und mit den Jahren dieses übersinnliche Gefühl für Gefahr aus dieser Richtung entwickelt? Jedenfalls war er offensichtlich gewitzter als viele seiner Artgenossen und hat im Lauf seines langen Steinbocklebens sicher mancherlei Gefahren überlebt.

Bemerkenswert ist sein Alter aber auch aus physiologischer Sicht. Haben doch männliche Tiere gerade der bergbewohnenden und im frühen Winter brunftenden Schalenwildarten eine deutlich geringere Lebenserwartung als ihre Artgenossinnen. Knapp ein Jahr zuvor hatte ich in Kärnten unter der trefflichen Führung von Jäger Niedermüller eine 18jährige

Gams erlegt, doch das war eine Geiß, wenngleich eine der ältesten, die dort je zur Strecke gekommen war. Der älteste dort bekannte Gamsbock hatte nur 16 Jahre erreicht. Bei Böcken bzw. Widdern endet das Leben früher, meist an den Folgen des Stresses zur Brunftzeit. Doch auch diese Belastungen hatte der alte Steinbock offenbar gut überstanden. Er war immer noch gut im Wildbret, keine Spur von altersbedingtem Abgekommensein. Sein Gebiß ist abgeschliffen bis auf das Zahnfleisch, aber vollständig. Er scheint keine Ernährungsschwierigkeiten gehabt zu haben. – Ein Phänomen also in vielerlei Hinsicht, dieser Berggeist, denke ich und rolle das gründlich eingesalzene ›Cape‹ zusammen.

Doch auch nach getaner Arbeit, vor der Jurte sitzend, macht mich der Alte noch nachdenklich. Warum hatte ich ihn eigentlich gejagt? Warum hatte ich ihm ein natürliches Ende versagt? Einen Tod durch Steinschlag bei schließlich nachlassender Aufmerksamkeit? Oder durch den Nackenbiß eines Schneeleoparden, der die geschwundene Wehrhaftigkeit des Senilen bemerkt hatte? Oder einfach durch friedliches Hindämmern ins Jenseits aus Altersschwäche?

Ich bin sicher, mancher Leser, vor allem der nicht jagende, wird für diese Alternative plädieren und den jagdbedingten Tod, wie auch die Schilderung über das Ende des Berggeists mißbilligen. Wie kann ich ihn als Gegner betrachten, wo er mir doch gar nichts getan hat? War der Kampf nicht von vornherein höchst unfair bei meiner Ausrüstung mit fernrohrbestückter Feuerwaffe? Welche ethische Rechtfertigung hatte ich überhaupt, diesem Tier nachzustellen, wo doch keinerlei zwingender Grund hierfür zu erkennen ist?

Ich kann diese Fragen verstehen, resultieren sie doch aus einer sich wandelnden Einstellung zum Tier. Bis vor kurzem noch unter rein juristischer Betrachtung eine Sache, sieht man in ihm heute ein Mitlebewesen, das zunehmend mehr mit menschlichen Maßstäben gemessen wird. Gleiches Recht für alle, auch für die Tiere! Daraus resultiert die Forderung nach dem Verbot, Tiere zu stören, zu jagen, zu töten. Je geringer der Kontakt, die direkte Beziehung zum Wildtier, desto leidenschaftlicher diese Art der Sympathiebezeugung. Und zwar unabhängig davon, ob sie dem Fortbestand der betreffenden Tierart hilft oder abträglich ist. Schutz des Einzeltiers um jeden Preis!

Wie gesagt, ich respektiere diese Einstellung, aber irgendwie bedaure ich die Menschen, die in so naturentfremdeter Umgebung leben müssen, daß sich ihre Beziehung zum Wildtier auf die Sehnsucht nach diesem beschränken muß. Daß sie Wild nicht mehr selbst sehen, anfassen, nutzen können, sondern ihre irgendwo noch lebenden, nicht näher bekannten Lieblinge lediglich vollkommen geschützt sehen möchten.

244

Steinwild aller Altersklassen wird Opfer von Lawinen und Steinschlag

Die Zeit scheint stillzustehen im mongolischen Hochland

Lange genug mußte auch ich in Regionen dichtester menschlicher Besiedlung leben, mehrere Jahre in Großstädten verbringen. Aber jede Gelegenheit hatte ich wahrgenommen, um auszubüxen in die Wildnis. Dorthin, wo es nur wenige Menschen gibt, wo diese noch in Einklang mit der Natur leben.

In den letzten Strahlen der Abendsonne zieht ein Rudel Steinwild hoch über dem Lager durch die Wand. In fast paradiesischer Harmonie leben hier Mensch und Wildtier. Der Mensch lebt noch vom Wildtier! Er kann es, weil seine Zahl gering ist, es gibt hier wesentlich mehr Wildschafe und Steinböcke als Menschen. Er lebt noch so wie während der weitaus längsten Zeit seines Daseins auf diesem Globus, als Jäger nämlich und als Hirte. Und das, worüber sich der Bürger einer fernen Großstadt irgendwo in der Welt zutiefst entsetzt – die Erlegung eines Steinbocks etwa – das ist hier das Selbstverständlichste von der Welt.

Fröhliche Menschen sind es, die noch so ursprünglich leben können. Draußen in der dämmernden Ebene ziehen die Kamele durch, eines nach dem andern, gemächlich, ohne Hast. Ruhig und selbstbewußt auch ihre Besitzer, die Nomaden. Verleiht ihnen die stetige Verbindung zur Natur, von der sie noch direkt leben, diese Ausgeglichenheit? Heute bekamen sie eine Menge Wildbret geschenkt, morgen finden sie gutes Weideland, übermorgen ... Täglich haben sie zu leben, Mutter Natur sorgt für sie. Das Vertrauen hierauf entbindet sie aller Sorgen. Es gibt hier keinen Psychotherapeuten, denn es gibt keine unterschwelligen Daseinsängste zu kurieren.

Natürlich bin ich interessiert an Otschis Vorschlag, seine Verwandten in der Steppe zu besuchen. Jahraus, jahrein leben diese Nomaden in ihren geräumigen Rundzelten, den Jurten. Eine Schicht aus Kamelhaar zwischen der äußeren und inneren Leinwand schützt die Bewohner vor der Winterkälte, die hier im Hochland auf $-40\,°C$ fallen kann. Lediglich der getrocknete Mist von Kamelen und Ziegen steht dann als Brennmaterial zur Verfügung.

Kinder rennen durcheinander, suchen Schutz hinter der Oma, Otschis Mutter. Das rotbärtige Bleichgesicht ist ihnen nicht geheuer. Kaum einmal sehen sie Fremde in dieser Einsamkeit, selbst die nächsten Jurten sind kilometerweit entfernt.

Drinnen im Rundzelt müffelt es wie in einer unhygienischen Molkerei. Die Leute scheinen hier fast ausschließlich von der Milch ihrer kleinwüchsigen und wohl sehr wetterharten Ziegen und Schafe zu leben. Doch angeblich melken sie auch Kamelstuten und bekommen bis zu vier Litern Milch pro Tag und Tier. Zu einer erstaunlichen Vielfalt von Produkten verarbeiten sie diese Milch. Käse verschiedenster Konsistenz, von knochenhart bis rahmig weich, und Quark stellen sie her, sogar Schnaps brennen sie daraus. Die Maische hierzu entdecke ich in einem großen Sack aus Eselshaut, der schwer von der Decke der Jurte hängt. Darin gären die Zersetzungsprodukte der Milch, gelblich-käsiger Bodensatz, darüber grünliche Molke.

Nur langsam gewöhnt man sich an den intensiven Milch-Mief in der Jurte. »Etwas mußt du annehmen, sonst ist das unhöflich«, klärt mich Otschi auf, meine Aversion gegen den Genuß derartiger Delikatessen erkennend. So füge ich mich dem Ritual der hier wie in allen dünn besiedelten Ländern ausgeprägten Gastfreundschaft und entscheide mich schließlich für bröckligen Hartkäse und den Milchschnaps. In destilliertem Zustand sieht dieses Gebräu ganz manierlich aus und schmeckt wirklich wie ein Schnaps. Der Quarkgeruch ist allerdings geblieben.

Das Leben dieser Nomaden erinnert mich sehr an das der ostafrikanischen Massai. Beide wandern umher, stets auf der Suche nach günstigem Weideland. Doch die Massais haben ihre festen Krals, die sie abwechselnd benutzen. Die Mongolen dagegen ziehen mit Sack und Pack weiter. Die so geräumig und massiv aussehenden Jurten lassen sich erstaunlich rasch zerlegen, auch der hölzerne Boden.

Als Transportmittel haben sie ihre Kamele. Zwei Höcker statt einem und lange, dichte Behaarung unterscheiden sie von ihren afrikanischen Verwandten, den Dromedaren. Haben diese die Bedeutung des ›Schiffs der Wüste‹, so möchte man das asiatische Kamel oder Trampeltier den ›Lastkahn der Steppe‹ nennen. In etwa 6000 Jahre alter Symbiose lebt der Mensch mit diesen überaus genügsamen und hitze- wie kälteresistenten Tieren zusammen, in Nordafrika wie hier in Innerasien. Nur in ganz entlegenen Regionen soll es noch wilde Kamele geben.

Das gilt auch für ein weiteres eindrucksvolles Tier der asiatischen Hochländer, den Yak. Ein Rind, dessen Behaarung im Winter wie beim arktischen Moschusochsen bis auf den Boden reicht. Damit trotzen sie den kalten Winterstürmen ihrer Heimat. Halbwild in der höher gelegenen Steppe lebend, stehen sie den Nomaden ebenfalls als Transportmittel zur Verfügung. Domestikationserscheinungen der ursprünglich wohl schwarz behaarten Rinder machen sich in Form von Schecken oder ganz weißen Tieren bemerkbar.

Yaks, Kamele, Pferde – wozu braucht man eigentlich Kraftfahrzeuge? Wie schon seit Jahrtausenden leben diese Menschen in Harmonie mit ihrer Umwelt, ohne diese nennenswert zu beeinträchtigen oder gar zu zerstören. So werden sie wohl auch morgen noch leben, denn nichts deutet darauf hin, daß sie sich anstecken lassen vom Bazillus der Unzufriedenheit, der materielle Gier verursacht und damit hektischen Umtrieb.

Ich aber muß noch einmal zurück. Dorthin, wo Massen von Menschen auf engstem Raum leben, wo sie die Ursprünglichkeit ihres Daseins eingebüßt haben und die ihrer Umwelt. Wo sie nur noch träumen können vom freien, unbeschwerten Leben im Reiche des Berggeistes.

Epilog – Sind wir zu viele?

Soll ich wieder zurück? Das frage ich mich auch jetzt, während das kleine Flugzeug von der St. Lorenz-Insel dem Festland Alaskas zusteuert. Soll ich zurück in das viel zu dicht besiedelte Europa, in die nervöse Hektik der Bundesrepublik?

Schon vor 15 Jahren hatte ich meinen afrikanischen Studenten die Gefahren menschlicher Übervermehrung klarzumachen versucht. Während eines durch einen Pilotenstreik bedingten unfreiwilligen Aufenthalts in Indien war mir plötzlich das Hauptproblem dieser Länder klargeworden, nämlich die Bevölkerungsexplosion mit all ihren Gefahren für Natur und Umwelt und schließlich für den Menschen selbst.

Es war dann gelungen, ›Bevölkerungspolitik‹ als neues Fach in den Lehrplan des College aufzunehmen. Gegen einigen Widerstand der Afrikaner übrigens, die bis vor kurzem noch der genau gegenteilig motivierten ›Black-power‹-Ideologie gehuldigt hatten, mit dem Ziel, die Weißen durch ihre viel größere Zahl zu dominieren. Beispiele aus der Zoologie hatten die Studenten jedoch nachdenklich gemacht: die in Alaska ausgesetzten Rentiere, deren Population zusammenbrach, als sie ihre Nahrungsgrundlage ausgebeutet hatten. Oder, für sie noch einsichtiger, die Elefanten im nahegelegenen Tsavo-Nationalpark, die 1971 während einer Trockenperiode zu Tausenden verhungert waren, da sie seit Jahren die für sie lebensnotwendigen Bäume zerstört hatten. Denn ungehindert hatten sie sich im Schutz des Parks vermehrt.

Und wir Menschen sollen uns ungestraft blindlings weiter vermehren können? Von einer Milliarde zu Anfang des vorigen Jahrhunderts haben wir es bis heute auf über vier Milliarden gebracht, eine Zunahme also auf das Vierfache bei immer rascherer Wachstumsgeschwindigkeit. Um die Jahrtausendwende würden, entsprechend diesem exponentiellen Wachstum, fast sieben Milliarden Menschen auf diesem Planeten leben. Keine Tierart kann sich so kontinuierlich vermehren ...

Daß auch dem Menschen Grenzen seines Wachstums gesteckt sind, konnte ich den Studenten am Beispiel ihres Energiebedarfs veranschaulichen. Denn täglich sahen sie brennholzbeladene Lastwagen, und immer weiter fraßen sich die Kahlschläge in die herrlichen Bergregenwälder des Kilimandscharo. »Was glaubt ihr, wie lange das so weitergehen kann?« Keiner hatte sich bisher hierüber Gedanken gemacht.

Die Illusion, die Industrienationen müßten die rasch wachsenden Menschenmassen der Dritten Welt mit fossilen Energieträgern versorgen, also mit Kohle oder Erdöl, mußte ich ihnen nehmen. Abgesehen von den Transportkosten sind diese Vorräte auch begrenzt. Einen Vorgeschmack allgemeiner Rohstoffverknappung hatten sie bereits 1973 durch die weltweite Ölkrise bekommen, die in Tansania durch das Sonntagsfahrverbot noch jahrelang nachwirkte.

Ein ganz anderer Aspekt der Menschheitsvermehrung stand damals kaum zur Debatte, da er sich noch nicht so auffällig abzeichnete, nämlich die Umweltschädigung durch unser Konsumverhalten. Heute zeigen sterbende Wälder, zunehmende Smogprobleme oder die Gefahr drastischer Klimaveränderung infolge Verschmutzung der Atmosphäre durch die Rückstände der fossilen Brennstoffe noch ganz andere Grenzen des Wachstums auf. Und die Euphorie, in der Atomindustrie eine umweltfreundliche und nachhaltig nutzbare Alternative gefunden zu haben, wich inzwischen auch der Ernüchterung, nicht nur durch den Unfall von Tschernobyl, sondern mehr noch durch die Unmöglichkeit, die sich anhäufenden radioaktiven Abfälle gefahrlos zu beseitigen. Zunehmende Hautkrebserkrankungen nach Schädigung der vor schädlichen Strahlen schützenden Ozonschicht der Atmosphäre verdeutlichen zudem nachdrücklich, wie gründlich und weltweit der Mensch seine Umwelt bereits zerstört hat.

Wie es weitergehen wird, ist schwer vorauszusagen. Je größere Zeiträume die Prognosen von Sachverständigen umfassen, desto weniger werden sie später durch die Realität bestätigt werden; zu komplex ist das Faktorengefüge, das unsere Zukunft bestimmt. »Eines aber ist sicher«, resümierte der südwestafrikanische Kollege Dr. Berry unsere diesbezügliche Unterhaltung nach einer mehrtägigen Exkursion durch das Wildparadies der Etoschapfanne, »wir würden alle viel leichter, besser und freier leben, wenn wir weniger wären.«

Die so selbstverständlich klingende und doch so selten formulierte Erkenntnis bezog er keineswegs nur auf die materiellen und Umweltprobleme. Vielmehr litt auch er unter dem psychisch bedingten Streß, den das Zusammenleben von zu vielen Menschen auf engem Raum verursacht. Er konnte so wenig wie auch ich in Städten leben, jedenfalls nicht auf Dauer. Auch er war geflohen in die Wildnis der Etoschapfanne.

Ist es nicht erstaunlich, daß in den zunehmend leidenschaftlicher geführten Auseinandersetzungen um Natur- und Umweltschutz der Wunsch nach weniger Menschen so selten zum Ausdruck kommt? Daß man diese Medizin allenfalls anderen Ländern verschreiben möchte, nach dem Rezept ›Pille ins Trinkwasser‹ anstatt ›Brot für die Welt‹. Obwohl doch auch bei uns tagtäglich Millionen und Abermillionen bewußt oder unbewußt unter Dichtestreß leiden: Morgens und abends Verkehrsstau, verzweifelte Parkplatzsuche in überfüllten Städten, Wochenenden in Naherholungsgebieten, die schon längst kaum noch Erholung und Ruhe bieten, weil es auch hier von Menschen wimmelt! Warteschlangen fast überall: beim Einkaufen, auf dem Bahnhof, an der Theaterkasse. Tag und Nacht Verkehrslärm und abgasgeschwängerte Luft, weil alle Menschen Auto fahren wollen. Naturfreunde führen einen verzweifelten und meist aussichtslosen Kampf gegen Planungsbehörden, die die wenigen verbliebenen, noch einigermaßen ursprünglichen Restflächen unter Beton und Asphalt begraben wollen – zur Befriedigung weiterer Menschenmassen.

Ganz ähnliche Symptome wie in Tierpopulationen mit zu hohen Dichten zeigen sich schon seit Jahren auch bei den Menschen, bei Europäern wesentlich ausgeprägter als bei Afrikanern und Asiaten, die offensichtlich höhere Dichten vertragen. Bei den Europäern beobachten wir seit Jahren steigende Aggressivität im Alltag, die in Ballungsgebieten zu erhöhter Kriminalität führt, Mord- und Totschlagsdelikte, höhere Selbstmordraten, Zunahme streßbedingter Erkrankungen, die ohne die Fortschritte der modernen Medizin zu weit höheren Todesraten führen würden.

Dem Biologen drängen sich noch weitere Vergleiche mit der Tierwelt auf. Höher entwickelte Arten regulieren ihre Dichte durch geringere Fortpflanzungsraten, unbewußt natürlich. Doch ebenso unbewußt sank – endlich! – auch die menschliche Geburtenrate, am deutlichsten bemerkbar in den dicht besiedelten und am meisten streßgeplagten westlichen Industrienationen. Sie sank, trotz der verzweifelten Bemühungen von Politikern, gegen dieses natürliche populationsdynamische Regulativ anzugehen. Zwar plädiert man durchaus für einen Bevölkerungsrückgang, aber nur in den Entwicklungsländern – einige Politiker sehen gar in der neuen und derzeit nicht kurierbaren Immunschwäche Aids einen willkommenen Helfer, dieses Ziel *dort* zu erreichen. *Hier* hingegen sollen Frauen zu größerer Fruchtbarkeit animiert werden, obwohl in einigen europäischen Ländern auch schon Dichten von 200 bis 300 Menschen pro Quadratkilometer erreicht sind und obwohl sie durch ihren hohen Lebensstandard Natur, Umwelt und den einzelnen Menschen wesentlich mehr belasten, als es die Menschen in Entwicklungsländern tun!

Warum nur wird ein und dasselbe Problem mit zweierlei Maß gemessen? Bei uns in der Bundesrepublik ist das Hauptargument stets dasselbe, nämlich die Angst um die Rente. Wenn heute weniger Kinder geboren werden, gibt es morgen nicht mehr genügend Steuerzahler, die die vielen Alten erhalten können. Sicher ist das ein Problem, wenngleich dabei meist übersehen wird, daß Familien mit wenigen oder ohne Kinder natürlich auch beträchtliche Mittel für deren Aufziehen und Ausbildung sparen und diese Gelder in ihre Alterssicherung investieren könnten. Abgesehen davon scheint mir die Frage gerechtfertigt, ob dieses egoistisch klingende Rentenargument ausreicht, um gegen die ökologisch und psychologisch so dringend notwendige Verringerung der Bevölkerung anzugehen. Die bundesdeutsche Bevölkerung wird – so eine von mehreren demographischen Schätzungen – von heute 60 auf 40 Millionen im Jahre 2030 zurückgehen. So viele bzw. wenige Menschen haben um 1925 im Gebiet der heutigen Bundesrepublik gelebt.

Um wieviel einfacher, ruhiger und weniger streßgeplagt könnten wir heute bei einer Besiedlungsdichte wie damals leben! Wäre eine Verbesserung der Lebensqualität, ganz abgesehen von der ökologischen Notwendigkeit, es nicht wert, diese Phase der Gesundschrumpfung von 60 auf 40 Millionen mit ihren eventuellen Folgen für die finanzielle Alterssicherung durchzustehen?

Bemerkenswerterweise hatten die Appelle von Politikern und auch materielle Anreize zum Kinderkriegen keine nennenswerte Änderung des generativen Verhaltens der Bevölkerung zur Folge. Der rückläufige Trend blieb, vielleicht unbewußt gesteuert von dichteabhängigen Streßfaktoren. Doch die erhofften positiven Auswirkungen auf die Bevölkerungsdichte in Mitteleuropa werden ausbleiben, zunächst jedenfalls. Denn angezogen vom wirtschaftlichen Wohlstand hier, strömen Flüchtlinge, Asylanten und – nach der jüngsten politischen Wende in Osteuropa – unzählige Aussiedler in den ohnehin schon überfüllten Westen. – Welche Ironie der Geschichte: Vor 50 Jahren hatte hier ein ›Volk ohne Raum‹ genau gegenteilige Vorstellungen, nämlich in die ›Weiten des Ostens‹ auszuweichen. Wird die neue politische Konstellation schließlich auch zu einer friedlichen Lösung des menschlichen Dichteproblems führen?

Die kleine Maschine setzt zum Sinkflug an. Vor uns taucht aus der geschlossenen Packeisdecke Sledge Island auf, dann die Festlandsküste um Nome. Erinnerungen an das Leben in Gebieten mit geringer Menschendichte hatten zum Meditieren geführt über dieses Problem der Menschheit, das den naturverbundenen unter ihnen besonders bewußt wird.

Erinnerungen an das harmonische Dasein in der ostafrikanischen Ngase-raisteppe, im mongolischen Altaigebirge oder dort drüben in der Tundra kommen hoch, Gedanken an die wenigen, aber fröhlichen Menschen, die noch vom Jagen und Fischen leben können in einer ursprünglichen Landschaft.

»Warum willst du wieder dorthin, wo ohnehin zu viele Menschen sind?« Slwookos Frage beim Abschied beantwortete ich mit Verpflich-tungen aus meinen Ämtern in internationalen Jagd- und Naturschutzor-ganisationen. Auch bestehe die Aussicht auf eine interessante berufliche Tätigkeit in der Wildforschung, diesmal auf europäischer Ebene. »Wenn das nicht klappt, komme ich zurück in die Wildnis.«

»Ich weiß, daß du zurückkommst«, entgegnete der Eskimo. Und erstmals klang in seiner hart akzentuierten Stimme etwas Freund-schaftliches, fast Bittendes.

Bücher für Jäger

Andreas Freiherr von Nolcken
Jahreszeiten eines Jägers
Jagd und Natur im Wandel von
Frühling, Sommer, Herbst und
Winter. 1989. 247 Seiten. Gebunden
38,– DM

Guillermo Staudt
Im Poncho auf der Pirsch
Von der Jagd in Patagonien und anderen Enden der Welt. 1989. 255 Seiten
mit 167 Einzeldarstellungen in
91 Abbildungen und 6 Karten.
Gebunden 38,– DM

Ludwig Benedikt
Freiherr von Cramer-Klett
Im Gamsgebirg
Erlebnisse und Erfahrungen um das
Krickelwild. Mit einem Vorwort von
Wilhelm Nerl. 1988. 170 Seiten mit
12 Abbildungen nach Gemälden aus
dem Privatbesitz des Autors.
Gebunden 32,– DM

Ludwig Benedikt
Freiherr von Cramer-Klett
Glückselige Einsamkeit
5. Auflage. 1982. 396 Seiten.
Gebunden 39,– DM

Ludwig Benedikt
Freiherr von Cramer-Klett
Die Heuraffler
und andere Bergjägergeschichten.
4. Auflage. 1986. 232 Seiten und
8 Tafeln mit 8 Fotos. Gebunden
38,– DM

Ludwig Benedikt
Freiherr von Cramer-Klett
Spiel der Lichter und Schatten
Von eines Jägers Wünschen und
Wegen. 3. Auflage. 1980.
308 Seiten. Gebunden 34,– DM

Ludwig Benedikt
Freiherr von Cramer-Klett
Traum auf grünem Grund
Vom wundersamen Rehbock im
Schwarzenbachtal. 4. Auflage. 1977.
258 Seiten. Gebunden 28,– DM

Ludwig Benedikt
Freiherr von Cramer-Klett
Zum Jagen zog ich frohen Sinn's
Auf Rehbock, Hahn und Hirsch.
1986. 288 Seiten und 1 Tafel.
Gebunden 39,– DM

Paul-Joachim Hopp
Weite Pürsch
Von Jägern, Wild und Hunden.
1984. 182 Seiten mit 8 Übersichten,
1 Karte und 8 Bildtafeln mit 16
Abbildungen. Gebunden 34,– DM

Hanns Polke
Schwarze Passion
30 Jahre Jagd auf Sauen in drei
Erdteilen. 1985. 181 Seiten mit 16
Abbildungen auf 8 Tafeln. Gebunden
34,– DM

Helmuth J. Manzenreither
Als wär' es mein Revier!
Von Jägerfreuden und dem Leben in
einer Kärntner Bauernjagd. 1983.
208 Seiten. Gebunden 36,– DM

Kurt Menzel
Glück muß der Jäger haben
Von der jagdlichen Passion eines
Forstmannes in heutiger Zeit. 2. Auflage. 1987. 174 Seiten und 16 Bildtafeln mit 28 Abbildungen. Gebunden
34,– DM

Kurt Menzel
Wildwechsel durch Moor und Heide
Vom Jagen in unserer Zeit. 1987.
162 Seiten und 16 Tafeln mit 27
farbigen Abbildungen. Gebunden
39,80 DM

Preisstand: März 1990
Spätere Änderungen vorbehalten

**Verlag Paul Parey
Hamburg und Berlin**

Bücher für Jäger

Fritz Sieren
**In stillen Revieren und
weiter Wildnis**
Jagen bei uns und in aller Welt.
1989. 157 Seiten und 8 Tafeln mit
15 farbigen Abbildungen. Gebunden
36,– DM

Mark G. v. Pückler (Hrsg.)
Büchsenknall und Hörnerklang
Jagderinnerungen aus ostdeutschen
Landen. Eine Anthologie mit Bei-
trägen von 31 Autoren. 1989.
193 Seiten und 16 Tafeln mit 36 Abbildungen. Gebunden 39,90 DM

Hans Nelböck-Hochstetter
Zurück auf eigener Fährte
Jagderlebnisse auf dem alten Kontinent. 1989. 190 Seiten und 12 Tafeln
mit 20 farbigen Abbildungen und
einer Karte. Gebunden 39,80 DM

Wolfgang Remmele
Brüsseler Spitzen
Gereimte Anmerkungen zu grünen
Ungereimtheiten. Illustriert von
Walther Niedl. 1989. 151 Seiten.
Gebunden 32,– DM

Hans Behnke
Hasenfeld
Ein Revier wird aufgebaut. 1989.
157 Seiten mit 30 Illustrationen von
Walther Niedl im Text sowie mit 43
Zeichnungen und Fotos im Text und
im Bildanhang. Kartoniert 34,– DM

Walter Frevert
**Und könnt' es Herbst
im ganzen Jahre bleiben**
Jagdliche und andere Erinnerungen.
9. Auflage. 1990. 227 Seiten und
19 Tafeln mit 25 Abbildungen.
Gebunden 32,– DM

Hans Behnke
Von Mondhasen und Erdkitzen
Der Waidgenosse als Zeitgenosse.
1982. 237 Seiten und 16 Bildtafeln
mit 32 Abbildungen. Gebunden
32,– DM

Heinrich von Oepen
Jagen in Rominten
Auf Elch, Hirsch, Bock und Sau in
meiner masurischen Heimat.
2. Auflage. 1986. 174 Seiten und
8 Tafeln mit 16 Abbildungen sowie
einer Karte auf den Vorsatzblättern.
Gebunden 36,– DM

Jochen Portmann
Heimliche Böcke – Uriges Wild
Ein jagdliches Mosaik. 1984. 181
Seiten und 8 Bildtafeln mit 16
Abbildungen. Gebunden 36,– DM

Wilhelm Schmiedl
**Von Böcken, Gams
und braunen Hirschen**
Erfülltes Waidwerk im Burgenland
und in der Steiermark. 1984. 200
Seiten. Gebunden 34,– DM

László Studinka
Mit heißem Jägerherzen
Ein Leben der Jagd in Ungarn.
2. Auflage. 1982. 252 Seiten und
33 Bildtafeln mit 51 Abbildungen.
Gebunden 38,– DM

László Studinka
Wanderungen eines Jägers
Mit Büchse, Flinte und Kamera in
vier Erdteilen. 1981. 215 Seiten und
16 Bildtafeln mit 30 Abbildungen.
Gebunden 36,– DM

László Studinka
Unbändige Jagdpassion
Ganz Ungarn war mein Revier.
2. Auflage. 1983. 158 Seiten und
16 Bildtafeln mit 29 Abbildungen.
Gebunden 34,– DM

Preisstand: März 1990
Spätere Änderungen vorbehalten

**Verlag Paul Parey
Hamburg und Berlin**